职业教育一体化课程改革系列教材 —— 汽车技术服务与营销

缸内直喷发动机结构
原理与故障诊断

主　编	温立全　王朝武　吴继坚
副主编	丁富强　罗彩茹
主　审	郭仲伦　刘承志

西南交通大学出版社

·成都·

内容简介

本书是汽车运用与维修专业系列教材之一，以培养学生胜任汽车后市场服务企业对缸内直喷发动机的诊断和维修能力为目的。全书由燃油系统、冷却系统、润滑系统、涡轮增压系统、电子节气门系统结构原理与故障诊断 5 个学习任务组成。

本书内容新颖全面、图文并茂、通俗易懂、易学好教，既可作为职业院校汽车技术服务与营销专业学生的教学用书，也可作为职业技能培训和其他相关专业人员的参考书。

图书在版编目（CIP）数据

缸内直喷发动机结构原理与故障诊断 / 温立全，王朝武，吴继坚主编. 一成都：西南交通大学出版社，2018.4（2023.6 重印）
ISBN 978-7-5643-6130-3

Ⅰ.①缸… Ⅱ.①温… ②王… ③吴… Ⅲ.①汽车 – 发动机 – 结构 – 高等职业教育 – 教材②汽车 – 发动机 – 故障诊断 – 高等职业教育 – 教材 Ⅳ.①U472.43

中国版本图书馆 CIP 数据核字（2018）第 068891 号

缸内直喷发动机结构原理与故障诊断

主编　温立全　王朝武　吴继坚

责任编辑	李　伟
助理编辑	何明飞
封面设计	墨创文化
出版发行	西南交通大学出版社 （四川省成都市二环路北一段 111 号 西南交通大学创新大厦 21 楼）
发行部电话	028-87600564　028-87600533
邮政编码	610031
网址	http://www.xnjdcbs.com
印刷	成都勤德印务有限公司
成品尺寸	210 mm×285 mm
印张	11
字数	332 千
版次	2018 年 4 月第 1 版
印次	2023 年 6 月第 2 次
书号	ISBN 978-7-5643-6130-3
定价	28.00 元

课件咨询电话：028-87600533
图书如有印装质量问题　本社负责退换
版权所有　盗版必究　举报电话：028-87600562

深圳第二高级技工学校
工学一体化课程配套改革系列教材丛书编委会

主任　张　文　余野军　罗德超

编委　郭仲伦　马　跃　王朝武　周　烨

　　　郭　伟　陈　群　尚　丽　陈飞健

　　　闵国光　郑庆元　梁　健　张雅婷

前 言

"缸内直喷发动机结构原理与故障诊断"是汽车运用与维修专业一门实践性很强的必修专业课,本书是为其开发的配套教材。书中融入了职业院校汽车运用与维修专业一体化改革的成果,结合了当前汽车维修行业的生产实际,有较强的针对性和实用性。全书贯彻素质教育的思想,力求体现以人为本的现代理念,从汽车维修行业的知识和技能要求出发,结合学生创新能力的培养、职业道德的要求,提出教学目标并编制教学内容。通过创设一体化学习与工作情境,以任务驱动为主线,实现行动导向典型任务学习,促进学生综合职业能力发展。

本书所整理、编辑的学习任务都是来自汽车维修企业一线的维修案例,以生产实际为导向,在学习任务中按照学习目标、学习准备、学习过程、学习评价、学习思考和学习材料 6 个环节设置不同的学习活动。学生可以从明确目标到学习准备,借助学习材料完成学习过程,评价学习成果并进行课后思考。本书的学习突出了工作页和学习材料对实操过程的指导作用,对学生完成学习活动,培养综合职业能力具有重要作用,是帮助学生实现有效学习的重要工具。工作页将学习与工作紧密结合,以"学习的内容是工作,通过工作实现学习"为宗旨,促进了学习过程的系统化,使教学内容更贴近企业生产实际。学习材料用于支撑学生完成学习过程和学习思考,通过体系化的引导问题,指导学生在完整的活动中进行理论和实践一体化的学习,在培养专业能力的同时,帮助学生学习工作过程知识,促进关键能力和综合素质的提高,实现工学一体化的教学目标。在学习中执行整理、整顿、清洁、清扫、素养、安全及节约的 7S 过程化管理理念,训练专业能力的同时,侧重职业习惯的培养,培养团队合作的同时,又能独立完成大部分任务。学习工作过程中,学生记录、填写的所有内容都是从工作中实际获取的数据、相关诊断分析思路和结果,或者是应该特别注意的知识点。学习评价采用科学的职业能力评价参数,既有技术方面的评价,也有综合技能的考核;既有专业能力和方法能力的评价,也有职业素养的评价;既有个人的自我总结,也有小组的相互点评。通过多元化的成果展示,对学习过程和结果,对学生的专业能力、方法能力和职业素养进行有效评价,让学生养成事后总结的习惯,锻炼和提高学生的写作水平、展示能力,引导学生形成工作的逻辑思路,增进汽车维修的感性认知。

本书由深圳第二高级技工学校温立全、王朝武、吴继坚担任主编,丁富强、罗彩茹担任副主编。温立全对全书进行了统稿、整理,郭仲伦和刘承志担任本书的主审。在本书的编写过程中，编者得到了深圳市汽车维修行业的多位资深专家、高级技师的悉心指导，汽车技术系的多位老师对本书的编写也给予了热情的帮助与大力支持，在此一并表示衷心的感谢。

限于编者的经历与水平，教材内容很难覆盖所有车型及实际情况，难免有不妥和疏漏之处，敬请各教学单位、广大读者批评指正，提出修改意见和建议，以便再版修订时更正。

编　者

2018 年 1 月

目 录

学习任务一　燃油系统结构原理与故障诊断 ……………………………………… 001
　　学习活动一　直喷发动机电控系统结构认知 …………………………………… 002
　　学习活动二　拆绘燃油系统电路图 ……………………………………………… 017
　　学习活动三　燃油系统故障诊断与排除 ………………………………………… 028
　　学习活动四　喷油器的拆装与检测 ……………………………………………… 041

学习任务二　直喷发动机冷却系统结构原理与故障诊断 ………………………… 052
　　学习活动一　直喷发动机冷却系统结构认知 …………………………………… 053
　　学习活动二　冷却液泵的拆装与更换 …………………………………………… 065
　　学习活动三　冷却风扇不工作的故障诊断与排除 ……………………………… 079

学习任务三　直喷发动机润滑系统结构原理与故障诊断 ………………………… 091
　　学习活动一　直喷发动机润滑系统结构认知 …………………………………… 092
　　学习活动二　机油泵的拆装与检测 ……………………………………………… 101

学习任务四　涡轮增压系统结构原理与故障诊断 ………………………………… 117
　　学习活动一　涡轮增压系统结构认知 …………………………………………… 118
　　学习活动二　涡轮增压器的拆装与检测 ………………………………………… 133

学习任务五　电子节气门系统结构原理与故障诊断 ……………………………… 141
　　学习活动一　拆绘电子节气门控制电路图 ……………………………………… 142
　　学习活动二　发动机加速不良故障诊断与排除 ………………………………… 152

附　录 ………………………………………………………………………………… 163
　　附件1　7S管理要求 ……………………………………………………………… 163
　　附件2　维修工作单 ……………………………………………………………… 164
　　附件3　结构图评价表 …………………………………………………………… 165
　　附件4　电路图评价表 …………………………………………………………… 166
　　附件5　职业能力评价表 ………………………………………………………… 167

参考文献 ……………………………………………………………………………… 168

学习任务一　燃油系统结构原理与故障诊断

工作任务	燃油系统结构原理与故障诊断	教学模式	任务驱动
建议学时	60学时	教学地点	一体化实训室
任务描述	王先生欲驾车上班，发现发动机无法启动。车辆入厂维修，初步诊断为燃油系统故障，维修技工需要根据前台维修工单，查阅维修手册及相关资源，在规定时间内完成燃油系统的故障诊断与排除，恢复系统工作性能，并检验合格后，交付前台		
学习目标	1. 能够在老师指导下，查阅资料，完成燃油系统故障诊断的信息检索。 2. 能够根据操作要点，规范填写维修工单，合理分配人员，并具体实施。 3. 能够绘制燃油系统结构流程图。 4. 能够拆绘燃油系统电路图，分析故障原因，制订维修方案，并解释说明。 5. 能够规范检测并修复线路故障。 6. 能够就车拆检燃油泵、喷油器等燃油系统部件并判断性能。 7. 能够记录工作过程并总结排除故障思路。 8. 能够描述燃油系统结构组成和高低压控制原理。 9. 能够通过团队协作独立或集体完成学习任务。 10. 能够按职业能力评价要求进行展示评价。 11. 能够执行活动过程的7S管理要求		
学习活动	学习内容		学时分配
	1. 直喷发动机电控系统结构认知		12
	2. 拆绘燃油系统电路图		18
	3. 燃油系统故障诊断与排除		18
	4. 喷油器的拆装与检测		12

学习活动一　直喷发动机电控系统结构认知

一、学习目标

（1）能够在老师指导下，查阅资料，完成缸内直喷发动机电控系统组成的信息检索。
（2）能够根据操作要点，规范填写维修工单，合理分配人员，并具体实施。
（3）能够对燃油系统进行初步检查，并确认故障现象。
（4）能够实车或台架认知发动机电控系统元件，并描述各部件的名称、作用和安装位置。
（5）能够绘制发动机电控系统结构组成图，并描述其结构组成。
（6）能够描述发动机稀薄燃烧的特点和类型。
（7）能够通过团队协作，独立或集体完成学习任务。
（8）能够执行活动过程的 7S 管理要求（见附件 1）。
（9）能够按职业能力评价要求进行展示评价。

二、学习准备

（1）设备：大众 1.8TSI 直喷发动机台架或整车、举升机、充电机和诊断仪等。
（2）常用工量具：工具车 1 台，配备常用梅花扳手、套筒扳手、螺丝刀、试灯、万用表等。
（3）油料、材料：燃油泵控制单元、保险丝、汽油、碎布等。
（4）资料：网络资源、维修手册、维修工单、安全操作规程。
（5）分组：每组 5~6 人，小组讨论后，由组长按岗位分配人员。
（6）建议学时：12 学时。

三、学习过程

1. 填写维修工单

（1）根据学习内容拆分活动环节或步骤。
（2）小组讨论分工并填写维修工单（见附件 2）。

2. 列举操作事项

查阅维修手册及相关资源，参考图 1-1-1，列举诊断仪使用及发动机启动的注意事项。

_____
_____
_____
_____
_____

图 1-1-1　车内设备

3. 确认故障现象

启动发动机，观察发动机故障警告灯，初步判断起动机工作状况，描述故障现象，完成表 1-1-1。

表 1-1-1 故障确认检查表

序号	项目	检查结果	"检查结果"填写说明	初步判断
1	防盗锁止指示灯		闪烁/持续点亮/××秒后熄灭/熄灭/不亮	
2	废气排放警告灯			
3	EPC 故障指示灯			
4	蓄电池电压		电压值	
5	起动机工作情况（声音）		无反应/连续急促/间歇缓慢	
6	火花塞跳火情况		第××缸/全部气缸不（均）跳火	
7	燃油压力（低压）		压力值	
确定故障现象为：				

4. 诊断仪初步诊断

（1）读取故障代码并清除。

① 写出诊断仪进入发动机系统的工作路径：_____
_____。

② 参考图 1-1-2，读取控制单元信息，完成表 1-1-2。

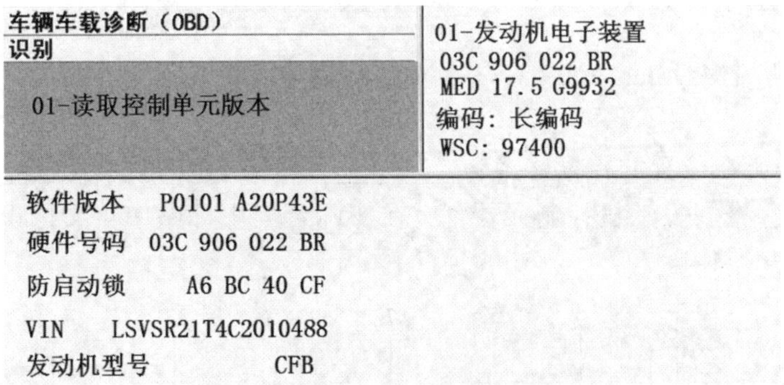

图 1-1-2 控制单元基本信息

表 1-1-2 控制单元信息表

零件号		排量		排列形式/单缸气门数	
软件版本		控制单元编码		经销商代码	
VIN		防盗单元编码			

③ 读取故障代码，写出与燃油系统相关的故障代码和内容。

故障代码及内容（清除前）	
故障代码及内容（清除后）	

（2）执行元件测试。

按要求对执行器进行动作测试参考图 1-1-3，听声音或手感振动，完成表 1-1-3。

车辆车载诊断（OBD）识别	01-发动机电子装置 03C 906 022 BR MED 17.5 G9932 编码：长编码 WSC：97400
03-元件测试	

燃油泵转15s 执行 ➡ 下一项

图 1-1-3 动作测试

表 1-1-3 元件测试表

测试项目	测试结果	正常/不正常	测试项目	测试结果	正常/不正常
燃油泵转 15 s			循环空气电磁阀 N249 开/关 60 s		
活性炭罐电磁阀 N80 开/关 60 s			散热风扇高速运转 15 s		
凸轮轴电磁阀 N205 开/关 60 s			燃油压力调节阀 N276 开/关几秒		
增压压力电磁阀 N75 开/关 60 s			V50 冷却液泵运转 60 s		

5．识别元器件

查阅迈腾维修手册《Magotan 2007 1.8T 4 V 四缸直喷式发动机（BYJ）》，检索发动机元件位置分布的相关信息。

（1）指出图 1-1-4 所在位置的检索路径：＿＿＿＿＿＿＿＿＿＿＿＿＿＿＿＿＿＿＿＿＿＿＿＿＿＿＿。

（2）参考图 1-1-4，查找发动机控制元器件，在实际台架中标贴中英文标识，并指出相应元器件的名称和作用，完成表 1-1-4。

(a)

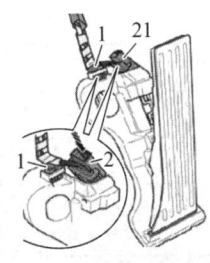  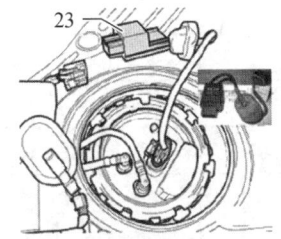 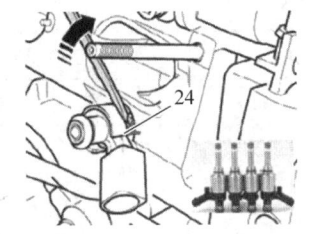
 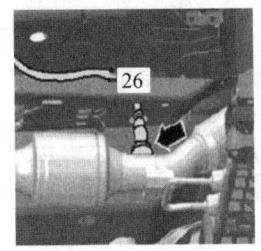  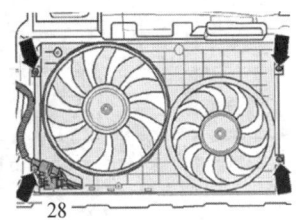

（b）

图 1-1-4 1.8TSI 元件分布图

表 1-1-4 发动机元器件识别

序号	元件名称及代码	安装位置	作 用
1	凸轮轴调节阀 N205		
2		机油滤清器底座上	
3			旁通废气排出量，控制增压压力
4	进气翻板电位计 G336		
5		涡轮增压器旁边	
6			检测高压燃油压力，并告知 J623
7	带有功率输出级的点火线圈 N70、N71、N291、N292		
8		进气凸轮轴中间侧面	
9			根据各传感器输入信号，计算分析后，控制喷油、点火等，实现发动机稳定运行
10	进气温度传感器 G42		
11		排气凸轮后端	
12			根据 J623 控制信号控制通往进气歧管的燃油蒸气量，使蒸气进行燃烧，减少排放
13	燃油压力调节阀 N276		
14		节气门体上	
15			检测发动机水温，传输给 J623，用于修正喷油点火
16	增压压力传感器 G31		
17		曲轴后端侧面	
18			接通进气歧管与真空管的通道，以驱动进气翻板

续表

序号	元件名称及代码	安装位置	作 用
19	真空罐		
20		发动机舱左侧，蓄电池旁边	
21			检测踏板位置信号，J623用于控制节气门开度
22	空气流量计 G70		
23		后排座椅下方	
24			受 J623 信号控制，将高压燃油喷入气缸，生成空燃混合气用于火花燃烧
25	爆震传感器 G61		
26		排气管上	
27			显示电子节气门控制系统工作状态
28	散热器风扇控制单元 J293		

6. 绘制 TSI 发动机电控系统结构图

（1）绘制结构图。根据传感器、执行器特点，绘制发动机控制系统结构框图，并标注元件名称、代码和输入、输出信号。

（2）展示评价。结合职业能力评价表进行展示评价（见附件3）。

四、学习评价

组员进行自我评价、相互评价，完成表 1-1-5 所示的相应内容。

组间评价说明：

（1）元件认知。

由评价人指定 TSI 发动机电控系统部件，由被评价人指出相应元件名称和代码，并描述该元件在实车的位置和作用，填写于评价表中。

（2）评价要求。

评价人根据测评情况填写并给予对应评价等级：单行全对的得"A"，错两个（含）以下得"B"，错两个以上得"C"。

表 1-1-5 学习评价表

项　目	评价内容	评价等级		
		😎	🙂	☹
自我评价	学到的知识点：			
	学到的技能点：			
	不理解的有：			
	还需要深化学习并提升的有：			
组内评价	○按时到场　　　○工装齐备　　　○书、本、笔齐全　　○安全操作　　　○责任心强　　　○7S管理规范　　○学习积极主动　○合理使用教学资源　○主动帮助他人　　○接受工作分配　○有效沟通　　　○高效完成工作任务			
组间评价	元件名称　　元件代码　　安装位置　　作用　　　　—			
小组评语及建议	他（她）做到了： 他（她）的不足： 给他（她）的建议：	组长签名： 　　年　月　日		
老师评语及建议		评价等级： 教师签名： 　　年　月　日		

五、学习思考

1. 基本术语

（1）过量空气系数指燃烧_____燃油所用_____空气质量与_____空气质量之比，用字母 λ 表示。当 $\lambda=1$ 时称为_____混合气；$\lambda<1$ 时称为_____混合气；λ_____1 时称为浓混合气。

（2）理论空燃比 $\alpha=$_____的空气与 1 kg 的燃油质量之比，此时，$\lambda=1$；当 $\alpha<14.7$ 时，称为_____混合气，此时 λ_____1；当 α_____14.7 时，称为稀混合气，此时 λ_____1。

（3）经济燃烧工况指 $\lambda=1.05\sim1.15$ 时的混合气燃烧工况，相当于偏_____状态；而功率燃烧工况时的 $\lambda=$_____，相当于偏_____状态。

（4）判断正误：通常情况下，经济混合气和功率混合气可以在同一种混合气成分下同时获得。（　　）

2. 混合气形成

（1）分层燃烧的特点是（　　　　）。

A. 部分负荷时，喷油在进气行程喷入

B. 中等及大负荷时，喷油在压缩行程后期喷入

C. 大负荷时，相当于均质燃烧，空燃比 α 可达 20

D. 可以使用含硫量较高的汽油

E. 在火花周围需要较浓的混合气，离火花中心越远，混合气越稀，最大 α 值可达 40 以上

（2）均质燃烧的特点是（　　　　）。

A. 火花周围至整个燃烧室的混合气浓度基本一样

B. 比分层燃烧的燃油经济性稍低

C. 比普通进气道喷射发动机动力性强、经济性好

D. 可采用进气行程的一次或多次喷油实现动力提升

E. 需通过安装 NO_x 转化器来减少排放

3. 稀薄燃烧

（1）稀薄燃烧指空燃比 α ＿＿＿ 14.7 时的燃烧状态，此时 λ ＿＿＿ 1。

（2）为了实现稀薄燃烧，发动机上所采用的措施包括（　　　　）。

A. 进气道采用螺旋式，设置蝶形涡流阀，使气流形成涡流，有利于火焰传播

B. 通过改变气门重叠角，实现稳定工况工作

C. 提高系统燃油压力至 1 MPa，并采用大口径喷油器喷油

D. 采用宽频带型氧传感器

E. 发动机燃烧工况均采用分层燃烧

（3）对稀薄燃烧的分类，描述正确的是（　　　　）。

A. 按混合气状态可分为均质混合气和分层混合气两种

B. 均质混合气只适用于进气道喷射

C. 分层混合气适用于进气道和缸内喷射

D. 分层燃烧时，火花周围的混合气 $\lambda > 1$，而燃烧室 $\lambda < 1$

E. 按燃烧方式可分为进气道喷射稀薄燃烧、缸内喷射、均质混合气压燃三种

（4）补全常见喷射类型中英文名称。

序号	英文缩写	英文全称	中文名称	代表车型
1	PFI			多数车型
2	HCCI	Homogenous-Charge Compression Ignition		丰田
3	GDI			三菱
4	FSI	Fuel Stratified Injection		
5	TSI		涡轮增压均质喷射	大众、奥迪
6	SIDI	Spark Ignition Direct Injection		
7	HPI		高精度喷射	
8	CGI	Charged Gasoline Injection		

（5）空燃比反馈控制原理是 ECM 利用（　　　　）信号确定最终喷射量。

A. 氧传感器　　B. 爆震传感器　　C. 气缸压力传感器　　D. 空气流量计

4. 分层燃烧与缸内直喷

（1）缸内直喷的混合气模式分为_____、_____、_____三种。

（2）以墨水滴入水杯和自来水管来说明气缸内的混合气状态，正确的是（　　　）。

A. 墨水相当于燃油，水相当于新鲜空气

B. 杯子上部水和墨水的混合物相当于火花附近的稀混合气

C. 杯子底部清澈的水，相当于远离火花附近燃烧室的浓混合气

D. 墨水滴入自来水管后，流出的水相当于充分混合的稀薄均质混合气，很容易点燃

E. 墨水滴入装满水的杯子，相当于分层燃烧，只有采用缸内喷射才能实现

（3）GDI与FSI的区别是（　　　）。

A. GDI的喷油器布置在气缸侧面离火花塞和进气门很近的地方，属于直接喷射

B. 两种喷射的第一次喷油在进气行程，喷油量较多；二次喷油在压缩行程，喷油量较少

C. 两种喷射火花塞附近的燃油浓度都最高

D. FSI的喷油器安装在气缸顶部、进气门附近，属于间接喷射

E. GDI的喷油朝向火花塞，而FSI的喷油朝向活塞

5. 均质混合缸内直喷

（1）缸内直喷较进气管喷射充气效率高的原因有（　　　）。

A. 缸内直喷燃油与空气相对速度高，压力差较大，存在压力雾化和空气雾化的组合

B. 压力雾化使油滴数量多，表面积增大，有利于散热和混合气快速形成

C. 缸内直喷发动机的高温壁面有利于燃油蒸发，并使混合气冷却

D. 进气管喷射的空燃混合气由于在进气道时间较长，容易形成油膜

E. 油膜的形成降低了燃烧室内混合气的冷却效果，从而提升了充气效率

（2）FSI发动机采用全工况均质燃烧仍然能提升动力的原因是（　　　）。

A. 进气道内的滚流阀产生强滚流，改善了混合气的形成

B. 增压发动机通过扁平进气道和遮蔽部分区域的方式，增强滚流

C. 采用与进气道喷射一样的喷油器，喷射压力可达11 MPa

D. 活塞的凹坑和横向台肩稳定滚流，促进燃烧

E. 采用双喷射技术，即一只喷油器喷向燃烧室，另一只喷油器喷向活塞凹坑

（3）开发均质混合缸内直喷的原因包括（　　　）。

A. 改善动力性和启动性能　　B. 需要单独的NO_x处理器

C. 无须使用无硫燃料　　　　D. 比分层燃烧结构简单，技术成熟

6. 缸内直喷的工作原理

（1）对缸内直喷发动机工作原理，描述正确的是（　　　）。

A. 改善的进气管和活塞结构，有利于使混合气形成滚流

B. 滚流将进气行程喷出的旋转油雾带至火花塞附近点燃

C. 混合气在燃烧室内形成"稀包浓"的分层状态，形成绝热层，提高热效率，进而提升功率

D. α值为40的混合气在火花塞附近快速燃烧

E. 燃油直接喷入气缸，改善了启动性能

（2）缸内直喷的喷油特点包括（　　　）。

A. 中小负荷工况，在进气行程喷油，以超稀混合气为主，为分层混合气

B. 大负荷采用两次喷射，第一次在压缩行程，第二次在进气行程

C. 大负荷时，第二次喷射形成浓稀不均的分层混合气

D. 大负荷工况两次喷油脉宽应该是一样的

（3）提高汽油机功率输出的途径包括_____、_____、_____。

（4）缸内直喷发动机的混合气工作模式有_____、_____、_____三种。

（5）对于分层充气模式描述正确的是（　　　）。

A. 进气歧管翻转阀在进气行程封住上部气道，使空气加速进入气缸，在活塞顶部形成涡流
B. 喷油器在压缩行程后期开始向活塞凹坑喷油，油雾并不接触活塞顶部
C. 混合气形成在进气行程末期，此时 $\lambda = 1.6 \sim 3$
D. 火花塞附近的稀混合气开始点火，进而扩散到周围较远的浓混合气燃烧

（6）均质稀混合气模式的工作特点包括（　　　）。

A. 进气歧管翻转阀在进气行程封住下部气道，使空气加速进入气缸，在活塞顶部形成涡流
B. 喷油器在压缩行程后期开始向活塞凹坑喷油，油雾并不接触活塞顶部
C. 由于混合时间充足，在整个燃烧室形成较浓的均质混合气，此时 $\lambda = 1.55$
D. 点火时刻大范围优化，混合气在整个燃烧室快速燃烧

（7）均质混合气模式工作的特点包括（　　　）。

A. 节气门开度根据加速踏板位置改变
B. 进气翻板转换阀受转速和负荷控制，可以任意调节下部进气道
C. 喷油器在进气行程开始向活塞凹坑喷油，油雾并不接触活塞顶部
D. 由于混合时间充足，在整个燃烧室形成较浓的均质混合气，此时 $\lambda = 1$
E. 点火时刻大范围优化，混合气在整个燃烧室快速燃烧

六、学习材料

1. 基本术语

（1）空燃比：可燃混合气中空气质量与燃油质量之比，用 α 表示，即

$$\alpha = \frac{\text{空气质量}}{\text{燃油质量}}$$

由化学反应方程式的当量关系，可求出 1 kg 汽油燃烧需要 14.7 kg 的空气，$\alpha = 14.7$ 为理论混合气；$\alpha < 14.7$ 为浓混合气；$\alpha > 14.7$ 为稀混合气。

（2）过量空气系数：发动机燃烧过程中，完全燃烧 1 kg 燃油实际供给的空气质量与理论空气质量之比，用 λ 表示，即：

$$\lambda = \frac{\text{燃烧 1 kg 燃油实际供给的空气质量}}{\text{燃烧 1 kg 燃油理论供给的空气质量}}$$

$\lambda = 1$ 为理论混合气；$\lambda < 1$ 为浓混合气；$\lambda > 1$ 为稀混合气。$\lambda = 1$、$\lambda < 1$ 和 $\lambda > 1$ 分别对应燃烧 1 kg 汽油，实际供给的空气质量等于 14.7 kg；小于 14.7 kg 和大于 14.7 kg。过量空气系数与空燃比对应关系如表 1-1-6 所示。

表 1-1-6　λ 与 α 对应关系

λ	0.6	0.7	0.8	0.9	1.0	1.1	1.2	1.3	1.4	1.5
α	8.8	10.3	11.8	13.2	14.7	16.2	17.6	19.1	20.6	22.1

（3）经济混合气。当 $\lambda = 1.05 \sim 1.15$ 时，混合气燃烧充分，燃油消耗低，此时的混合气成为经济混合气。

（4）功率混合气。当 $\lambda = 0.85 \sim 0.95$ 时，混合气燃烧速度快，热损失少，此时的发动机有效功率最大，故称为功率混合气。

（5）火焰传播特性。混合气过浓或过稀都不能着火燃烧。通常情况，$\lambda = 0.4 \sim 0.5$ 为火焰传播上限；$\lambda = 1.3 \sim 1.4$ 为火焰传播下限，前者属于混合气过浓，后者为过稀，两种情况都无法燃烧。

2. 混合气形成的基本要求

缸内直喷发动机力求综合传统柴油机和汽油机的优点。在部分负荷形成分层混合气，在大负荷形成均质混合气，各转速下空气系数特性曲线如图 1-1-5 所示。

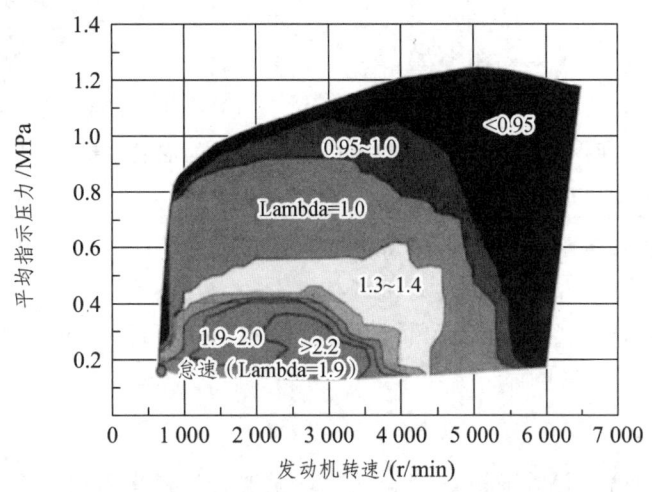

图 1-1-5　各种转速模式下 λ 特性曲线

（1）分层混合气。在部分负荷时燃油于压缩行程后期喷入，实现混合气分层稀薄燃烧（$\lambda \geqslant 1.9 \sim 2.2$），并采用混合气调节，减少气流损失，力求达到柴油机的燃油经济性。

（2）均质混合气。在中等负荷和大负荷时，燃油在进气行程喷入，根据运行工况，实现均质稀混合气燃烧（$\lambda = 1.3 \sim 1.4$）、均质燃烧（$\lambda = 1.0$）或均质浓混合气燃烧（$\lambda < 1.0$），以保持汽油机较高的升功率。同时，由于喷入缸内的燃油蒸发时吸收热量所起的冷却作用，提高了抗爆性能，可以实现较高的压缩比，有助于提高循环热效率，降低燃油消耗。

3. 稀薄燃烧的类型特点

（1）稀薄燃烧的概念。稀薄燃烧指空燃比大于理论空燃比的燃烧，即 $\alpha > 14.7$ 时的燃烧。混合气过稀将导致气缸失火率增加，空燃比稀限为 17，因此，将 $\alpha > 17$ 时的燃烧称为稀薄燃烧。

（2）稀薄燃烧的实现途径。

① 采用螺旋式进气道，可变进气道设有蝶形涡流阀，使进气形成较强涡流，有利于火花塞点火及火焰传播。

② 采用无级调节可变气门正时系统（如 VVT-I），通过改变气门重叠角，实现不同工况、不同转速下的进排气效应，保证汽油机全工况范围的稳定工作。

③ 广泛采用内开式螺旋喷油器，通过提高燃油压力，使燃油准确、充分地喷入燃烧室。

④ 采用宽频带型氧传感器，可以实现各种工况下空燃比的调节。

（3）稀薄燃烧的分类。

① 按混合气状态分。可分为均质稀薄燃烧和非均质稀薄燃烧两种，如图 1-1-6 所示。

a. 均质混合气。大部分进气道喷射的汽油发动机只能在空燃比小于 25 的狭小范围内工作，且只能通过改变进气道长短来调节混合气冲量，会引起泵气损失，使排放增高，经济性降低。另外，均质混合气容易产生爆震，不能采用高压比，降低了热效率，且 NO_x 排放较高。

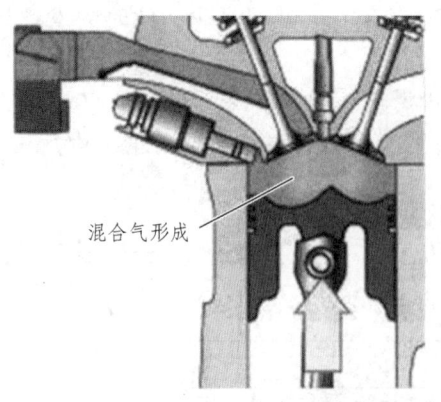 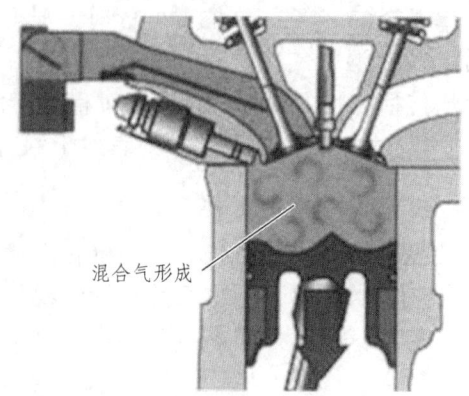

（a）分层混合气形成-压缩行程　　　　　（b）均质稀混合气形成-进气行程

图 1-1-6　分层混合气和均质混合气的形成与状态

b. 非均质分层进气。分层非均质燃烧是实现稀薄燃烧的主要方式。在火花塞周围至燃烧室采用由浓到稀的燃烧方式，火花塞周围采用易于着火的较浓混合气（$\alpha = 12 \sim 13$），逐渐向外扩展稀混合气，使燃烧室的混合气有浓、稀分层，发动机可在 $\alpha = 20 \sim 25$ 内稳定燃烧，空燃比提高到 40 以上。

② 按燃烧供给方式分，可分为进气道稀薄燃烧（PFI）、缸内直喷稀薄燃烧（GDI）和均质混合气压燃（HCCI）三种。

4. 分层燃烧与缸内直喷

缸内直喷发动机的混合气模式有分层混合气、均质混合气、均质稀混合气三种。

（1）当空燃比大于 25 时，火花塞周围燃油的浓度极低，即使提高点火能量依然难以着火，采用缸内直喷技术，实现稀包浓的分层燃烧，可以保证空燃比大于 25 工况下的稳定燃烧，而采用进气道喷射技术无法实现。

（2）以墨水滴入装满水的杯子为例来说明分层燃烧的关系。当墨水滴入杯子时，墨水还没来得及被水稀释，杯口处的水就已经慢慢变色，而杯底的水依然清澈。把杯子当成气缸，水看成吸入的空气，墨水就是燃油，说明分层喷射中，火花塞周围由近至远分布着由浓至稀的混合气。

5. GDI 与 FSI 的区别

GDI 与 FSI 因喷油器安装位置和喷射时间不一样而有所差异，如图 1-1-7 所示。

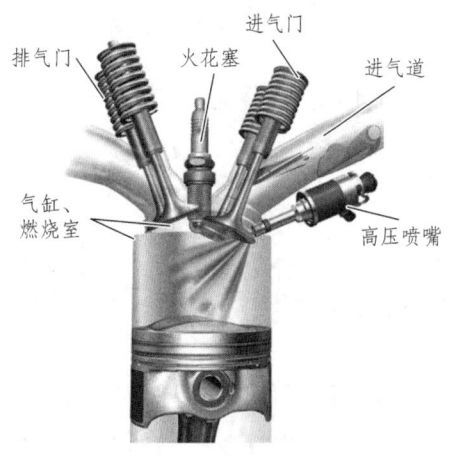 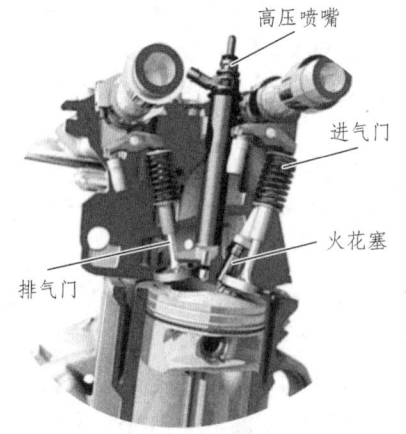

（a）FSI 喷嘴位置图（气缸侧面）　　　　　（b）GDI 喷嘴位置图（气缸顶部）

图 1-1-7　GDI 与 FSI 喷嘴位置图

（1）GDI（Gasoline Direct Injection）：汽油缸内直接喷射。以三菱汽车为代表，其喷油器布置在气缸顶部离火花塞和进气门都很近的地方，属于真正的直接喷射。GDI发动机在进气行程开始第一次喷油（喷油量很少），而在压缩行程末期开始第二次喷油，喷射的油雾呈漏斗形，因此，离火花塞越近的地方，浓度越高，从而实现分层燃烧。

（2）FSI（Fuel Stratified Injection）：燃油分层喷射。以大众汽车为代表，其喷油器布置在气缸的侧面，离进气门较近，属于间接式喷射，对准活塞喷两次油，油雾喷射在活塞的U形槽上，随U形槽导向火花塞附近，同样在火花塞周围形成较浓混合气，实现分层燃烧。

6. 均质混合缸内直喷

（1）充气效率比较。

① 由于进气歧管喷射的燃油与空气压力比较低（3∶1~5∶1），燃油与空气的相对速度也较低，容易产生压力雾化和空气雾化的组合效果，而缸内直接喷射燃油与空气的压力比达200∶1，两者相对速度较大，只产生压力雾化，油滴直径明显小于进气道喷射，使油滴数量增大而增加油滴的表面积，改善了燃油蒸发，加速了混合气形成。

② 缸内直喷发动机的燃烧室壁面温度较高，加速了燃油蒸发，使得充气效率提高。而进气歧管喷射由于进气歧管内壁附着温度较低的油膜，导致较大直径的油滴要长时间才能蒸发，因此，充气效率难以提高。

③ 进气歧管内的燃油蒸发导致进气门前后压力差降低，不利于进气。

④ 缸内直喷发动机所喷射的燃油体积远小于气态燃料的体积（大约差700倍），增加了进气量，使发动机功率提升5%~8%成为现实。

（2）均质混合气工作特点。

大众TSI发动机采用涡轮增压与缸内直喷技术相结合，增大扭矩，提升动力，发动机在整个工作范围内采用均质混合气工作模式。进气道内的可变进气翻板阀导致强烈的滚流产生，加强了燃烧室内的滚流，改善了混合气形成。可变进气翻板阀在低速（3 000 r/min以下）时，关闭下部通道，使燃烧室获得强烈的气流运动和较高的燃烧速度，而在发动机高速时，阀门开启，活塞顶部特殊的凹坑和横向台阶对滚流起到稳定作用，有效促进了燃烧。TSI发动机喷射压力可达11 MPa，采用高压旋流喷油器喷射，确保了部分工况时较低的排放，全负荷时快速地燃烧，使得发动机在均质模式下同样实现低油耗和大功率。

因此，开发均质混合缸内直喷发动机的原因，一方面是改善动力性，获得更好抗爆性，另一方面是降低排放，减少无硫燃料的使用。

7. 缸内直喷发动机的工作原理

（1）气缸内涡流的运动。通过直立的进气管，产生强大的下降气流，又利用活塞顶面弯曲形成强大的滚流，这股滚流将压缩行程后期喷射的油雾，引至燃烧室中央的火花塞附近，及时点火燃烧。

（2）高压旋转油雾的产生。高压旋流喷油器在压缩行程后期以5~5.5 MPa的高压喷射出旋转油雾，卷入滚动涡流，以分层混合状态卷到火花塞附近。火花塞由近至远的混合气成"稀包浓"状态（O_2分子包围HC分子），形成绝热层，提高了热效率和功率，降低了油耗。

（3）高速涡流的产生。"稀包浓"的燃烧涡流，因未燃物和已燃物温度、密度和离心力的差异，在旋转中会逐层地旋转和剥离（未燃物温度低、密度和离心力大，向外移动；已燃物则相反，向内移动），从内向外稳定地、彻底地分层燃烧。"稀包浓"的分层燃烧使得超稀薄的空燃混合气α值可达30~40。

（4）启动性能的提高。燃油直接喷入气缸，无燃油的黏结损耗，发动机1~2个循环内即可启动运转。

（5）喷油特点。中小负荷在压缩行程后期喷油，为分层混合气；大负荷在进气行程和压缩行程进行两次喷油，调节空燃比，改善使用性能。

（6）高压缩比的实现。

① 提高发动机功率的主要途径是加大进气量、提高压缩比和控制燃烧过程。

② 直喷吸入的稀薄混合气汽化热可以降低气体温度和增大进气密度，不易爆燃。

③ 直喷发动机主要在压缩行程末期喷油，滞留时间短，有利于提高压缩比。

（7）缸内直喷发动机的控制。喷油时刻决定混合气均质程度，中小负荷采用压缩行程喷油。实现分层燃烧；大负荷区域在进气行程前期喷油，采用均质燃烧，实现高转矩和大功率。

（8）缸内直喷发动机的工作模式。

缸内直喷发动机通常有分层充气、均质稀混合气和均质混合气三种模式，如图1-1-8所示。

① 分层充气模式。

a. 进气过程。节气门打开，进气歧管翻转阀封住下部气道，进气以涡流形式从上部加速进入气缸，由于活塞顶部的特殊形状加速了气流的涡流效果。

b. 喷油过程。于压缩行程上止点前60° CA（曲轴转角）开始喷油至45° CA结束，燃油以5～10 MPa的压力喷向活塞凹坑，燃油雾气不与活塞顶部接触。

c. 混合气形成过程。混合气在40°～50° CA形成，低于该角度则无法点燃，高于该角度则为均质混合气。

d. 做功过程。火花塞周围由近至远成"稀包浓"状态，气雾起到隔热作用，气缸壁热损耗小，发动机热效率提高。

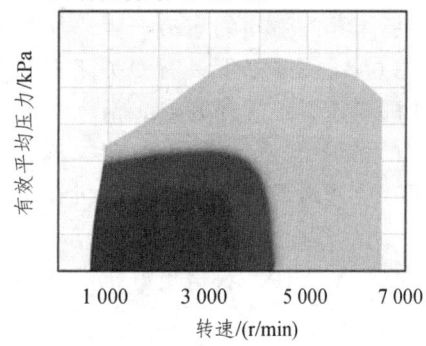

（a）混合气三种模式

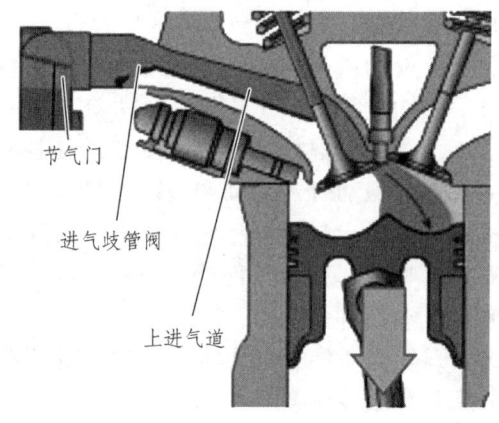

（b）进气行程：节气门打开，歧管阀封住下部气道

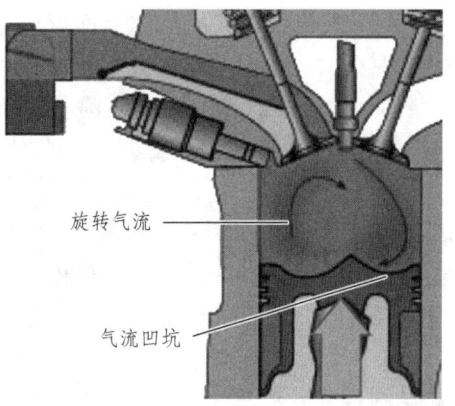

（c）压缩行程：形成滚流

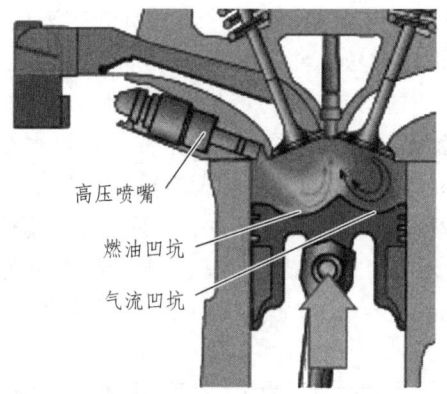

（d）压缩行程-喷油：喷油至凹坑：BDTC60°～45°

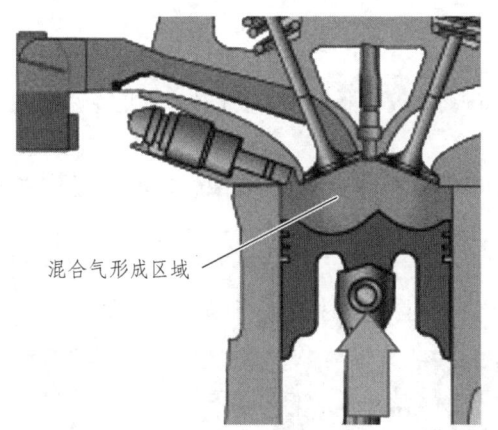 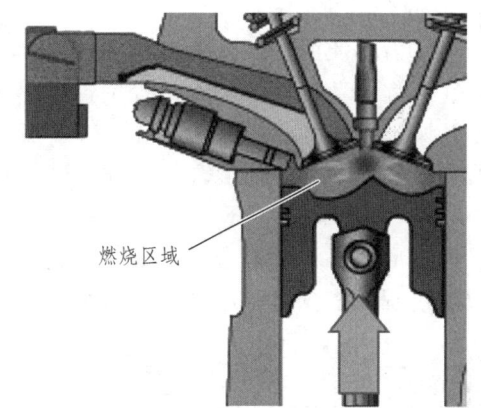

（e）压缩行程-混合气形成：40°~50°曲轴转角； （f）压缩行程-做功：开始燃烧（只在中心区域），
$\lambda = 1.6 \sim 3$ 周围气体起绝热作用

图 1-1-8 分层混合气充气模式

② 均质稀混合气模式。

图 1-1-9 为均质稀混合气充气过程：进气行程与分层充气一样；均质稀混合气喷油在进气行程上止点前 300°CA 开始喷油，此时过量空气系数 $\lambda \approx 1.55$；点火时刻进行优化控制，在整个燃烧室进行燃烧。

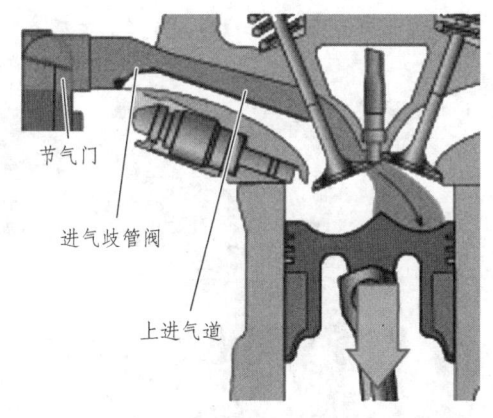 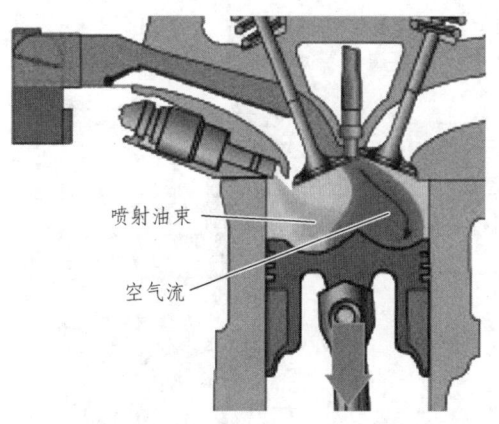

（a）进气行程：节气门打开，歧管阀封住下部气 （b）进气行程：喷油至凹坑
道，与分层混合气类似

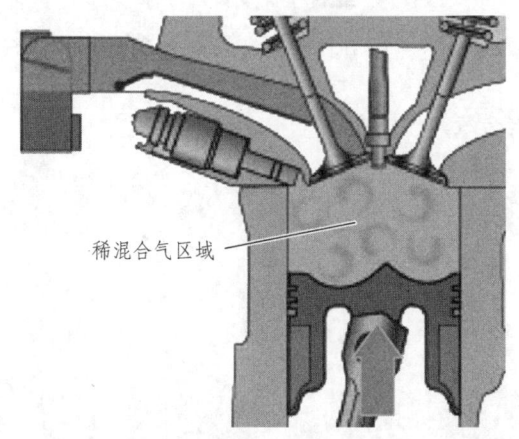 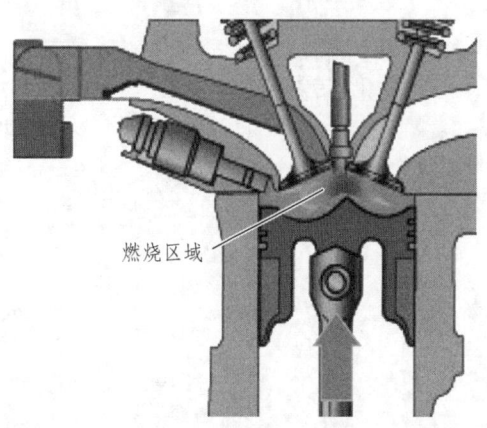

（c）压缩行程：形成均质混合气—混合时间长， （d）压缩行程：燃烧—在整个区域
$\lambda = 1.55$

图 1-1-9 均质稀混合气充气模式

③ 均质混合气模式。

图 1-1-10 为均质混合气充气过程。

a. 进气过程。节气门按加速踏板位置信号来控制。进气歧管翻转阀可根据发动机转速和负荷，打开、关闭、部分关闭下部通道。

b. 喷油过程。与均质稀混合气一样，进气行程上止点前 300°CA 开始喷油，此时过量空气系数 $\lambda \approx 1$。

c. 混合气形成。均质混合气形成时间较长，使混合气充分混合。

d. 做功过程。根据发动机转速、负荷及其他传感器信号对点火时刻进行精确控制。

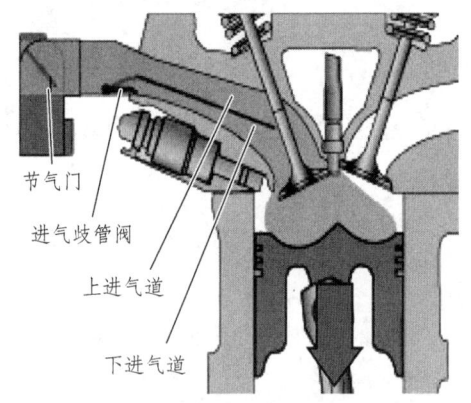

(a) 进气行程：节气门根据加速板位置打开，歧管阀根据负荷状况打开或关闭

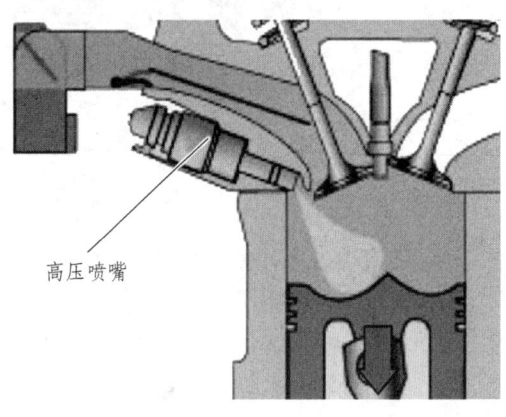

(b) 进气行程：喷油至凹坑，与均质稀混合气类似

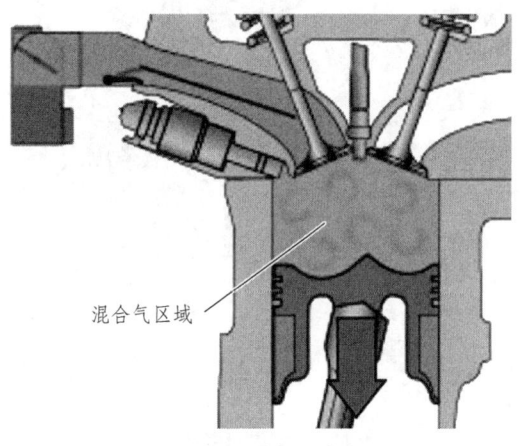

(c) 进气行程：形成均质混合气—混合时间长，$\lambda = 1$，与均质稀混合气类似

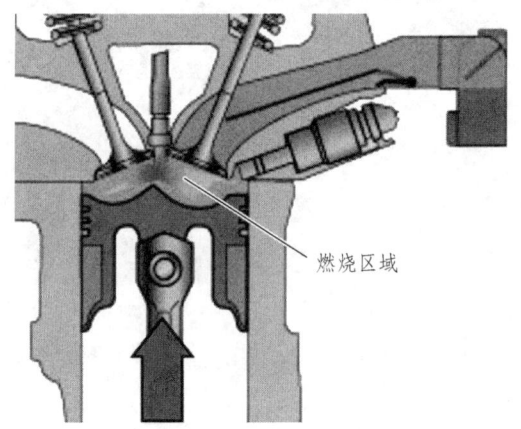

(d) 压缩行程：燃烧—在整个区域，与均质稀混合气类似

图 1-1-10 均质混合气充气模式

学习活动二　拆绘燃油系统电路图

一、学习目标

（1）能够在老师指导下，查阅资料，检索燃油系统流向及电路信息。
（2）能够根据操作要点，规范填写维修工单，合理分配人员，并具体实施。
（3）能够绘制实车或台架高、低压燃油控制流向图，并描述燃油供给工作过程。
（4）能够拆绘实车或台架燃油控制电路图。
（5）能够分析并描述低压燃油泵的控制原理及可能存在的故障现象和原因。
（6）能够分析并描述高压燃油的调节原理及可能存在的故障现象和原因。
（7）能够建立初步诊断思路，分析燃油系统可能存在的故障现象和原因，并列举简要检测步骤。
（8）能够描述 GDI 与 FSI 的特点与原理。
（9）能够通过团队协作独立或集体完成学习任务。
（10）能够按职业能力评价要求进行展示评价。
（11）能够执行活动过程的 7S 管理要求（见附件 1）。

二、学习准备

（1）设备：大众 1.8TSI 直喷发动机台架或整车、举升机、充电机等。
（2）常用工量具：工具车 1 台，配备常用梅花扳手、套筒扳手、螺丝刀、试灯、万用表等。
（3）油料、材料：保险丝、汽油、碎布等。
（4）资料：网络资源、维修手册、维修工单、安全操作规程。
（5）分组：每组 5~6 人，小组讨论后，由组长按岗位分配人员。
（6）建议学时：18 学时。

三、学习过程

1. 填写维修工单

（1）根据学习内容拆分活动环节或步骤。
（2）小组讨论分工填写维修工单（见附件 2）

2. 绘制燃油系统流向图

查阅自学手册 1621 SSP401，实车观察燃油高、低压管路，绘制燃油供给流向图，标注各燃油管路及相关器件的名称，高、低压燃油压力，用箭头标记控制电路的输入、输出方向，并使用不同颜色标出高、低压燃油流向。

3．识读电路图

查阅 Magotan B7L 2012 电路图册，检索关于燃油系统的电路信息，完成电路识图。

（1）燃油泵控制单元所在电路图的页码是_____。

（2）在保险丝继电器分布图中，标记出对应保险丝、继电器或节点的名称和代码。

① 在图 1-2-1 中标注元件代码并完成表 1-2-1。

表 1-2-1

代码	名称	电流/A
SA1		
SA5		
507		

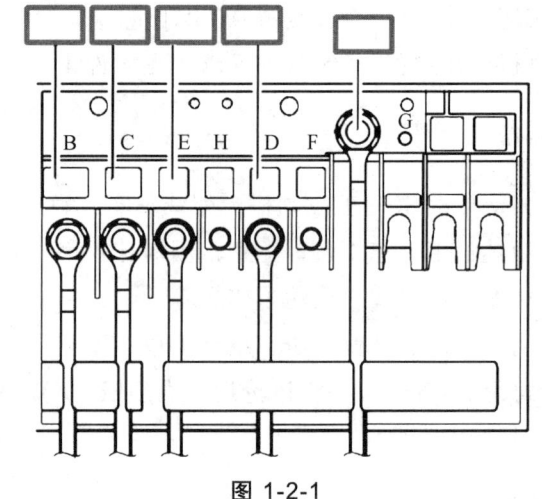

图 1-2-1

保险丝/继电器盒名称：_____

② 在图 1-2-2 中标注元件代码并完成表 1-2-2。

表 1-2-2

代码	名称	继电器号码
J682		
J329		

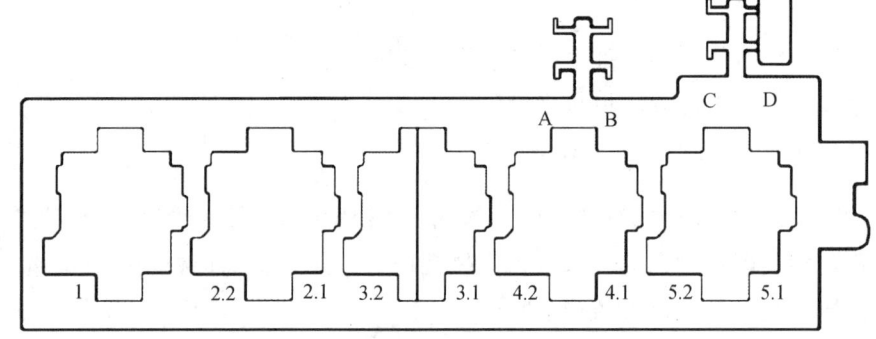

图 1-2-2

保险丝/继电器盒名称：_____

③ 在图 1-2-3 中标注元件代码并完成表 1-2-3。

表 1-2-3

代码	名称	电流/A
SC1		
SC6		
SC13		
SC19		
SC27		
SC29		

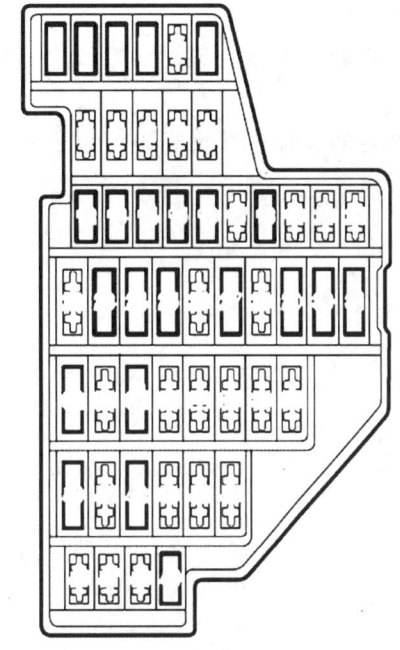

图 1-2-3

保险丝/继电器盒名称：＿＿＿＿＿＿＿＿＿＿

④ 在图 1-2-4 中标注元件代码并完成表 1-2-4。

表 1-2-4

代码	名称	电流/A
SB3		
SB6		
SB7		
SB10		
SB12		
SB14		
SB21		
SB23		
J271		
J757		

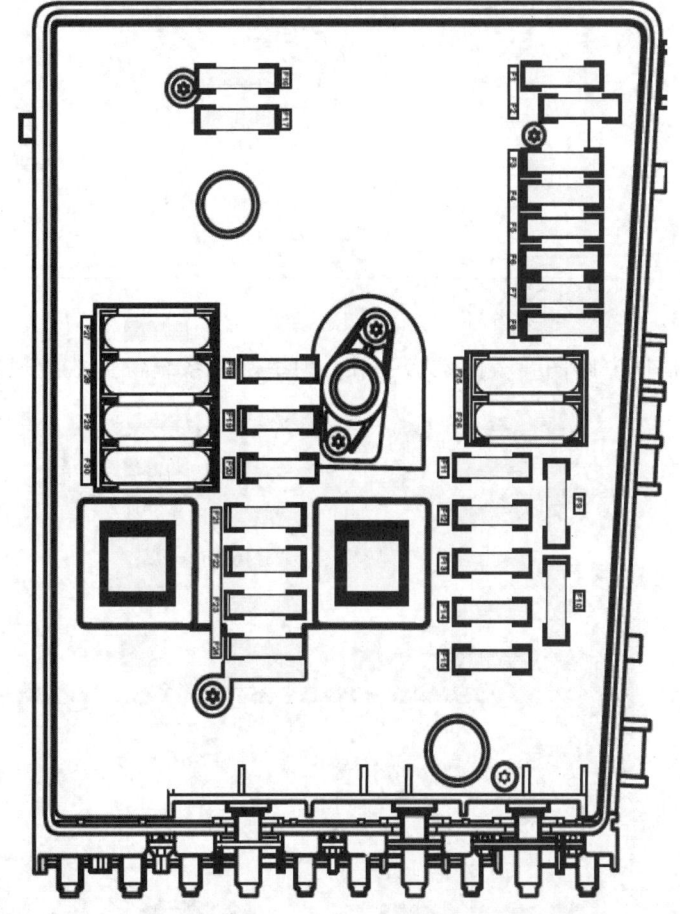

图 1-2-4

保险丝/继电器盒名称：＿＿＿＿＿＿＿＿＿＿

4. 拆绘燃油系统电路图

（1）拆绘电路图。拆绘实车或台架燃油系统电路图，标注元件名称、代码、内部结构以及导线颜色、坐标对应关系等。

（2）展示评价。结合职业能力评价表进行展示评价（见附件4）。

5. 故障原因分析

根据电路图，查阅维修手册，列举燃油系统常见故障现象及原因，完成鱼骨图。

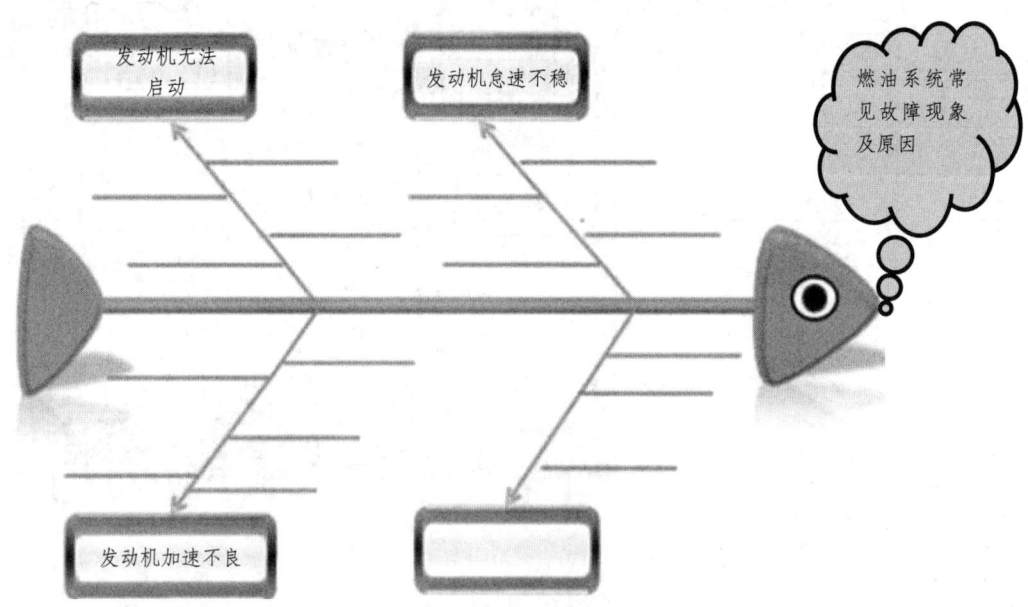

四、学习评价

组员进行自我评价、相互评价，完成表 1-2-5 所示的相应内容。

组间评价说明：

（1）电路识图。

评价人任意指定燃油系统相关的元器件，被评价人在电路图册中找出相应元件所在的页码，并在实车或台架找出对应的元器件，填写于评价表中。

（2）评价要求。

组间评价表由评价人给予对应评价等级：单行全对的得"A"，错两个（含）以下得"B"，错两个以上得"C"。

表 1-2-5 学习评价表

项 目	评价内容			评价等级		
自我评价	学到的知识点：					
	学到的技能点：					
	不理解的有：					
	还需要深化学习并提升的有：					
组内评价	○按时到场　　　○工装齐备　　　○书、本、笔齐全					
	○安全操作　　　○责任心强　　　○7S管理规范					
	○学习积极主动　○合理使用教学资源　○主动帮助他人					
	○接受工作分配　○有效沟通　　　○高效完成工作任务					
组间评价	元件代码	元件名称	在电路图的页码	在实车的位置		
	SB23					
		发动机主继电器				
小组评语及建议	他（她）做到了： 他（她）的不足： 给他（她）的建议：			组长签名： 　　　年　月　日		
老师评语及建议				评价等级： 教师签名： 　　　年　月　日		

五、学习思考

（1）汽车尾气中形成碳烟的原因是_____。

（2）缸内直喷发动机总体结构包括_____、_____两大机构和_____、

_____、_____、_____、_____五大系统。

（3）缸内直喷发动机的燃油供给系主要由_____、_____、_____、_____、_____、_____、_____等组成。

（4）汽油缸内直接喷射的喷油压力应在（　　　）之间。

A. 80～120 MPa　　B. 5～13 MPa　　C. 500～1 300 kPa　　D. 800～1 200 kgf/cm²

（5）对于 FSI 发动机燃油供给的工作过程，描述正确的是（　　　）。

A. 电动燃油泵输出 0.05～0.5 MPa 低压燃油→凸轮驱动高压油泵产生 5～11 MPa 压力→高压喷油器喷油

B. 燃油导轨上的低压压力调节阀在 680 kPa 时开启

C. 高压油路内的限压阀在 120～150 kPa 时开启

D. 电动燃油泵输出 0.05～0.5 MPa 低压燃油→J538 控制高压油泵产生 5～11 MPa 压力→高压喷油器喷油

E. G247 控制电动泵输出 0.05～0.5 MPa 低压燃油→凸轮驱动高压油泵产生 5～11 MPa 压力→高压喷油器喷油

（6）发动机控制单元 J623 接收到（　　　）信号，然后通知油泵控制单元 J538 控制油泵工作。

A. 凸轮轴位置 G40　　　　　　　B. 燃油压力传感器 G247

C. 曲轴位置传感器 G28　　　　　D. 空气流量计 G70

（7）对于保险丝标称，描述正确的是（　　　）。

A. SA7 保险丝位于发动机舱 E-BOX 保险丝盒内 7 号位置

B. J682（53 继电器）和 J329（100 继电器）均为四脚继电器，因此可以互换

C. ⑤⑰ 通常为接地线的连接点

D. 点火开关信号代码"P"指停车灯电源

（8）燃油泵控制单元 J538 的 15 电源线由（　　　）提供。

A. 点火开关 D　　　　　　　　　B. 电子方向盘单元 J527

C. 车载电网单元 J519　　　　　　D. 继电器 J329

（9）对于 FSI 发动机燃油泵控制，描述正确的是（　　　）。

A. 电动燃油泵受油泵继电器直接控制

B. 高压泵受油泵单元 J538 控制

C. 驾驶员停车，打开车门，电动燃油泵工作 2 s

D. 高压泵的输出压力受 N276 控制

（10）判断正误：FSI 发动机的低压燃油系统指电动燃油泵至高压泵之间的油路系统。（　　　）

（11）判断正误：FSI 发动机的高压燃油系统指电动燃油泵至高压喷油器之间的油路系统。（　　　）

（12）试写出燃油泵 G6 的控制原理，用箭头标注输入、输出走向：_____
_____。

（13）试描述 J538 电源线 15 的供给流向：_____
_____。

六、学习材料

1. 缸内直喷发动机的控制技术

FSI 发动机对喷雾质量要求较高，少量大尺寸的液滴就有可能导致排放的恶化和燃烧效率的降

低，尾气中的碳烟主要是因为大颗粒的燃油来不及蒸发而与其他废气混合而成，因此喷雾的最大液滴直径应小于 50 μm。

提高雾化压力可以促进燃油雾化，以获得较小直径的液滴和均匀的喷雾，但喷油压力过高又会导致喷雾距离过长、燃油碰壁等情况；此外，也会加大喷油泵负荷和机械噪声。一般缸内直喷发动机喷射压力在 5～13 MPa，采用可变喷射压力，以满足不同工况的要求。

2. FSI 燃油系统的结构组成

（1）燃油管路循环系统。

如图 1-2-5 所示，燃油系统是由一根输送燃油的真空管道（能够很容易地从软管件识别），一个高压泵，一个高压燃油分配管道和四个喷油嘴组成。真空分配器管道不仅具有一个真空传感器，还有一个过压阀门，或者叫作回流的阀门。需要的燃油压力由发动机控制器进行计算，控制器通过 PWM 信号来控制装在燃油储罐中的电动泵 J538，使其在真空循环中产生所需要的压力（400～800 kPa）。

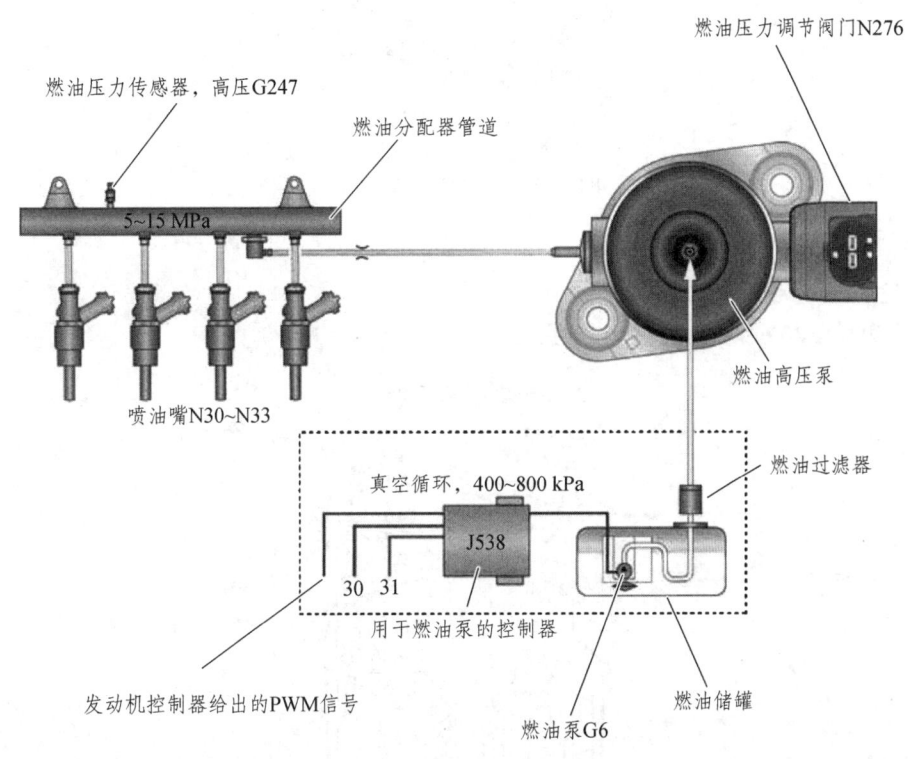

图 1-2-5　燃油管路循环系统

（2）燃油高压泵。

如图 1-2-6 所示，燃油高压泵是通过装在排气凸轮轴末端上的一个四边形的凸轮来驱动的。然后凸轮轴通过一个滚柱推杆来驱动泵的活塞，这样减小了摩擦力和由链条输送的力，效果是：磨损小，发动机的运行平静度高，产生的噪声小，降低了燃油的消耗。

在高压循环系统中取消了过压阀门，取而代之的是装在机械泵中的一个调节阀门，这个阀门在 20 MPa 的压力下开启，并且将燃油送回到真空循环中去，这样就阻止了零部件因为过压而可能造成的损坏，尤其是在发动机加热以后的推进阶段和工作阶段。

燃油分配器管道由不锈钢材料制成，是在真空的情况下将燃油输送到喷油阀门中去的。高压循环系统中的压力是通过调节阀门 N276 进行调节的，这个阀门在机械高压泵中。高压循环系统中的压力可以根据发动机的负荷调整到 5～15 MPa。

发动机控制器通过压力传感器 G247 能够识别到每个时间点分配器管道中的压力，调节阀门

N276 可以对其进行调节,使其跟高压循环中的系统压力相匹配。压力传感器 N247 可以在 20 MPa 以下的压力范围内进行调节。

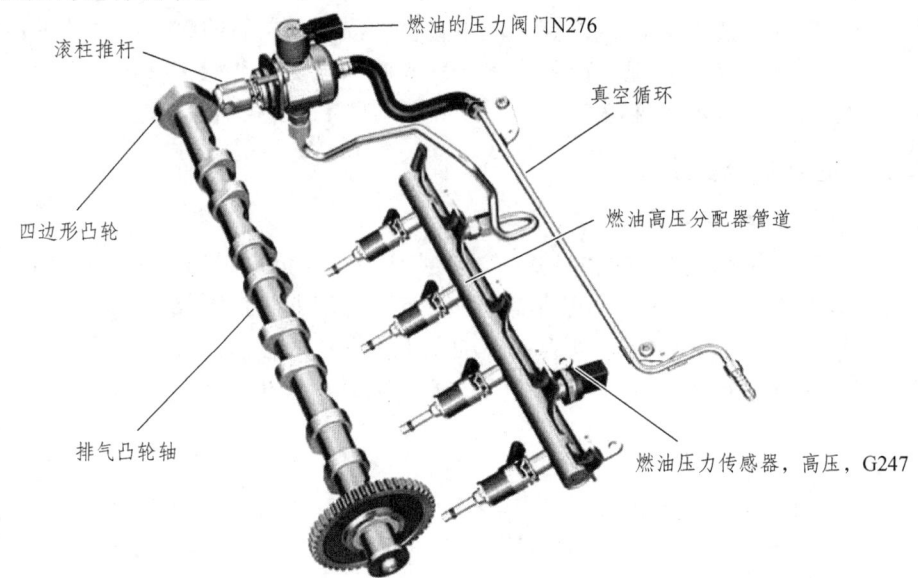

图 1-2-6　高压燃油系统

3. 电路识图基础

(1)保险丝、继电器位置说明。

图 1-2-7 为迈腾 2007 保险丝、继电器盒分布图。

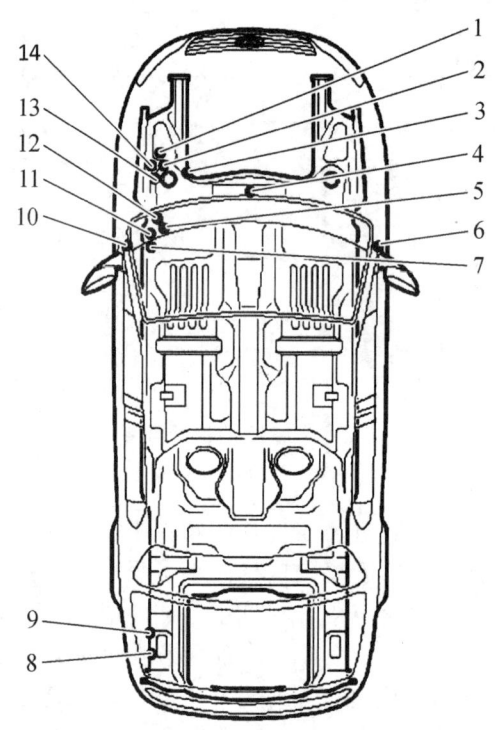

图 1-2-7　保险丝、继电器盒分布图

1—保险丝架 A(SA),E-Box 电控箱前部的保险丝盒;2—E-Box 电控箱下面的继电器架;3—端子 30 的导线分线器;4—可加热挡风玻璃继电器;5—左侧仪表板下面的保险丝;6—保险丝架 D(SD),仪表板右侧保险丝架;7—车载电网控制单元上的继电器,驾驶员侧脚部空间;8—保险丝架 F(SF),左侧尾箱保险丝架;9—保险丝,左侧尾箱保险丝;10—保险丝架 C(SC),仪表板左侧保险丝架;11—左侧仪表板下面的继电器架 1;12—左侧仪表板下面的继电器架 2;13—E-Box 电控箱上的继电器位置;14—保险丝架 B(SB)

（2）点火开关的控制电路。

在新型缸内直喷车辆中，点火开关并不直接给用电器供电，而是通过方向盘下部的电子转向柱控制单元 J527 将点火开关 D 的状态告知车载电网单元 J519，再由 J519 输出信号控制总线端 15 和总线端 50 继电器，由继电器分配给各用电器，如图 1-2-8 所示。

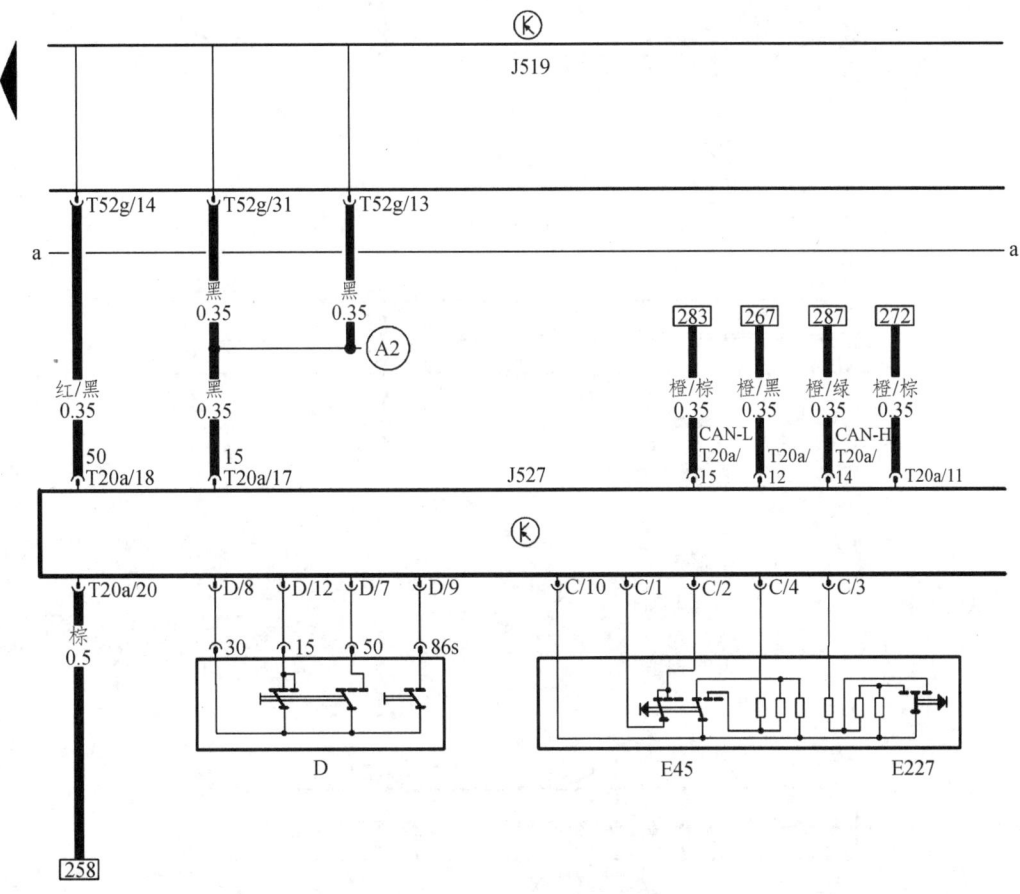

图 1-2-8　点火开关的控制电路图

（3）点火开关内部控制原理。

如图 1-2-9 所示，点火开关为多档联动开关，有常电源 30、停车灯电源 P、S 触点电源 86S、卸荷电源 75、点火电源 15、启动电源 50 和 50b。其导通状况如表 1-2-6 所示。

表 1-2-6　点火开关内部导通

点火开关的状态	导通情况						
	30	75	50b	50	15	P	86S
钥匙拔出	●					●	
钥匙在锁芯内	●					●	●
钥匙在点火挡	●	●			●	●	
钥匙在启动挡	●		●	●	●		●

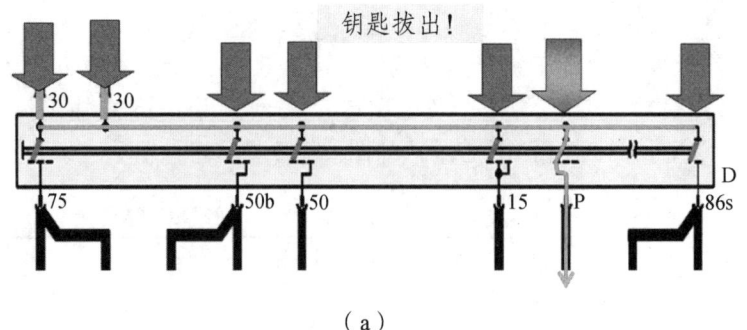

(a)

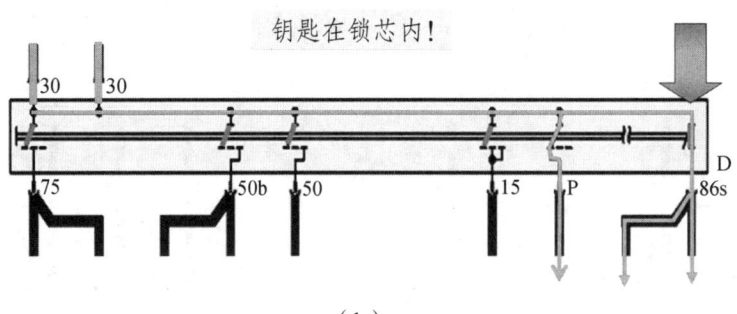

(b)

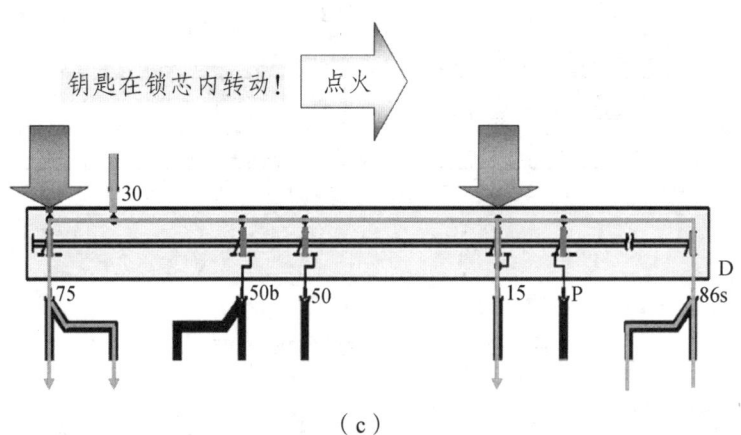

(c)

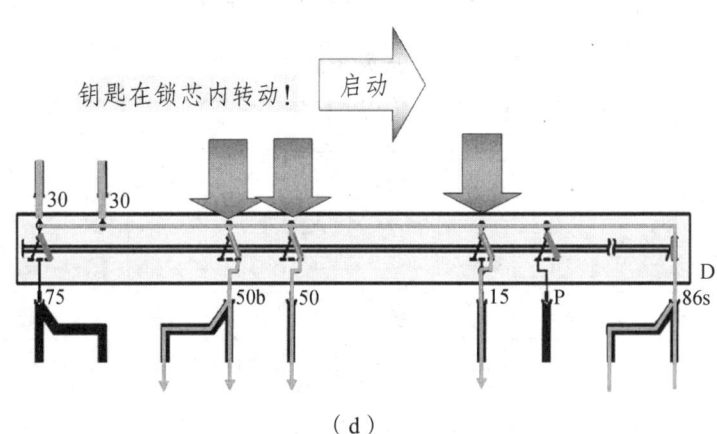

(d)

图 1-2-9　点火开关各挡位联动图

4. FSI发动机控制结构（见图1-2-10）

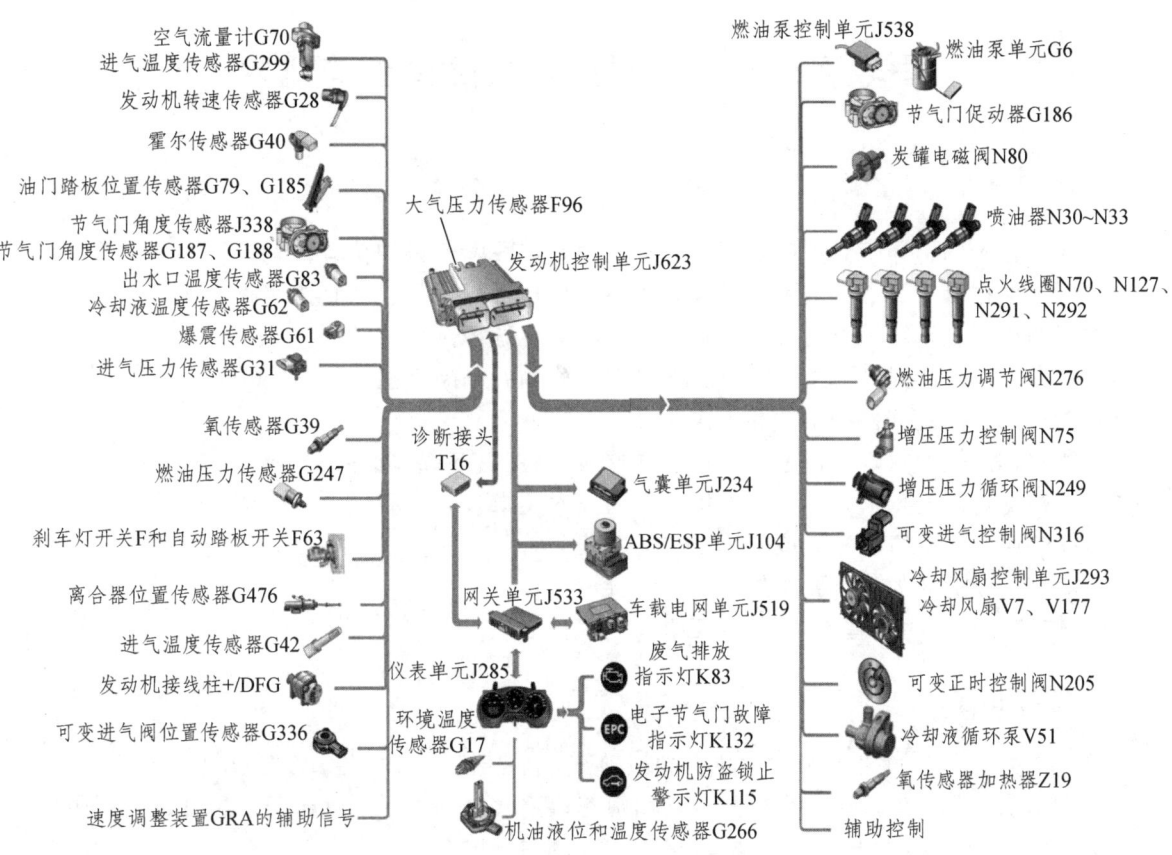

图1-2-10　FSI发动机控制结构图

学习活动三　燃油系统故障诊断与排除

一、学习目标

（1）能够在老师指导下，查阅资料，完成燃油系统故障检修的信息检索。
（2）能够根据操作要点，规范填写维修工单，合理分配人员，并具体实施。
（3）能够根据电路图，查阅维修资料，排除燃油系统控制故障。
（4）能够完成电器元件，如保险丝、连接器的检测并判断性能。
（5）能够描述控制部件的结构和工作原理。
（6）能够排除燃油故障，记录工作过程并形成完整的排除故障思路。
（7）能够描述缸内直喷发动机燃油供给系的技术要求。
（8）能够通过团队协作独立或集体完成学习任务。
（9）能够按职业能力评价要求进行展示评价。
（10）能够执行活动过程的7S管理要求（见附件1）。

二、学习准备

（1）设备：大众1.8TSI直喷发动机台架或整车、举升机、充电机、诊断仪等。
（2）常用工量具：工具车1台，配备常用梅花扳手、套筒扳手、螺丝刀、试灯、万用表等。
（3）油料、材料：燃油泵、滤清器、保险丝、汽油、碎布等。
（4）资料：网络资源、维修手册、维修工单、安全操作规程。
（5）分组：每组5~6人，小组讨论后，由组长按岗位分配人员。
（6）建议学时：18学时。

三、学习过程

1．填写维修工单

（1）根据学习内容拆分活动环节或步骤。
（2）小组讨论分工填写维修工单（见附件2）。

2．列举注意事项

参考图1-3-1，查阅维修手册，检索路径：Magotan 2007 1.8T 4 V 四缸直喷式发动机（BYJ）→修理组_____→页码_____。列举燃油系统拆装和检测的注意事项。

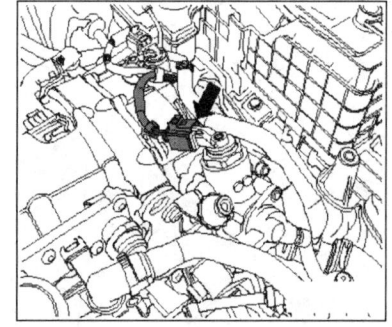

图1-3-1　燃油管路拆卸图

3．低压燃油控制故障检修

确认故障现象→检修线路（元器件）→排除低压燃油故障

（1）描述故障现象：_____
_____。

（2）检测燃油泵控制线路及电子部件，排除故障，完成表1-3-1。

表1-3-1　燃油泵故障排除

序号	检测项目	检测端子	检测条件	检测结果	初步判断
1	燃油泵供电电压	T5k/5—T5k/1	KEY ON,动作测试		
2					
3					
4					
5					
6					
7					
8					
确定故障部位：					
排除方法：					

（3）燃油泵拆装与检测。

① 维修手册查询路径：Magotan 2007 1.8T 4 V 四缸直喷式发动机→修理组___→燃油供应装置→拆卸和安装燃油供给单元 173 ~ ___页。

② 参考图1-3-2写出燃油泵的拆装步骤。

步骤	拆装项目	使用工具
1		
2		
3		
4		
5		
6		
7		
8		
9		

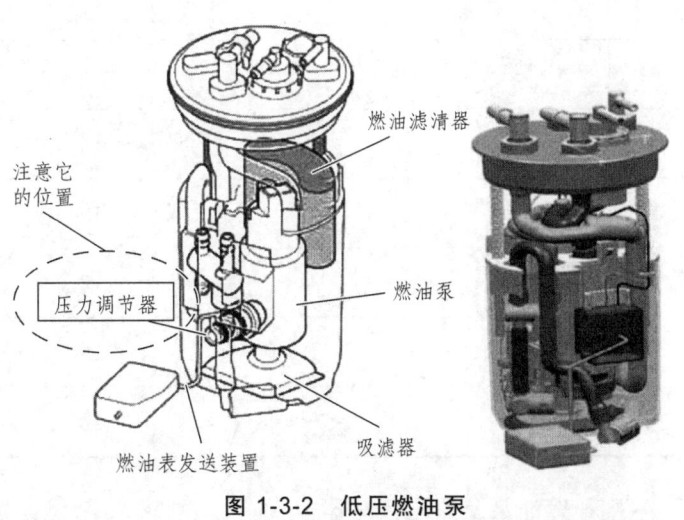

图1-3-2　低压燃油泵

③ 指出图1-3-3中元件的名称，并对照分解图识别燃油泵分解元器件，完成表1-3-2。

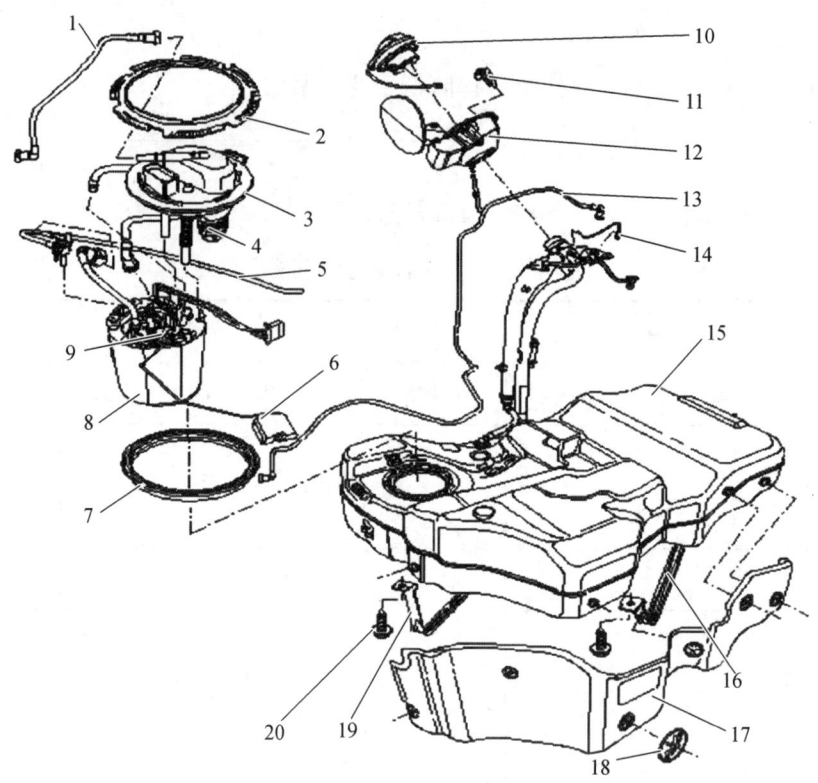

图 1-3-3 燃油箱拆卸分解图

表 1-3-2 燃油泵元器件

代号	元件名称	代号	元件名称
1		11	
2		12	
3		13	
4		14	
5		15	
6		16	
7		17	
8		18	
9		19	
10		20	

④ 检查燃油泵及油位传感器。

参考图 1-3-4，检测燃油泵工作参数。

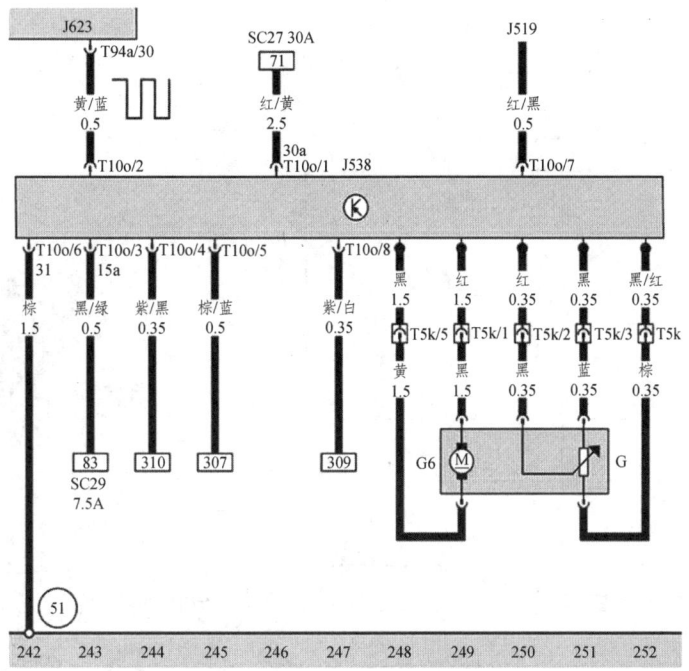

图 1-3-4 燃油泵控制电路图

元件	参数	检测条件	检测结果
燃油泵	电阻	油泵两端	
	耗电电流	油泵通电 10 s	
	流量	油泵正负极通电 30 s，测出流量（油泵安装好后检测）	
油位传感器	电阻	油位最低至最高	

⑤ 安装好燃油泵总成，并连接好燃油管。
⑥ 启动发动机，确保燃油无泄漏。

4．高压燃油控制故障检修

确认故障现象→检修线路（元器件）→排除高压燃油故障。

（1）描述故障现象：_____。
（2）检修高压燃油控制线路，完成表 1-3-3。

表 1-3-3 高压燃油控制线路检修表

序号	检测项目	检测端子	检测条件	检测结果	初步判断
1					
2					
3					
4					
5					
6					
7					
8					
确定故障部位：					
排除方法：					

（3）高压燃油泵拆装与检测。

① 维修手册查询路径：Magotan 2007 1.8T 4 V 四缸直喷式发动机→修理组＿＿→燃油准备、喷射装置→拆卸和安装高压泵＿＿～＿＿页。

② 参考图 1-3-5 写出高压泵的拆装步骤。

步骤	拆装项目	使用工具
1		
2		
3		
4		
5		

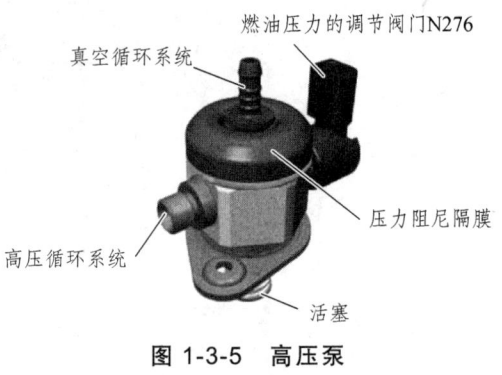

图 1-3-5　高压泵

③ 指出图 1-3-6 中元件的名称，并对照分解图识高压泵分解元器件，完成表 1-3-4。

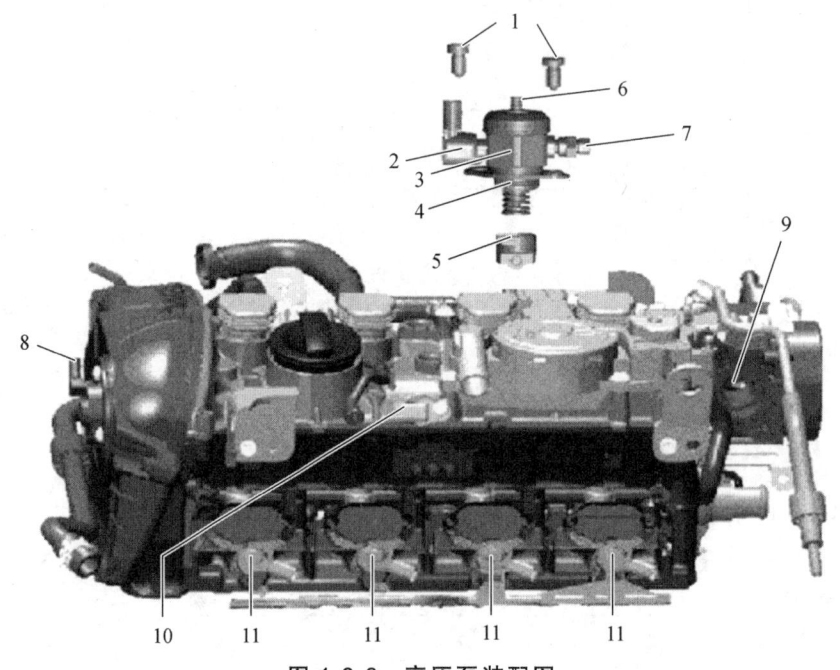

图 1-3-6　高压泵装配图

表 1-3-4

代号	元件名称	代号	元件名称
1	高压泵螺栓	7	
2		8	
3		9	
4		10	
5		11	
6			

5. 总结诊断思路

（1）通过制作PPT总结排除故障思路并展示评价（见附件5）。

（2）利用故障树或矩阵表总结排除故障思路并展示评价（见附件3）。

四、学习评价

组员进行自我评价、相互评价，完成表1-3-5所示的相应内容。

组间评价说明：

诊断思路评价。

（1）结合附件5进行职业能力评价。

（2）评价要求。

评价小组对本组和他组的排除故障思路、PPT制作效果、展示效果等进行评价，突出优点，指出缺点，并给以相应评级。

表 1-3-5 学习评价表

项目	评价内容	评价等级		
		😎	😊	☹️
自我评价	学到的知识点： 学到的技能点： 不理解的有： 还需要深化学习并提升的有：			
组内评价	○按时到场　　　○工装齐备　　　○书、本、笔齐全 ○安全操作　　　○责任心强　　　○7S 管理规范 ○学习积极主动　○合理使用教学资源　○主动帮助他人 ○接受工作分配　○有效沟通　　　○高效完成工作任务			
组间评价	项目　　　　本组（优、缺点）　　　　他组（优、缺点） 完整诊断思路 图案、资料真实准确 PPT 制作效果 PPT 展示效果			
小组评语及建议	他（她）做到了： 他（她）的不足： 给他（她）的建议：	组长签名： 年　月　日		
老师评语及建议		评价等级： 教师签名： 年　月　日		

五、学习思考

（1）电动燃油泵主要有_____和_____两种。

（2）对于 FSI 的电动燃油泵描述不正确的是（　　　）。

A. 泄压阀的作用是保持发动机熄火后的系统压力

B. 单向阀的作用是发动机运转时防止燃油倒灌入燃油箱

C. J220 通过输出电源或接地信号使 J538 控制油泵转速

D. 如果 J538 损坏，可能导致发动机无法启动或燃油表显示不准

E. 燃油压力调节器是利用发动机真空吸动膜片来控制回油的

（3）若燃油油位传感器 G 发生故障，则可能引起下列现象（　　　）。

A. 发动机无法启动　　　　B. 燃油泵不工作　　　　C. 加速不良

D. 燃油表不准　　　　　　E. 发动机怠速不稳

（4）高压泵一般采用柱塞泵，有_____、_____、_____三种（见图 1-3-7），其中性能最优越的是_____。

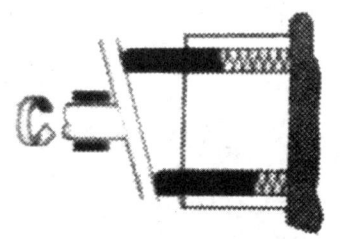  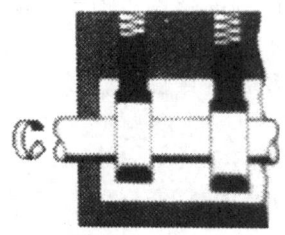

（a）径向柱塞泵　　　　　　（b）轴向柱塞泵　　　　　　（c）直列柱塞泵

图 1-3-7　柱塞泵分类

（5）对于高压泵工作原理描述正确的是（　　）。

A. 高压泵可将低压 0.6 MPa 的燃油加压到 20 MPa

B. 高压泵通过曲轴以机械方式直接驱动

C. 高压泵由凸轮、进油阀、出油阀、燃油压力传感器、柱塞等组成

D. J220 是通过线性电压控制压力调节阀 N276 调节高压压力

E. J220 根据 G247 信号，控制 N276 调节高压压力

（6）对高压泵的工作过程描述正确的是（　　）。

A. 进油过程，进油阀打开，柱塞向下运动，高压腔容积增大

B. 供油过程，柱塞向下运动过程中，高压腔与低压腔压力接近低压燃油压力

C. 回油过程，进油阀仍然打开，过多的燃油又回到低压系统，以调节油压

D. 供油过程产生的油压波动由脉动衰减器或节流阀衰减

E. 进油过程，进油阀关闭，柱塞向上运动，高压腔内产生高压

（7）第三代高压泵与第二代高压泵相比，区别如下（　　）。

A. 在压力调节阀不通电也能产生高压，此时，将导致怠速时油压过高

B. 不能通过断开压力调节阀插头对高压系统进行泄压

C. 内部有燃油压力限制阀，有利于调整燃油压力

D. 在燃油管进口有节流阀

E. 具有更小的泵油行程

（8）查阅资料，认知高压泵内部结构，在图 1-3-8 所示的框内填写对应的元件名称。

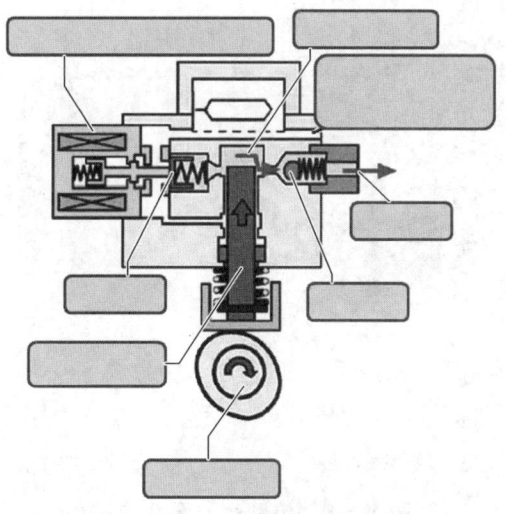

图 1-3-8　高压泵内部结构图

（9）判断正误：回油过程，柱塞向上运动，高压腔与低压腔压力接近低压燃油压力。（　　）

（10）判断正误：高压腔的油压低于轨道的油压时，出油阀开启，高压油进入油轨。（ ）

（11）简答题。

① 简述低压燃油泵的工作过程。

② 简述高压泵的供油过程。

六、学习材料

1. 电动燃油泵

（1）电动燃油泵结构。

目前大多数车型燃油泵安装在汽车油箱内，靠电力驱动。燃油泵由泵体、永磁电动机和外壳三部分组成。电动燃油泵的电动机部分包括固定在外壳上的永磁铁和产生电磁力矩的电枢以及安装在外壳上的电刷装置。电刷与电枢上的换向器相接触，其引线接到外壳的接柱上，将控制电动燃油泵的电压引到电枢绕组。电动燃油泵的外壳两端卷边铆紧，使各部件组装成一个不可拆卸的总成，如图1-3-9所示。

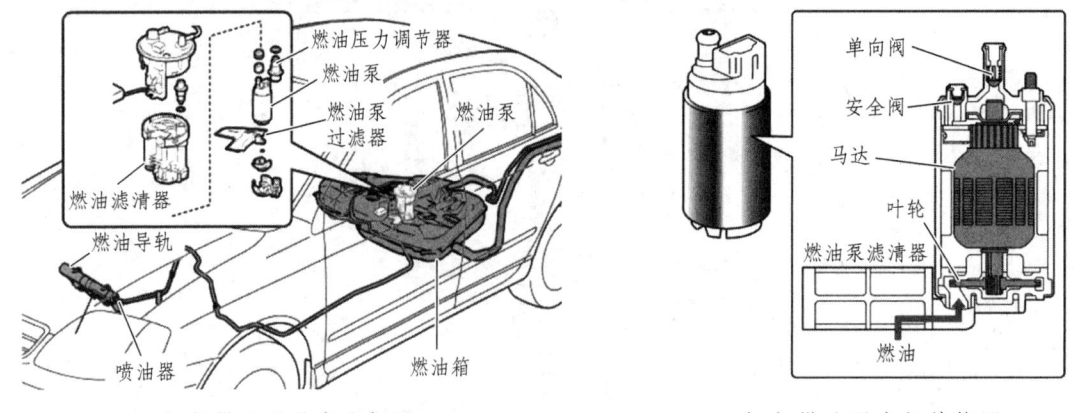

（a）燃油泵总成分解图　　　（b）燃油泵内部结构图

图1-3-9　电动燃油泵结构图

（2）燃油泵的工作原理。

永磁电动机通电带动泵体旋转，将燃油从进油口吸入，流经电动燃油泵内部，再从出油口压出，给燃油系统供油。燃油流经电动燃油泵内部，对永磁电动机的电枢起到冷却作用，又称湿式燃油泵。燃油泵还设置有安全阀和单向阀，安全阀可以避免燃油管路阻塞时压力过分升高而造成油管破裂或燃油泵损伤；单向阀在燃油泵停止工作时密封油路使燃油系统保持一定残压，以便发动机下次启动。

（3）FSI的电动燃油泵。

FSI发动机的电动燃油泵结构如图1-3-10所示。

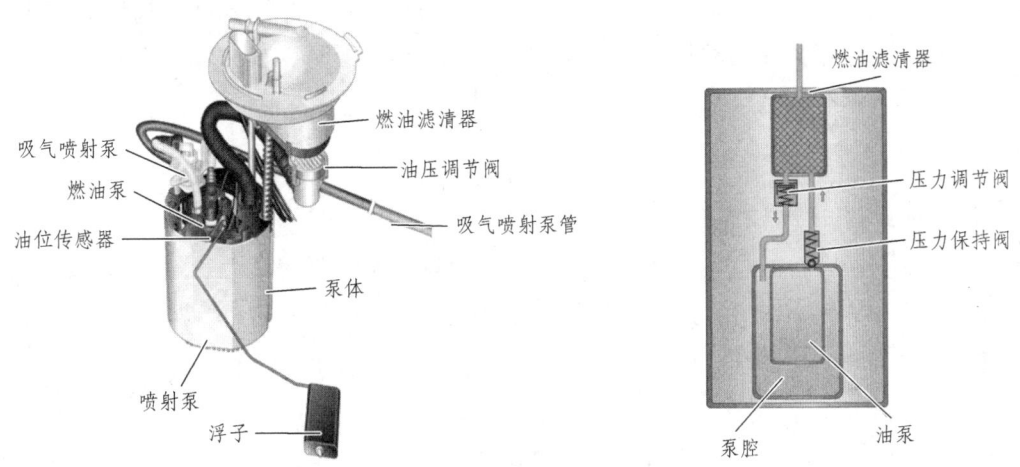

图 1-3-10　FSI 的电动燃油泵

（4）燃油泵的工作过程。

如图1-3-11所示，燃油泵控制单元J538安装在电动燃油泵上，J538通过脉宽调制（Pulse Width Modulated，PWM）信号来控制电动燃油泵，使油压保持在50～500 kPa，在冷、热车启动时低压燃油压力可达到650 kPa，如果燃油泵控制单元失效，发动机无法启动，油位显示不正常。

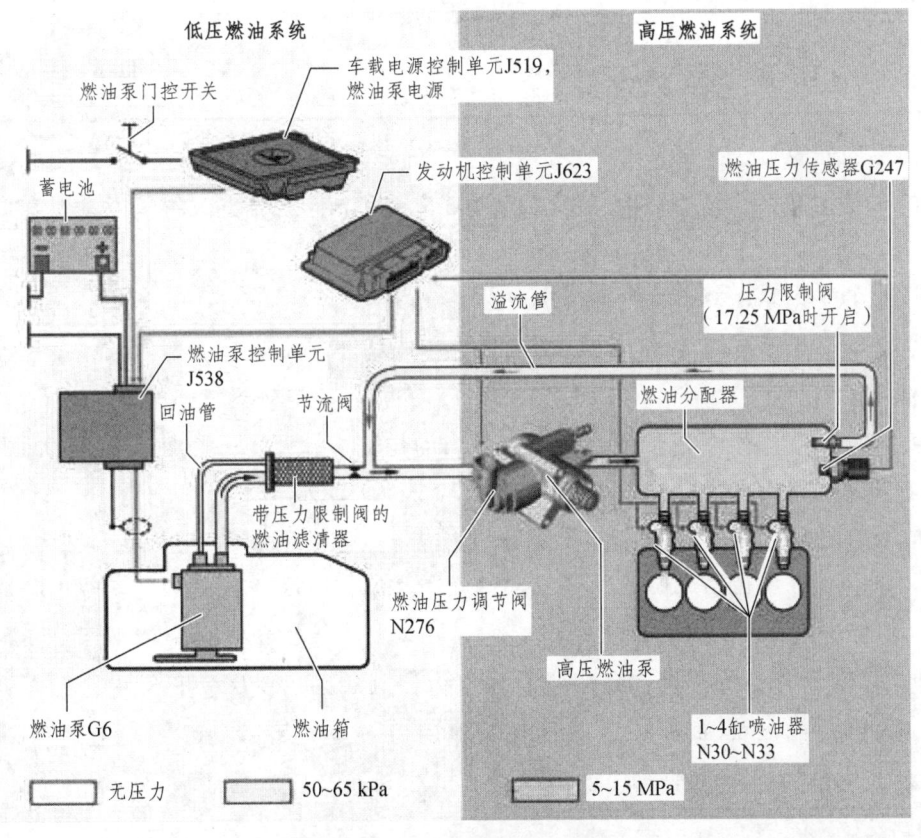

图 1-3-11　燃油泵控制结构图

燃油泵控制单元 J538 还根据车载电网单元 J519 输入的车门开关信号，控制燃油泵工作 2~3 s，实现燃油预置功能，利于发动机启动。

发动机控制单元监控电控燃油泵的工作，其优点是电控燃油泵和高压燃油泵仅按发动机当前所需油量输送燃油，从而降低了电力及功率消耗和燃油消耗率。车辆行驶时若高压燃油系统不能保持规定的压力，系统将调节电控燃油泵的输油量。此时，发动机控制单元对控制电控燃油泵的 PWM 信号（脉宽调制信号）与存储在发动机控制单元中的 PWM 信号进行比较，如果存在偏差，则在发动机控制单元里对信号进行调整。

2. 高压泵

（1）燃油泵的结构。

高压泵由凸轮轴以机械方式来驱动，由其产生燃油轨内所需要的压力。通过阀门 N276 来调节发动机控制器所需要的燃油压力，这个调节阀门安装在泵的上侧，如图 1-3-12 所示。通过泵中的一个阻尼隔膜来减小真空循环系统中的压力冲击。

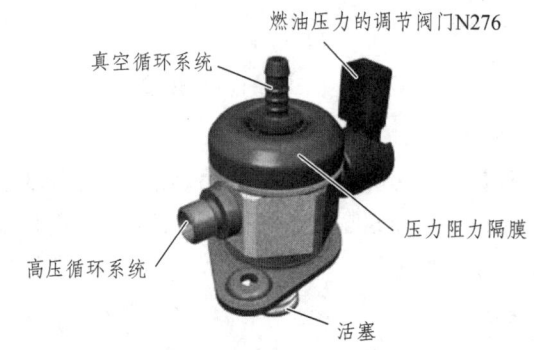

图 1-3-12　高压泵结构图

（2）四边形的凸轮。

四边形的形状能够将凸轮的结构高度减小到 3.5~5 mm，这样也改善了发动机在启动和加速阶段的性能。

（3）高压泵的工作原理。

根据特性曲线，当系统需要喷油时，燃油压力控制阀 N276 吸合切断供油，高压油泵将泵腔内的燃油泵入油轨。

① 进油。在进油过程中，进油阀在针阀弹簧力的作用下打开。随着高压泵活塞向下运动的过程中，泵腔的容积不断增大，燃油流入泵腔，图 1-3-13（a）所示。

② 回油。在回油过程中，进油阀仍然处于打开状态。随着活塞向上运动，泵腔内过多的燃油被压回到低压系统，以此来调节实际供油量。回油在系统中产生的液体脉动被系统中的油压衰减器和节流阀所衰减，如图 1-3-13（b）所示。

③ 供油。控制单元计算供油始点，给燃油压力控制阀 N276 发送指令使其吸合。针阀克服针阀弹簧的作用力向左运动；同时进油阀在弹簧作用力下被关闭。泵活塞向上运动，泵腔内建立起油压。当泵腔内的油压高于油轨内的油压时，出油阀被开启，燃油被泵入油轨内，如图 1-3-13（c）所示。

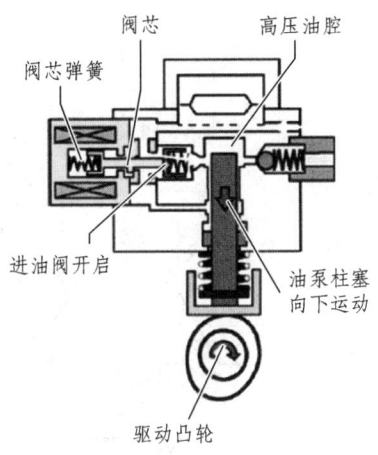

（a）进油过程

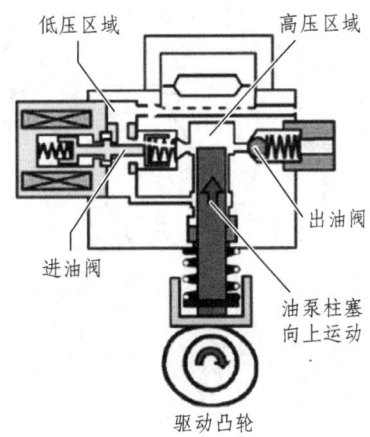

（b）回油过程

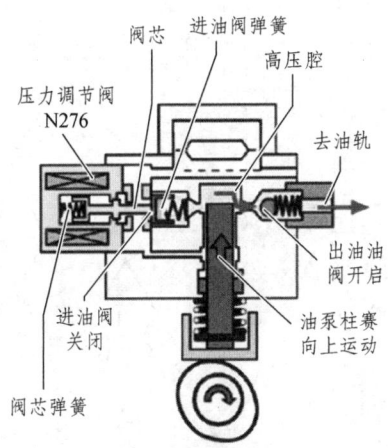

（c）供油过程

图 1-3-13　高压泵工作过程示意图

3. 故障树

故障树图是一种特殊的倒立树状逻辑关系图，它用事件符号、逻辑门符号和转移符号描述系统中各种事件之间的因果关系。它用图形化"模型"路径的方法，能够简单直观地反映故障诊断思路和检测要点，故障树的实例如图 1-3-14 所示。

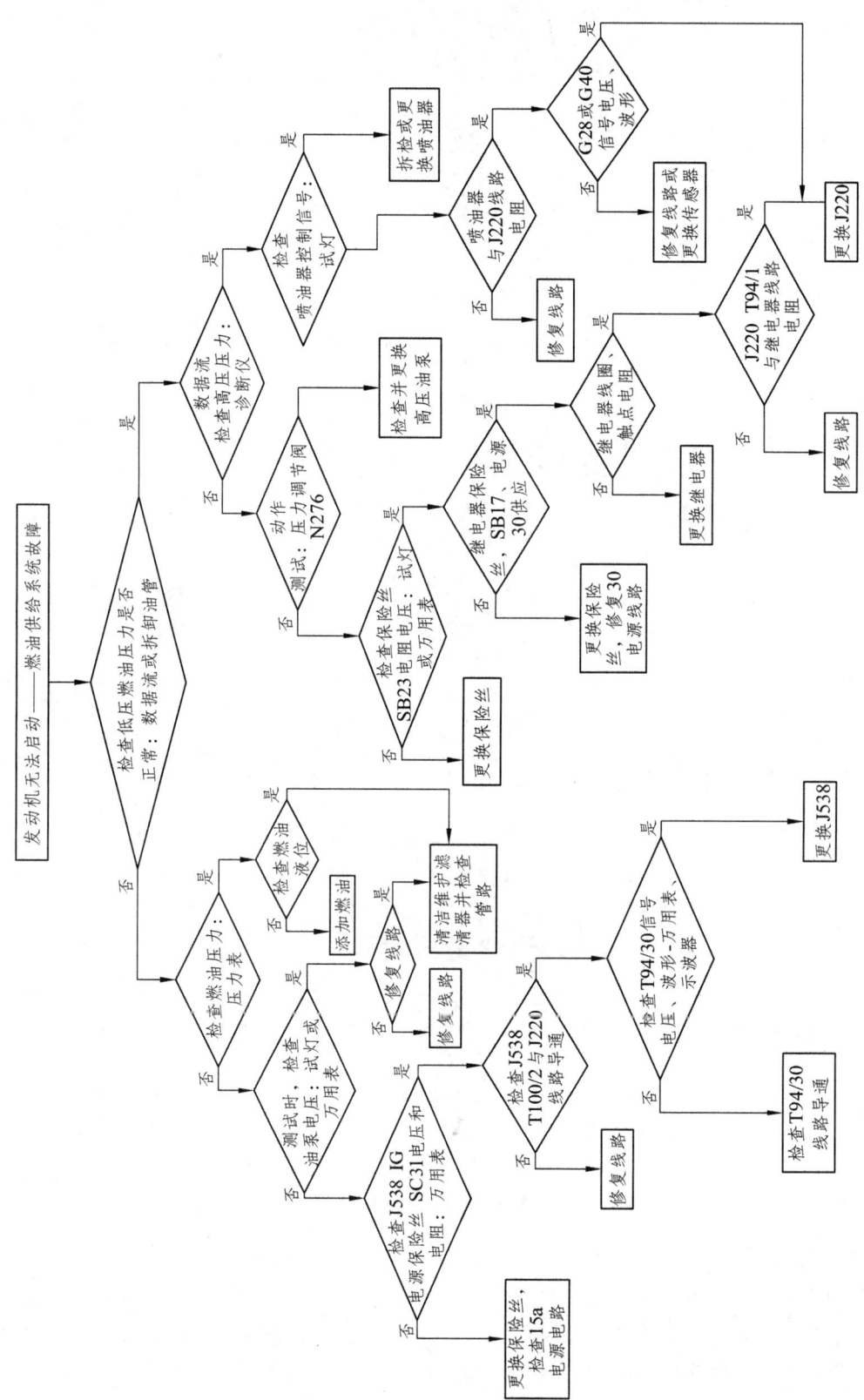

图 1-3-14 发动机无法启动故障树

学习活动四　喷油器的拆装与检测

一、学习目标

（1）能够在老师指导下，查阅资料，完成喷油器拆检的信息检索。
（2）能够根据操作要点，规范填写维修工单，合理分配人员，并具体实施。
（3）能够规范拆装、检测喷油器并判断性能。
（4）能够拆检可变进气翻板，并判断性能。
（5）能够正确检查气门和进气管积炭情况。
（6）能够描述喷油器的类型、工作原理和检测方法。
（7）能够描述进气翻板的特点与工作原理。
（8）能够描述缸内直喷发动机混合气类型和特点。
（9）能够通过团队协用下，独立或集体完成学习任务。
（10）能够执行活动过程的7S管理要求（见附件1）。
（11）能够按职业能力评价要求进行展示评价。

二、学习准备

（1）设备：大众1.8TSI直喷发动机台架或整车、举升机、充电机、诊断仪等。
（2）常用工量具：工具车1台，配备常用梅花扳手、套筒扳手、螺丝刀、试灯、万用表等。
（3）油料、材料：喷油器、可变进气歧管、保险丝、汽油、碎布等。
（4）资料：网络资源、维修手册、维修工单、安全操作规程。
（5）分组：每组5~6人，小组讨论后，由组长按岗位分配人员。
（6）建议学时：12学时。

三、学习过程

1. 填写维修工单

（1）根据学习内容拆分活动环节或步骤。
（2）小组讨论分工填写维修工单（见附件2）。

2. 列举注意事项

参考图1-4-1，查阅维修手册，检索路径：Magotan 2007 1.8T 4 V四缸直喷式发动机（BYJ）→修理组_____→页码_____，列举燃油系统拆装和检测的注意事项。

_____

_____

_____

_____

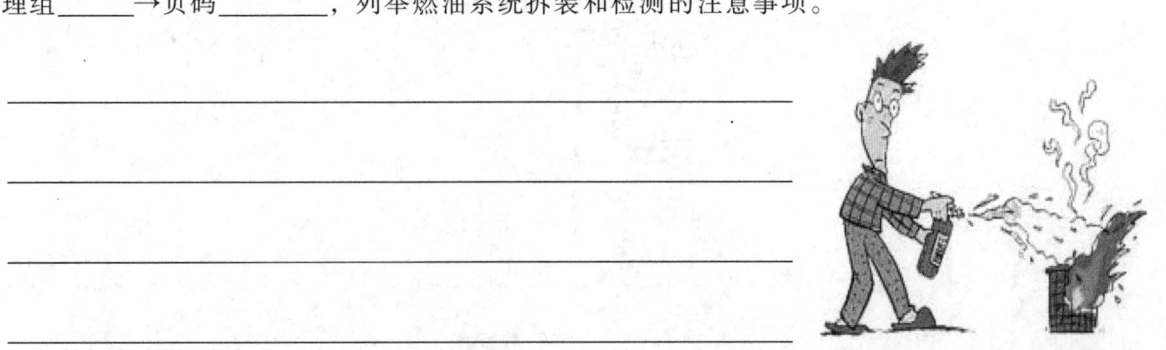

图1-4-1　燃油系统维修事项

3. 燃油管路泄压

如图 1-4-2 所示,将电气插头用安装工具 T10118 从燃油压力调节阀 N276 上拔下,启动发动机并怠速运转约 10 s。

在怠速状态下,燃油压力从约 5 MPa 降低到约 0.7 MPa。诊断仪读取数据组 140,填写实际测量值于表 1-4-1 中。

表 1-4-1 燃油压力检测

测量值块 140				
区域	1	2	3	4
实测值				
含义				

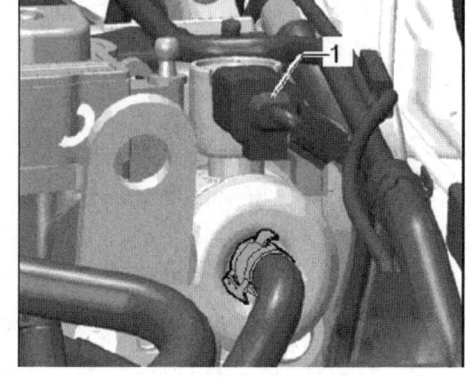

图 1-4-2 断开 N276 连接器

4. 拆卸进气管

(1)维修手册查询路径:Magotan 2007 1.8T 4V 四缸直喷式发动机→修理组___→燃油准备、喷射装置→拆卸和安装进气管___~___页。

(2)写出进气管的拆装步骤,完成表 1-4-2。

表 1-4-2

步骤	拆装项目	使用工具	步骤	拆装项目	使用工具
1			5		
2			6		
3			7		
4			8		

(3)指出图 1-4-3 中元件的名称,并对照分解图识别进气管元器件,完成表 1-4-3。

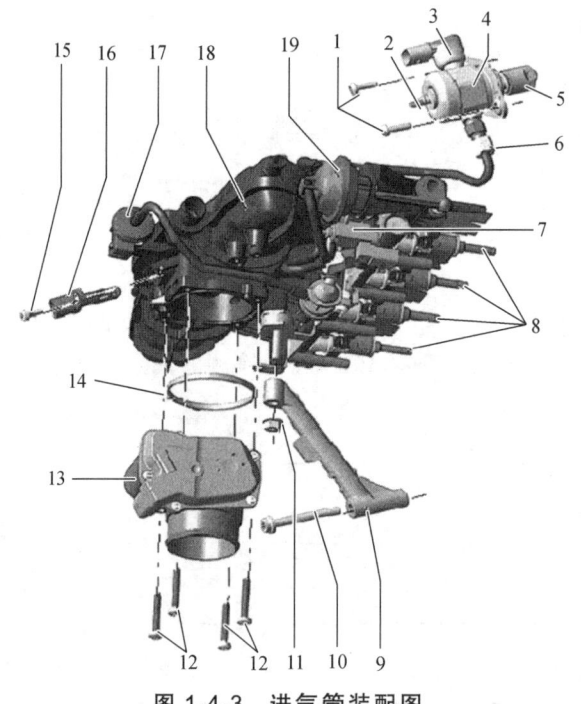

图 1-4-3 进气管装配图

表 1-4-3

代号	元件名称	代号	元件名称
1	高压泵螺栓	11	进气管接头固定螺母
2		12	
3		13	
4		14	
5		15	
6		16	
7		17	
8		18	
9		19	
10			

5. 拆卸喷油器

（1）维修手册查询路径：Magotan 2007 1.8T 4 V 四缸直喷式发动机→修理组____→燃油准备、喷射装置→拆卸和安装喷射阀_____～_____页。

（2）参考图 1-4-4，写出喷油器的拆装步骤。

步骤	拆装项目	使用工具
1		
2		
3		
4		
5		

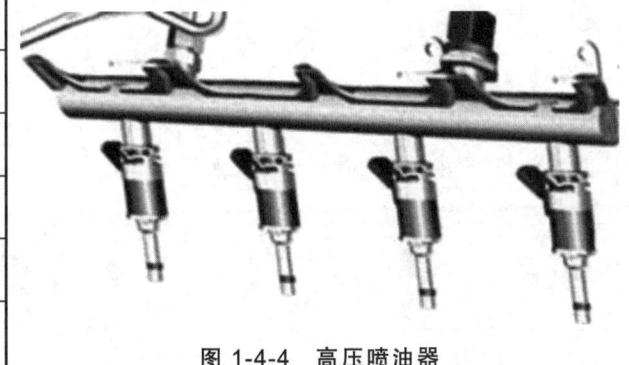

图 1-4-4 高压喷油器

（3）指出图 1-4-5 中元件的名称，并对照分解图识别进气管元器件。

代号	元件名称
1	
2	
3	
4	
5	
6	

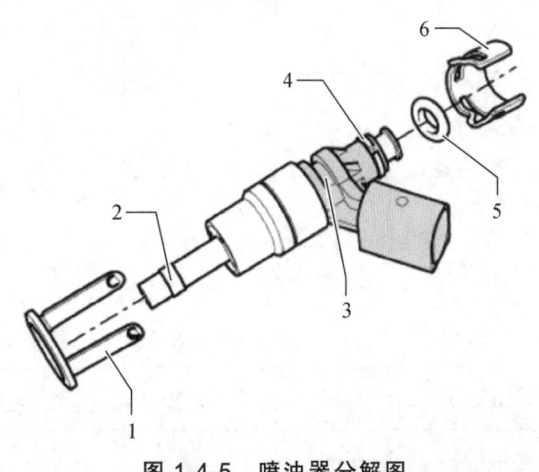

图 1-4-5 喷油器分解图

6. 安装喷油器

（1）按相反顺序安装喷油器和进气歧管。

（2）启动发动机，确认系统无漏油、漏水现象。

7. 设定节气门

对节气门进行基本设定，设定方法：

启动发动机→01 发动机→_____ 基本设定→通道号_____→确定→加速踏板踩到底→数据块_____区由数字变_____，设定完成，全程约需 10 min。

8. 测绘高压控制元件波形

完整安装所拆件，启动发动机，确认无漏油、无漏气，发动机工作正常。

（1）检测高压控制元件电阻值和工作电压，完成表 1-4-4。

表 1-4-4　高压元件检测

元件	1 缸喷油器 N30	2 缸喷油器 N31	3 缸喷油器 N32	4 缸喷油器 N33	压力调节阀 N247
阻值					
电压					

（2）测绘燃油压力调节阀和喷油器怠速时双通道波形。

用示波器检测压力调节阀 N276 和任一喷油器信号波形，绘制波形并标注：单格时间、单格电压、最大、最小值。

波形分析

波形参数	压力调节阀	喷油器
单格时间		
单格电压		
U_{min}		
U_{max}		

（3）测绘燃油压力传感器波形。

检测燃油压力传感器不同转速下的工作电压，完成表 1-4-5。

表 1-4-5　燃油压力器工作电压

转速/（r/min）	怠速	1 500	2 000	2 500	3 000
电压/V					

四、学习评价

组员进行自我评价、相互评价,完成表 1-4-6 所示的相应内容。

组间评价说明:

(1)测绘波形。

评价人按要求指出本学习活动中的元件进行波形测绘,由被评价人现场操作,逐一报告"时基调整过程、波形定格、绘制及分析过程",并判断结果。

(2)评价要求。

组间评价表由评价人填写并给予对应评价等级:单行全对的得"A",错两个(含)以下得"B",错两个以上得"C"。

表 1-4-6 学习评价表

项目	评价内容						评价等级		
自我评价	学到的知识点:								
	学到的技能点:								
	不理解的有:								
	还需要深化学习并提升的有:								
组内评价	○按时到场 ○工装齐备 ○书、本、笔齐全								
	○安全操作 ○责任心强 ○7S 管理规范								
	○学习积极主动 ○合理使用教学资源 ○主动帮助他人								
	○接受工作分配 ○有效沟通 ○高效完成工作任务								
组间评价	元件信号	外形	周期	频率	最大值	最小值	—		
小组评语及建议	他(她)做到了:						组长签名:		
	他(她)的不足:								
	给他(她)的建议:						年 月 日		
老师评语及建议							评价等级: 教师签名: 年 月 日		

五、学习思考

(1)缸内直喷发动机对喷油器的要求有(　　　)。

A. 满足结构紧凑的安装要求   B. 满足较长喷射时间和较小动态流量范围

C. 良好的雾化,不易积炭   D. 能够实现垂直于喷油器轴线的喷射油束

E. 结构简单且价格适宜

(2)喷油器的类型按喷油形式可分为_____、_____、_____三种,其

中_____适合喷射油束引导的分层燃烧；_____适合空气滚流引导和壁面引导的分层燃烧；_____能灵活地适应燃烧室的不同形状，因此被广泛应用。

（3）对于电磁控制式喷油器描述正确的是（　　　）。

A. 喷油器具有质量小、动态响应性好的特点

B. 在喷油器内部有驱动电路，以确保磁场能量开启喷油器

C. 在选择喷油脉冲相位和喷油量时具有更大的自由度

D. 结构形式灵活，可安装在气缸多个部位

E. 能形成多样的喷射油束，较容易润滑壁面、形成碳烟和稀释机油

（4）压电控制式喷油器的特点有（　　　）。

A. 压电执行器只承受压力，作为高速开关控制针阀内外开启

B. 能够实现针阀的可变升程

C. 抗结焦能力和动态响应比电磁控制式好

D. 可实现多次喷油，有利于减少润滑壁面、形成碳烟和稀释机油

E. 具有稳定的锥形油束，适合壁面引导燃烧过程

（5）对于缸内直喷的喷油器工作过程，描述正确的是（　　　）。

A. 发动机控制单元控制喷油器工作电压为 65 V，且一直保持

B. 喷油器开启电流约 2.6 A，维持工作电流约为 12 A

C. 电磁线圈通电，铁心受磁场作用驱动针阀打开，燃油喷出

D. 六孔式喷油器比针阀式喷油器能提供更高质量的混合气

E. 多孔喷油器有更好的雾化性，能达到更好排放

（6）对于燃油高压传感器 G247，描述正确的是（　　　）。

A. 内部结构包括钢膜、压敏电阻集成电路等

B. 压敏电阻受压力作用自主产生感应电压

C. 传感器电压随压力上升而增大，最大接近 5 V

D. 压敏电阻的阻值随压力上升增大

E. 如果信号失效，高压压力降至 500 kPa，发动机无法启动

（7）对燃油压力调节阀描述正确的是（　　　）。

A. 其作用是按需控制进入油轨的油量

B. 对于常闭阀，该阀失效有可能引起压力上升，加速不良

C. 对于常开阀，该阀失效，将导致无法建立高压，发动机无法启动

D. 对于常闭阀，对调节阀通电可以使阀工作而使系统泄压

E. 第三代高压油泵属于常闭阀，而第二代高压油泵属于常开阀

（8）缸内直喷发动机的分层燃烧系统可分为_____、_____和_____三种。

（9）对于喷射油束引导的分层燃烧，描述不正确的是（　　　）。

A. 火花塞与喷油器间距过短，混合气混合时间短，使燃烧加快

B. 喷射油束对火花塞的撞击导致火花塞寿命缩短

C. 四气门汽油机的气门尺寸要小于其他类型引导的燃烧方式

D. 燃烧室的几何形状对燃烧效果影响不大

（10）判断正误：壁面引导的燃烧过程，由于混合气混合充分，使得燃烧过程对喷油精度要求较高。（　　　）

（11）对于空气气流引导方式，描述正确的是（　　　）。

A. 主要依靠充量运动，将燃油的液态部分喷向火花塞

B. 能适应较大范围负荷特性

C. 与壁面引导相结合，有助于混合气的均质化，达到完全燃烧
D. 协调喷射油束、活塞凹坑形状和充量运动三者关系对稳定燃烧至关重要
E. 空气气流引导方式有利于在活塞凹坑形成空气滚流，利于混合和燃烧

（12）简述喷油器的分类和优缺点。

（13）简述 FSI 发动机喷油器的波形特点。

（14）简述燃油压力调节阀 N276 的工作原理。

六、学习材料

1. 喷油器的类型

喷油器的任务是正确计量燃油量，使燃油形成细雾并准确地喷到燃烧室内相应区域，保证在正确的时刻燃油被直接压入燃烧室。喷油器的选择，除了应具备良好的雾化功能外，还必须不易积炭，并能够实现倾斜于喷油器轴线的喷射油束。

（1）按针阀开启方式喷油器可分为多孔喷油器、向外开启喷油器（A 型喷油器）、向内开启旋流喷油器（倾斜喷射）3 种。

① 多孔喷油器。与柴油机喷油器相似，每个孔喷射出界限分明的单个油束，能灵活适应燃烧室的几何形状。

② A 型喷油器。针阀向外开启，具有较好的抗积炭能力，但雾化质量略差，适合于喷射油束引导的分层燃烧过程。

③ 旋流喷油器。针阀向内开启，在密封座上产生横向旋流，形成良好雾化品质，且产生倾斜于喷射轴线的喷射油束，适合于空气滚流引导和壁面引导的分层燃烧过程。

（2）按针阀控制方式可分为电磁阀控制式和压电控制式，如图 1-4-6 所示。

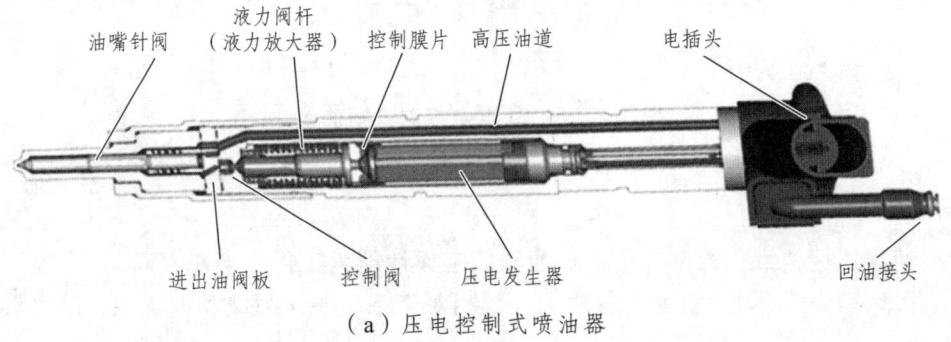

（a）压电控制式喷油器

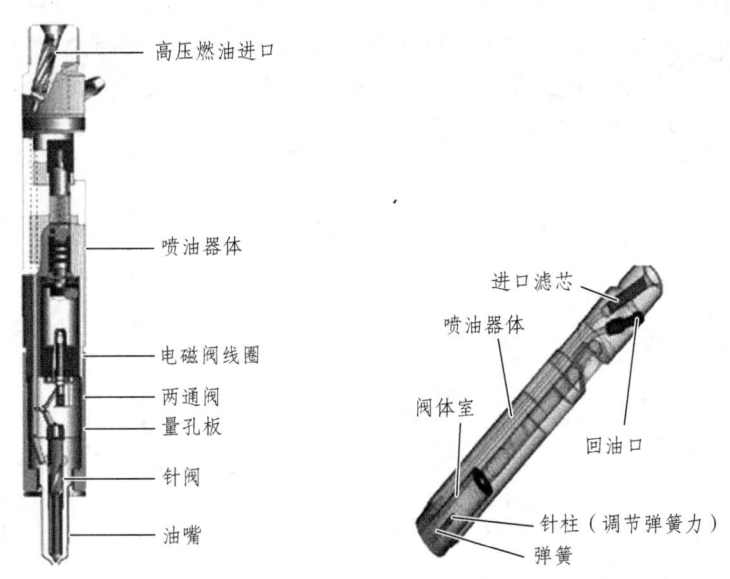

（b）电磁控制式喷油器

图 1-4-6　针阀控制方式分类

2. FSI 发动机的喷油器

1.8 L TFSI 发动机的喷油阀门具有 6 个出油孔，将燃油以 6 条颗粒状的射流喷出，逸出的角度为 50°（而 EA113 的 2.0 L TFSI 发动机是通过一个唯一的喷油孔进行喷油的，逸出的角度为 10°）。这种新的设计造型能够使燃烧室内部的混合气准备得到一个改善。通过这种措施，能够减少碳氢化合物的产量和裂纹的形成，以及减少油的稀薄现象，除此之外还能减小爆震的倾向。

喷油阀门在进气和压缩阶段就在为复合喷油做准备，为了能让催化器的温度快速升高。喷油阀门的控制系统没有变化，也就是说，可以继续用一个大约为 65 V 的电压来对它进行控制。当喷油阀门的顶针升起来以后，采用大约 15 V 脉冲形式的控制电压，将顶针保持在开启状态。当停止的时候，发动机控制器能够识别到点火断续器的故障，并且停止对喷油器的控制。

喷油器的结构如图 1-4-7 所示。

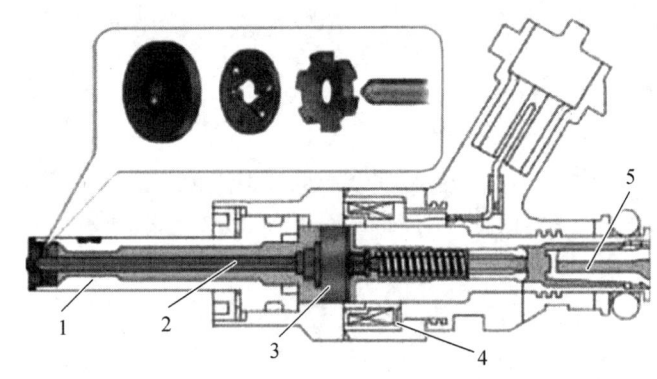

图 1-4-7　FSI 电磁控制式喷油器

1—高分子密封圈；2—喷嘴针阀；3—衔铁；4—电磁线圈；5—细滤器

3. 喷油器的检测

可通过喷油嘴测试仪进行检漏测试，喷油器的工作性能由工作波形来判断。

图 1-4-8 中表示了 FSI 发动机的凸轮放大级数相对于系统中压力波动的优点，凸轮轴旋转一圈，

活塞随动 4 个行程，凸轮轴旋转两圈，随之进行 4 次喷油过程，这样，分配管道中的压力在每一次喷油过程结束以后都会升高，每个缸的喷油量也因此而得到优化，因为在这一刻所有的喷油阀门都是在相同的压力条件下喷油，这样就改善了氧的调节，燃油的消耗量也因此降低。

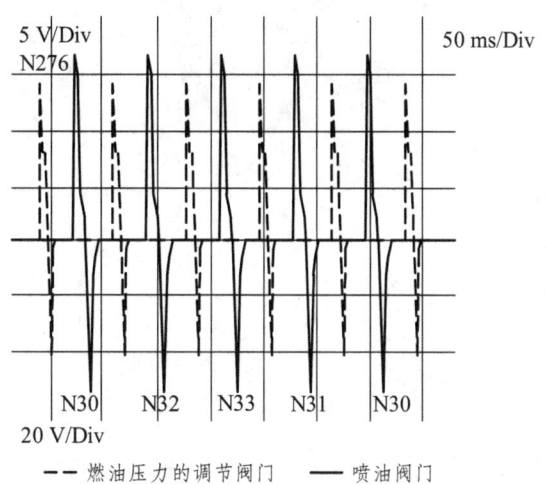

图 1-4-8　喷油器与燃油压力调节阀双通道波形

4. 燃油压力传感器

油轨内的压力保持恒定对减少排放、降低噪声和提高功率有重要影响。燃油压力在一个调节回路中进行调节，传感器的测量误差小于 2%。如图 1-4-9 所示，传感器的核心就是一个钢膜，在钢膜上镀有应变电阻，一旦要测的压力经压力接口作用到钢膜的一侧时，由于钢膜弯曲，就引起应变电阻的阻值发生变化，传感器内有一套电子分析机构，压力变化转变为电信号。

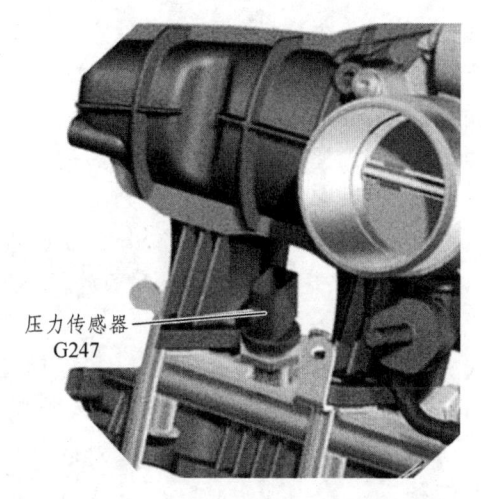
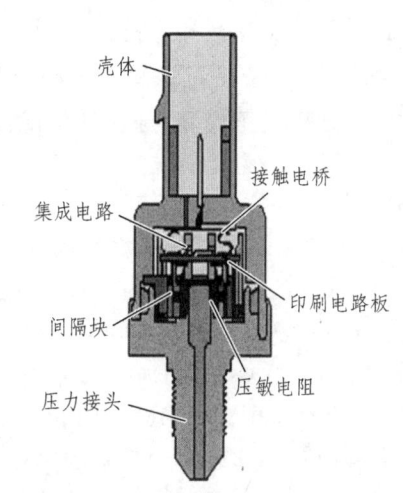

（a）压力传感器安装位置　　　　　　（b）压力传感器内部结构

图 1-4-9　燃油压力传感器结构图

5. 混合气的引导方式

缸内直喷发动机的混合气有喷射油束引导、壁面引导和空气气流引导三种方式，其特点如图 1-4-10 所示。

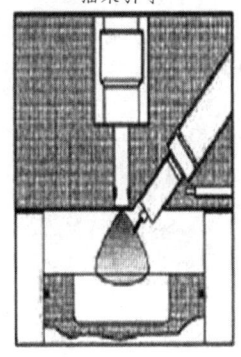 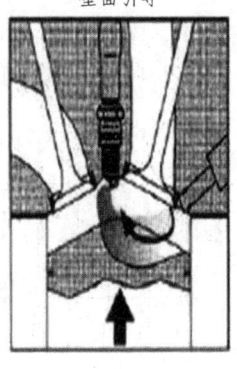 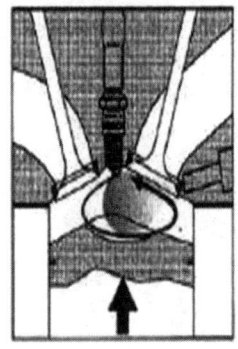

（a）精确定位，喷油油束靠近火花塞　（a）混合气充分混合　（a）混合气充量运动向火花输送能量
（b）对火花塞要求高　　　　　　　　（b）趋向于壁面/空气引导　（b）标准型火花塞

图 1-4-10　混合气引导方式

6. 燃油压力调节阀

发动机控制器可以在活塞输送行程过程中的任何时间用一个量的信号对电磁阀门 N276 进行控制，控制的时间短（<10 ms），而且是变化的，因此减少了电的消耗。越早对阀门进行控制，输送行程的利用范围就越大，分配器管道中的压力也就升得越高，只要压力超过 20 MPa，过压阀门就开启，降低压力。

（1）停止时的功能。

当停止的时候，分配器管道中的压力会平衡到与真空循环系统中的压力一样。这样就会造成混合气体的稀释，从而造成发动机运行故障。如果控制信号按照负的短路，或者是燃油压力的调节阀门用一个恒定的电压通电超过 1 s，便会在阀门上造成一个不可修理的故障。

（2）N276 工作原理。

图 1-4-11 中显示了高压泵的压力调节原理。这里显示出了一个完整的凸轮的输送过程，当凸轮轴旋转一圈的时候，这个过程就发生了 4 次。图中曲线显示出来的是泵的活塞运动和电磁阀门 N276 的控制信号。高压的压力和与此相关的燃油量都是通过燃油压力的调节阀门 N276 进行调节的。分配器管道中的燃油压力传感器 N276 的信号是以测量数值的形式提供给发动机控制器用来调整分配器管道中的压力。

① 图 1-4-11（a），泵的活塞在吸气行程中，燃油从真空管道流入泵的内腔。N276 失电。弹簧力小于燃油泵 G6 的流动力（<600 kPa）进气阀门（EiV）开启，泵内腔的压力通过真空来进行调整。排气阀门（AuV）关闭。

② 图 1-4-11（b），泵的活塞在输送行程中。N276 失电。泵内腔的压力升高，并且超过了真空循环系统中的压力，EiV 趋向于关闭。N276 开启小部分，能够让少量的燃油流到真空循环系统中去。尽管内腔里的活塞正在产生一种升高压力的作用，但是这个流入的燃油量能够阻止升高的压力超过分配器管道中压力，这样便能保证 AuV 阀门保持关闭的状态。

③ 图 1-4-11（c），泵的活塞在输送行程中。N276 从发动机控制器那里得到一个短的电流脉冲。N276 的顶针下沉，并且 EiV 阀门关闭。通过活塞的压缩，泵的内腔中产生了压力。只要内腔室里的压力超过高压管道中的压力，AuV 阀门就开启，分配器管道中就有压力存在了。

④ 图 1-4-11（d），泵的活塞处在输送行程中。燃油流入分配器管道，直至活塞开始进行吸气行程为止。N276 失电。EiV 阀门关闭，直至吸气行程中泵内腔中的压力小于 N276 的弹簧压力为止。AuV 阀门开启，直至吸气行程中泵内腔中的压力小于分配管道中的压力为止。接着就进行一次燃油的喷射。

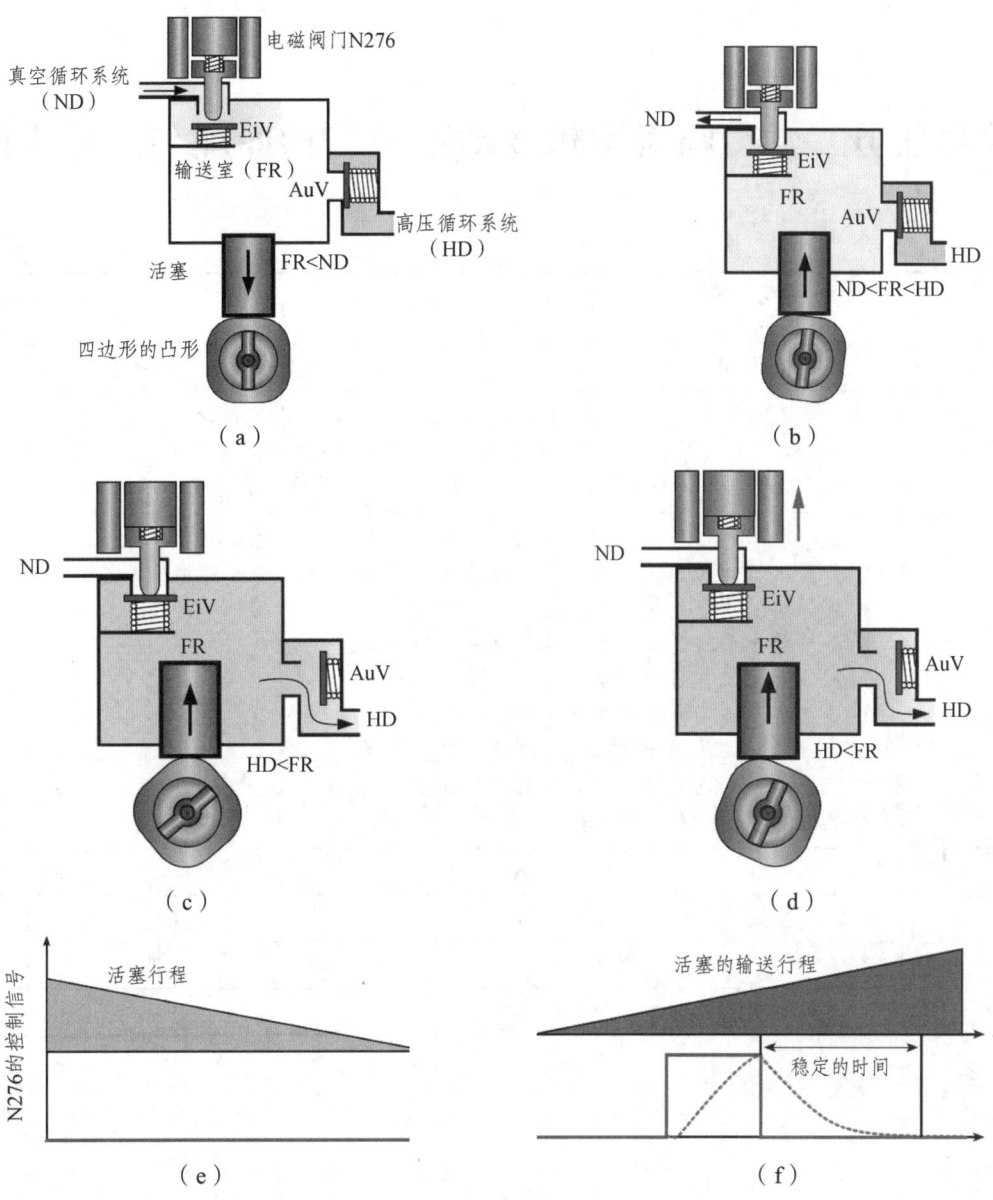

图 1-4-11 燃油压力调节阀 N276 工作过程

学习任务二 直喷发动机冷却系统结构原理与故障诊断

工作任务	冷却系统结构原理与故障诊断	教学模式	任务驱动
建议学时	48学时	教学地点	一体化实训室
任务描述	王先生驾车上班,发现高温报警灯点亮,水温偏高。车辆入厂维修,初步诊断为冷却系统故障,维修技工需要根据前台维修工单,查阅维修手册及相关资源,在规定时间内完成冷却系统的故障诊断与排除,恢复系统工作性能,并检验合格后,交付前台		
学习目标	1. 能够在老师指导下,查阅资料,完成冷却系统故障检修的信息检索。 2. 能够根据操作要点,规范填写维修工单,合理分配人员,并具体实施。 3. 能够绘制冷却系统结构流程图。 4. 能够就车拆检冷却系统结构部件并判断性能。 5. 能够记录工作过程并总结排除故障思路。 6. 能够描述冷却系统结构组成和工作原理。 7. 能够通过团队协作独立或集体完成学习任务。 8. 能够按职业能力评价要求进行展示评价。 9. 能够执行活动过程的7S管理要求		

学习活动	学习内容	学时分配
	1. 直喷发动机冷却系统结构认知	12
	2. 冷却液泵的拆装与更换	18
	3. 冷却风扇不工作的故障诊断与排除	18

学习活动一　直喷发动机冷却系统结构认知

一、学习目标

（1）能够在老师指导下，查阅资料，完成冷却系统组成的信息检索。
（2）能够根据操作要点，规范填写维修工单，合理分配人员，并具体实施。
（3）能够实车或台架认知冷却系统元件，并描述各部件的名称、作用和安装位置。
（4）能够绘制冷却系统结构流程图，并描述其结构组成。
（5）能够描述冷却系统的结构组成和工作原理。
（6）能够通过团队协作独立或集体完成学习任务。
（7）能够执行活动过程的7S管理要求（见附件1）。
（8）能够按职业能力评价要求进行展示评价。

二、学习准备

（1）设备：大众1.8TSI直喷发动机台架或整车、举升机、充电机、诊断仪等。
（2）常用工量具：工具车1台，配备常用梅花扳手、套筒扳手、螺丝刀、试灯、万用表等。
（3）油料、材料：冷却液、冷却液泵、保险丝、汽油、碎布等。
（4）资料：网络资源、维修手册、维修工单、安全操作规程。
（5）分组：每组5~6人，小组讨论后，由组长按岗位分配人员。
（6）建议学时：12学时。

三、学习过程

1．填写维修工单

（1）根据学习内容拆分活动环节或步骤。
（2）小组讨论分工并填写维修工单（见附件2）。

2．列举操作事项

查阅维修手册及相关资源，参考图2-1-1，列举冷却系统检修的注意事项。

图2-1-1

_____
_____
_____
_____
_____

3. 确认故障现象

启动发动机，观察发动机冷却系统，描述故障现象，完成表 2-1-1。

表 2-1-1 故障确认检查表

序号	项目	检查结果	"检查结果"填写说明	初步判断
1	高温报警灯		点亮/不亮	
2	水温表		温度值	
3	冷却风扇		高速/低速/不工作	
4	冷却液液位		正常/偏低/偏高	
5	冷却系统泄漏		管路是否泄漏	

确定故障现象：

4. 识别元器件

查阅迈腾维修手册-Magotan 2007 1.8T 4 V 四缸直喷式发动机（BYJ），检索发动机元件位置分布的相关信息。

（1）指出图 2-1-2 所在位置的检索路径：＿＿＿＿＿＿＿＿＿＿＿＿＿＿＿＿＿＿＿＿＿＿＿＿。

（2）参考图 2-1-2，查找冷却系统元器件，在实际台架中标贴中英文标示，并指出相应元器件的名称和作用，完成表 2-1-2。

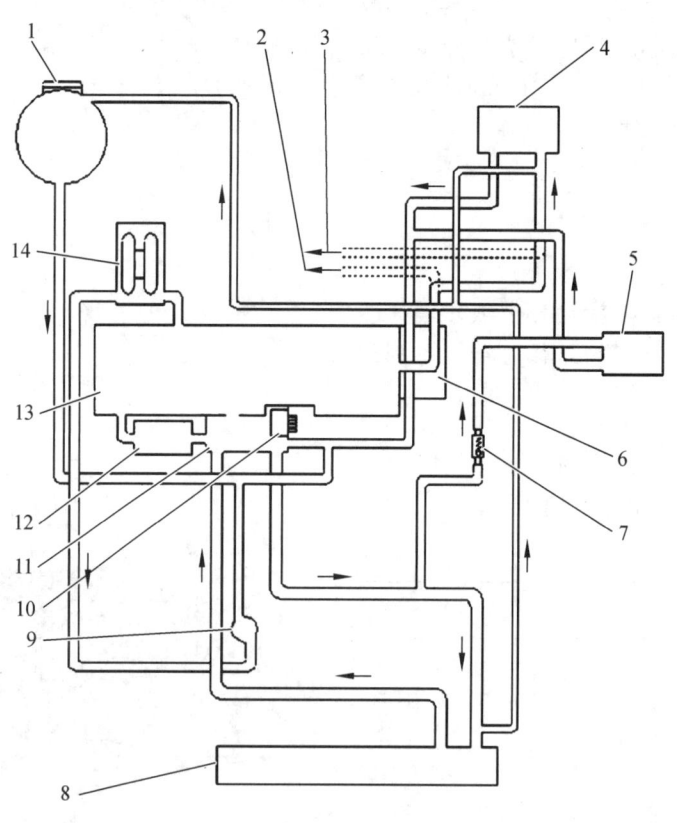

图 2-1-2 冷却系统结构图

表 2-1-2　冷却系统元器件识别

序号	元件名称及代码	英文名称	安装位置
1			
2			
3			
4			
5			
6			
7			
8			
9			
10			
11			
12			
13			
14			

5. 绘制冷却系统循环实物图

（1）绘制冷却系统结构图。参考自学手册 1621 SSP401，绘制冷却液循环实物图，标注元件名称、冷却液流向。

（2）展示评价。结合职业能力评价表进行展示评价（见附件 3）。

四、学习评价

组员进行自我评价、相互评价，完成表 2-1-3 所示的相应内容。

组间评价说明：

（1）冷却系统元件认知。

由评价人指定 TSI 发动机冷却系统部件，由被评价人指出相应元件名称和代码，并描述该元件在实车的位置和作用，填写于评价表中。

（2）评价要求。

评价人根据测评情况填写并给予对应评价等级：单行全对的得"A"，错两个（含）以下得"B"，错两个以上得"C"。

表 2-1-3 学习评价表

项目	评价内容	评价等级		
		😎	😊	😞
自我评价	学到的知识点：			
	学到的技能点：			
	不理解的有：			
	还需要深化学习并提升的有：			
组内评价	○按时到场　　　○工装齐备　　　○书、本、笔齐全 ○安全操作　　　○责任心强　　　○7S管理规范 ○学习积极主动　○合理使用教学资源　○主动帮助他人 ○接受工作分配　○有效沟通　　　○高效完成工作任务			
组间评价	元件名称　　元件代码　　　　安装位置	—		
小组评语及建议	他（她）做到了： 他（她）的不足： 给他（她）的建议：	组长签名： 　　　年　月　日		
老师评语及建议		评价等级： 教师签名： 　　　年　月　日		

五、学习思考

1. 常用冷却循环系统

（1）常用冷却系统由_____、_____、_____、_____和_____等组成。

（2）判断正误：如果发动机冷却不良，可能导致活塞拉缸咬死，发动机无法启动。（　　）

（3）冷却系统的冷却介质是_____，其主要成分是_____。

（4）发动机过热，散热器上、下水管温差不明显，最有可能的原因是（　　）。

A. 水泵工作不良　　　　　　　　　　B. 散热器堵塞

C. 发动机冷却液循环系统过脏堵塞　　D. 节温器工作不良

（5）水泵常见的泄漏原因有（　　）。

A. 水泵壳体破裂　　　　　　　　　　B. 水泵轴承卡滞

C. 水封损坏　　　　　　　　　　　　D. 轴套松动

（6）如果散热器内的冷却液减少，而储液罐内的冷却液没有减少，说明（　　）。

A. 散热器盖工作不良　　　　　　　　B. 水泵泄漏

C. 储液罐泄漏　　　　　　　　　　　D. 散热器泄漏

（7）空调采暖系统工作时（　　）。

A. 对发动机无任何影响　　　　　　　B. 增加制冷系统负荷

C. 增加发动机冷却系统负荷　　　　　　　D. 提高燃油经济性

（8）简述冷却液清洗剂的选用原则。

（9）简述冷却主循环和采暖循环的特点。

2. TSI发动机的冷却系统

（1）发动机停止工作后，电动冷却液泵V51的作用是将冷却液由_____泵向_____，以确保充分冷却。

（2）双回路冷却系统有两个冷却回路，分别是_____和_____冷却回路，两个系统的温差可达_____。

（3）双回路冷却系统中，气缸盖采用_____级节温器，而冷却液分配壳内为_____节温器。

（4）发动机的冷却循环正确的是（　　　）。

A. 散热器→发动机机体→冷却液泵→节温器→散热器
B. 散热器→冷却液泵→发动机机体→节温器→散热器
C. 散热器→节温器→冷却液泵→发动机机体→散热器
D. 散热器→冷却液泵→节温器→发动机机体→散热器

（5）机油冷却器的流经路径，正确的是（　　　）。

A. 散热器→冷却液泵→节温器→机油散热器→散热器
B. 散热器→发机油散热器→冷却液泵→节温器→散热器
C. 散热器→冷却液泵→机油散热器→节温器→散热器
D. 散热器→节温器→冷却液泵→机油散热器→散热器

（6）单回路与双回路冷却系统，冷却液泵V51的特点是（　　　）。

A. V51位于发动机外围支架
B. 多用于增压器散热
C. 单回路冷却系统的V51位于进气歧管内
D. 受空调控制单元控制
E. 受发动机控制单元控制

（7）简述双回路冷却系统的结构组成和工作原理。

① 双回路冷却系统的结构。

② 双回路冷却系统的工作原理。

（8）指出增压空气冷却系统的组成和工作原理。
① 增压空气冷却系统的组成。

② 增压空气冷却系统的工作原理。

（9）分析大众 1.4T 发动机（见图 2-1-3）冷却系统循环图，完成作答。
① 在方框中填写元件名称。
② 指出图中中止回阀和节流阀的作用。
a. 止回阀的作用。

b. 节流阀的作用。

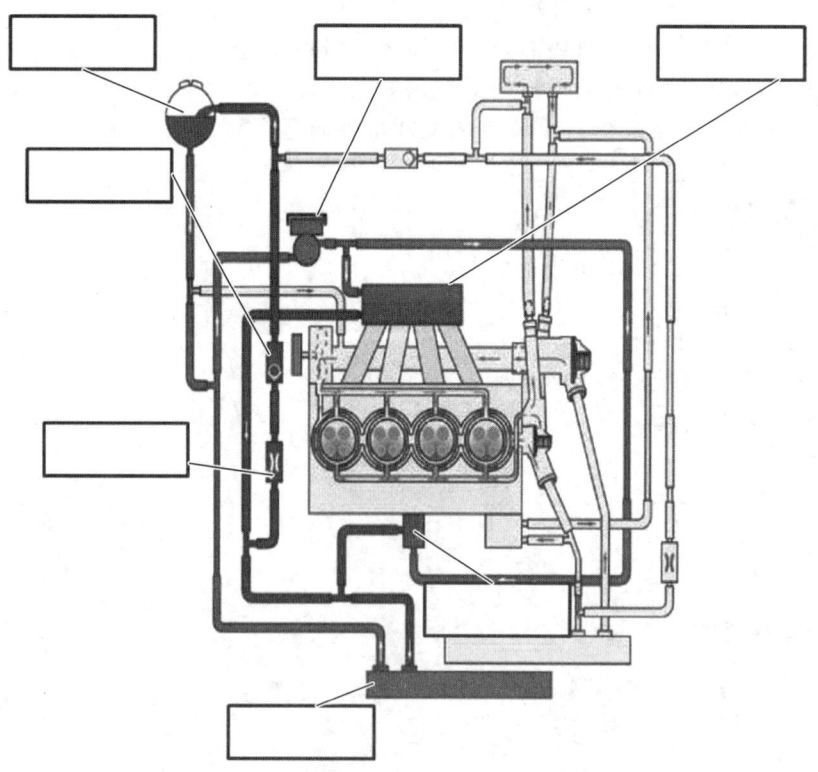

图 2-1-3　1.4T 发动机冷却系统结构图

六、学习材料

1. 常用冷却系统

图 2-1-4 所示为发动机冷却系统循环，冷却系统的功用是将受热零件吸收的部分热量及时散发出去，保证发动机在最适宜的温度下工作。发动机的冷却系统有风冷和水冷之分，以空气为冷却介质的冷却系统被称为风冷系统，以冷却液为冷却介质的冷却系统被称为水冷系统。

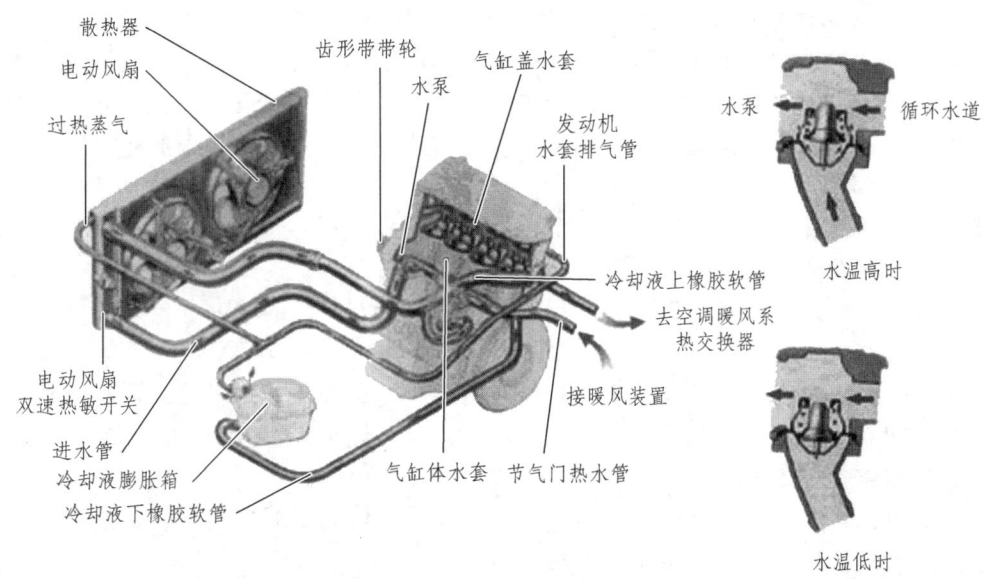

图 2-1-4　冷却系统循环图

水冷系统中，冷却介质是冷却液，主要零部件有节温器、水泵、水泵皮带、散热器、散热风扇、水温感应器、蓄液罐、采暖装置（类似散热器）。

（1）发动机冷却的必要性。

发动机工作时，气缸内的气体温度可高达 1 727～2 527 ℃，若不及时冷却，将造成发动机零部件温度过高，尤其是直接与高温气体接触的零件，会因受热膨胀影响正常的配合间隙，导致运动件受阻甚至卡死。此外，高温还会造成发动机零部件的机械强度下降，使润滑油失去作用等。

（2）主要部件的作用。

① 冷却液。冷却液又称防冻液，是由防冻及防止金属产生锈蚀的添加剂和水组成的液体。它需要具有防冻性、防蚀性、热传导性和不变质的性能。现在经常使用的是以乙二醇为主要成分，加有防腐蚀添加剂及水的防冻液。冷却液用水最好是软水，可防止发动机水套产生水垢，造成传热受阻，发动机过热。在水中加入防冻剂同时提高了冷却液的沸点，可起到防止冷却液过早沸腾的附加作用。另外，冷却液中还含有泡沫抑制剂，可以抑制空气在水泵叶轮搅动下产生泡沫，妨碍水套壁散热。

② 节温器。节温器决定冷却液走"冷车循环"，还是"正常循环"。节温器在 80 ℃ 后开启，95 ℃ 时开度最大。节温器不能关闭，会使循环从开始就进入"正常循环"，这样就造成发动机不能尽快达到或无法达到正常温度。节温器不能开启或开启不灵活，会使冷却液无法经过散热器循环，造成冷却液温度过高或时高时正常。如果是因节温器不能开启而引起过热，散热器上下两水管的温度和压力会有所不同。

③ 水泵。水泵的作用是对冷却液加压，保证其在冷却系统中循环流动。水泵的故障通常为水封的损坏造成漏液，轴承问题使水泵转动不正常或声音异常。在出现发动机过热现象时，首先应该检查水泵皮带是否断裂或松动。

④ 散热器。发动机工作时，冷却液在散热器芯内流动，空气在散热器芯外通过，热的冷却液由

于向空气散热而变冷。散热器上还有一个重要的小零件，就是散热器盖，这一小零件很容易被忽略。随着温度变化，冷却液会"热胀冷缩"，散热器盖因冷却液的膨胀而内压增大，内压升高到一定时，散热器盖开启，冷却液流到蓄液罐；当温度降低，冷却液回流入散热器。如果蓄液罐中的冷却液不见减少，散热器液面却有降低，那么散热器盖就没有工作。

⑤ 散热风扇。正常行驶中，高速气流已足以散热，风扇一般不会在这时候工作，但在慢速和原地运行时，风扇就可能转动来帮助散热器散热。风扇的启动由水温感应器控制。

⑥ 水温感应器。水温感应器其实是一个温度开关，当发动机进水温度超出 90 ℃时，水温感应器将接通风扇电路。如果循环正常，而温度升高时，风扇不转，就需要检查水温感应器和风扇。

⑦ 蓄液罐。蓄液罐的作用是补充冷却液和缓冲"热胀冷缩"的变化，所以不要加液过满。如果蓄液罐完全用空，就不能仅仅在罐中加液，需要开启散热器盖检查液面并添加冷却液，不然蓄液罐就会失去功用。

⑧ 采暖装置。采暖装置在车内，一般不容易出问题。取暖循环不受节温器控制，所以冷车时打开暖气，会稍微延后发动机的升温，但影响不大。在紧急情况下发动机出现过热时，可以利用取暖循环的特点，打开车窗，将暖气开到最大，对发动机降温会有一定的帮助。

（3）冷却循环。

汽车发动机的冷却为强制循环水冷系统，即利用水泵提高冷却液的压力，强制冷却液在发动机中循环流动。冷却系统主要由水泵、散热器、冷却风扇、补偿水箱、节温器、发动机机体和气缸盖中的水套以及附属装置等组成。

在冷却系统中，其实有两个散热循环：一个是冷却发动机的主循环，另一个是车内取暖循环。这两个循环都以发动机为中心，使用同一冷却液。

① 主循环。主循环中包括了两种工作循环，即"冷车循环"和"正常循环"。冷车启动后，发动机逐渐升温，冷却液的温度还无法打开系统中的节温器，此时的冷却液只是经过水泵在发动机内进行"冷车循环"，目的是使发动机尽快地达到正常工作温度。随着发动机工作，冷却液温度升到了节温器的开启温度（通常这个温度设定在 80 ℃），冷却循环开始了"正常循环"。这时候冷却液从发动机出来，经过车前端的散热器，散热后，再经水泵进入发动机。

② 取暖循环。对于乘车人来说这是一个取暖循环，但对于发动机来说，它同样是一个冷却循环。冷却液经过车内的采暖装置，将冷却液的热量送入车内，然后回到发动机。有一点不同的是，取暖循环不受节温器的控制，只要打开暖气，这循环就开始进行，不管冷却液是冷的还是热的。

③ 发动机过热常见处理方法。对于发动机过热的故障，尤其是因为污垢过多引起的问题，可以采用冷却系统清洗剂配合专用设备进行处理解决。

选择清洗剂时，有三项原则供参考：

a. 对于大部分沉淀和侵蚀，用略带酸性的清洗剂效果较好。

b. 假如凝胶不硬，可以用碱性或无侵蚀性清洁剂清洗（酸性更好，不过碱性清洗剂即可达到效果）。

c. 对于冷却系统的油性杂质，要用酸性清洗剂来清洗。

防冻液是汽车冷却系中的重要介质，即使是高温的夏季，也不能用清水之类的液体代替防冻液。除去冷却功能，防冻液的除锈、除垢、防腐等性能是其他液体无法取代的。

2. TSI 发动机的冷却系统

（1）单回路冷却系统。

图 2-1-5 为 TSI 发动机的单循环冷却系统，这个冷却循环是按照横流原理进行工作的。冷却液从冷却器流到冷却液泵中，然后再由泵送入发动机组。跟传统的燃油发动机一样，这里的冷却循环也有一个电动泵 V51，用于冷却液再循环。这个泵对调整好的发动机的增压机进行过热保护，并且

阻止了聚集在透平轴上的油发生焦化。电动泵是由发动机控制器控制的，当发动机停止工作以后，它最多能工作 15 min。在这个操作阶段，泵将冷却液泵入相反的方向，即从冷却器到增压机。

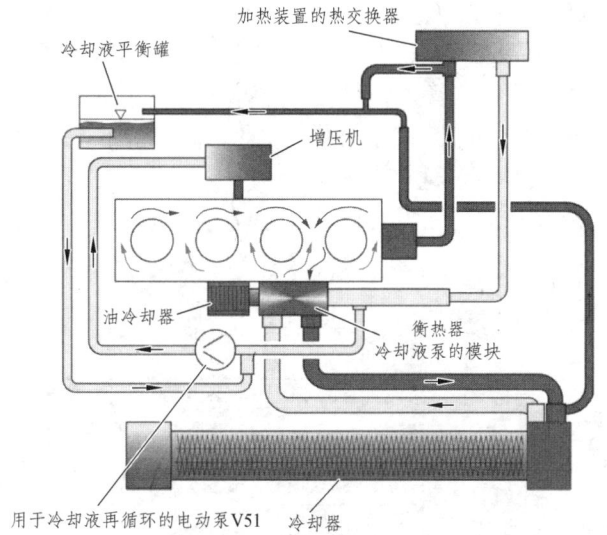

图 2-1-5　TSI 发动机单回路冷却系统

如图 2-1-6 所示，从冷却器中出来的冷却液通过泵送入发动机组。冷却液从发动机组的吸入侧流向排放侧，同时冲淋着气缸。接着冷却液被送入气缸头对其进行冷却。变热了的冷却液聚集在一个室内，然后送往包含衡热器的冷却液泵。根据衡热器外壳测量点上的冷却液温度，将冷却液送到冷却器中进行冷却（恒温器自 95 ℃ 时开启），或者是直接进入泵（恒温器关闭）。另一路冷却液通过发动机组中的一个小沟槽被送至装在辅助机架上的油冷却器。在气缸头飞轮一侧的末端，也有部分的冷却液被送至加热装置的热交换器和冷却液的平衡罐。

图 2-1-6　发动机机体的冷却液循环

（2）双回路冷却系统。

图 2-1-7 所示为 TSI 发动机双回路冷却系统，它有两个独立的冷却系统：一个用于发动机的冷

却,另一个用于增压空气的冷却,两个系统的温差可以高达100 ℃。这两个冷却系统只在两个位置相交,通过这种方式,使它们共用一个储液罐。

① 独立冷却系统的特点。

a. 双循环冷却系统可实现缸盖和缸体温度不同。气缸盖冷却液分配腔内使用单行程的节温器。

b. 冷却液循环泵V50位于进气歧管内,可对涡轮增压器进行冷却。

c. 由于加大了传动比,故提高了冷却液输送量,怠速时可吸收更多的热量。冷却液分配器壳体中的节温器是两级节温器。

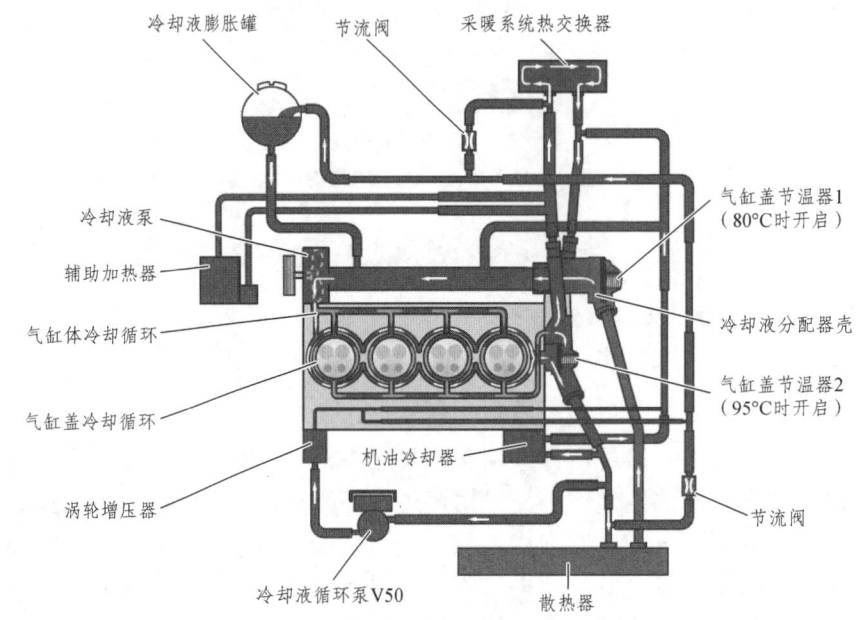

图2-1-7 TSI发动机双回路冷却系统

② 双回路冷却系统的优点。

如图2-1-8所示为双回路冷却系统的结构,具有以下优点:

a. 约1/3的冷却液流向气缸,2/3的冷却液流向气缸盖中的燃烧室。

b. 温度在达到95℃前冷却液一直保持在气缸体里,未流向散热器散热,所以气缸体可快速预热。

c. 由于气缸体温度较高,故可降低曲柄连杆机构的摩擦。

d. 由于气缸盖温度较低(80 ℃),故提高了燃烧室的冷却效果,从而提高了发动机的充气效率,并且不易发生爆震。

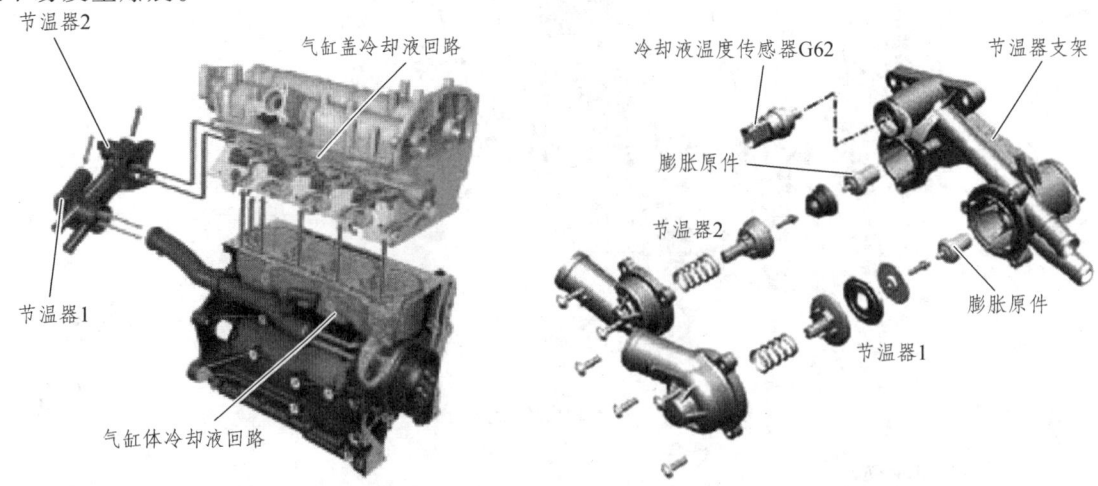

图2-1-8 双回路冷却系统的结构图

③ 增压空气的冷却。

如图 2-1-9 所示,大众公司首次采用将一个气液热交换器布置在进气歧管内来冷却增压空气的方式。使得从涡轮增压到喷嘴的进气道空间减少到 4.8 L,比双涡轮增压的 11 L 空间减少了一半还多。这样,涡轮增压需要压缩的容积就减小了,同时可以更快地获得增压压力。

冷却液循环泵根据负荷来被控制将前端的附加散热器内的冷却液吸出,泵入冷却器和涡轮增压器,以达到冷却增压空气的目的。在大负荷的时候,经过冷却的进气温度和大气温度的差值可以达到 20~25 ℃。

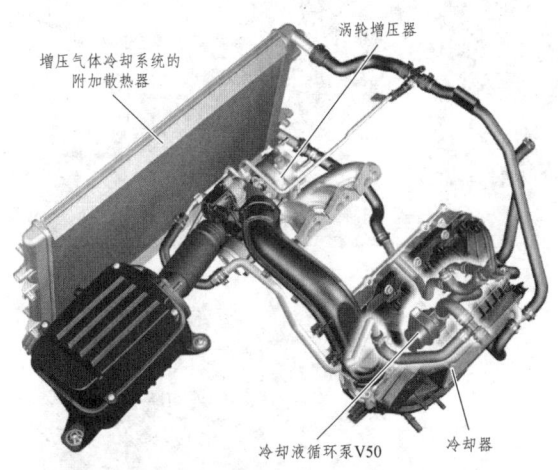

图 2-1-9 增压空气冷却系统循环图

a. 带进气冷却的进气歧管。

涡轮增压对进气的压缩导致进气的压力和温度升高,通过冷却增压气体来保证气缸内足够的进气量。在以前的双涡轮增压发动机上,该功能通过装在机舱前端的中冷器来实现,1.4 L TSI 发动机则是通过液体冷却器实现。

如图 2-1-10 所示,冷却器通过发动机水冷系统工作,安装在进气歧管上,增压气体流过冷却器,将大部分热量传导给气体冷却器和冷却液。冷却液依靠水泵的动力被泵到气体冷却器,然后回流到前端的散热器来冷却。增压气体冷却系统是一个独立的系统,涡轮增压器的冷却也连在这个系统中。

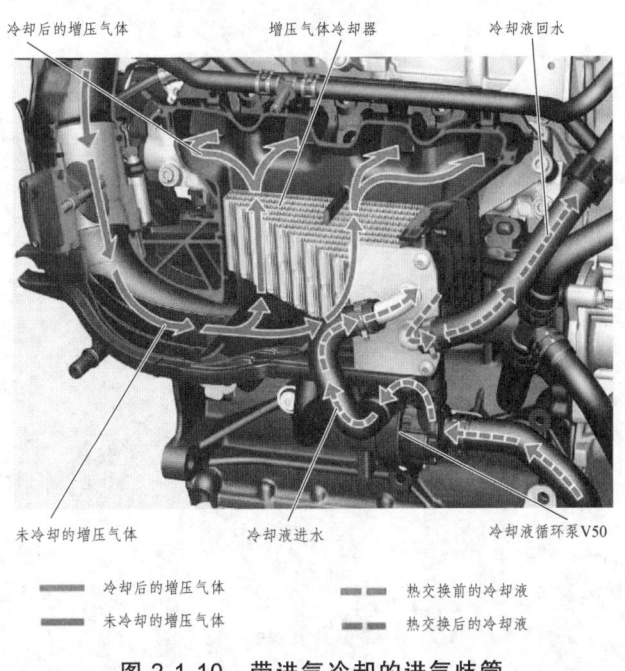

图 2-1-10 带进气冷却的进气歧管

b. 冷却器。

如图 2-1-11 所示,这个冷却器镶嵌在进气歧管内,靠 6 颗螺栓固定。在冷却器的后部有一个密封条,这个密封条保证冷却器和进气歧管之间的密封同时为冷却器提供支撑。

➢提示:在安装增压空气冷却器时,注意要将密封条安装在正确的位置。如果装配不当,会产生振动,造成增压空气冷却器损坏以及冷却液泄漏等问题。

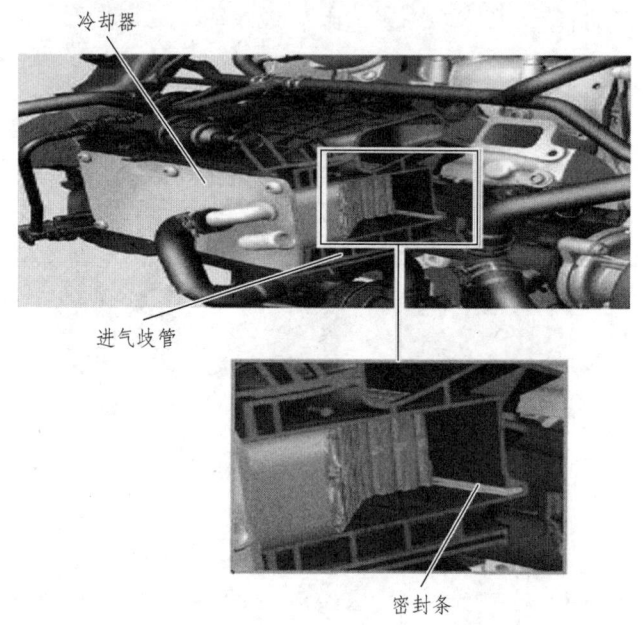

图 2-1-11 增压器空气冷却器

学习活动二 冷却液泵的拆装与更换

一、学习目标

（1）能够在老师指导下，查阅资料，完成水泵和节温器拆检的信息检索。
（2）能够根据操作要点，规范填写维修工单，合理分配人员，并具体实施。
（3）能够规范拆装、检测水泵和节温器并判断性能。
（4）能够描述水泵和节温器的工作原理和检测方法。
（5）能够通过团队协作独立或集体完成学习任务。
（6）能够列举水泵和节温器的常见故障现象，并分析故障原因。
（7）能够执行活动过程的7S管理要求（见附件1）。

二、学习准备

（1）设备：大众1.8TSI直喷发动机台架或整车、举升机、充电机等。
（2）常用工量具：工具车1台，配备常用梅花扳手、套筒扳手、螺丝刀、试灯、万用表等。
（3）油料、材料：水泵、节温器、节温器修理包、水泵修理包、密封胶、冷却液等。
（4）资料：网络资源、维修手册、维修工单、安全操作规程。
（5）分组：每组5~6人，小组讨论后，由组长按岗位分配人员。
（6）建议学时：18学时。

三、学习过程

1. 填写维修工单

（1）根据学习内容拆分活动环节或步骤。
（2）小组讨论分工并填写维修工单（见附件2）。

2. 列举安全事项

查阅维修手册，检索冷却液泵拆装的相关信息，参考图2-2-1，列举冷却液泵拆装与更换的注意事项。维修手册检索路径：Magotan 2007 1.8T 4V 四缸直喷式发动机（BYJ）→修理组＿＿＿＿冷却装置，页码＿＿＿＿＿~＿＿＿＿＿页。

冷却液泵拆装的注意事项。
（1）＿＿＿＿＿＿＿＿＿＿＿＿＿＿＿＿＿＿＿＿＿
（2）＿＿＿＿＿＿＿＿＿＿＿＿＿＿＿＿＿＿＿＿＿
（3）＿＿＿＿＿＿＿＿＿＿＿＿＿＿＿＿＿＿＿＿＿
（4）＿＿＿＿＿＿＿＿＿＿＿＿＿＿＿＿＿＿＿＿＿
（5）＿＿＿＿＿＿＿＿＿＿＿＿＿＿＿＿＿＿＿＿＿
（6）＿＿＿＿＿＿＿＿＿＿＿＿＿＿＿＿＿＿＿＿＿
（7）＿＿＿＿＿＿＿＿＿＿＿＿＿＿＿＿＿＿＿＿＿
（8）＿＿＿＿＿＿＿＿＿＿＿＿＿＿＿＿＿＿＿＿＿

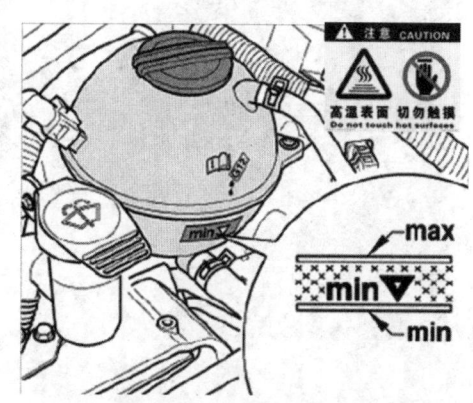

图2-2-1 冷却液泵拆装注意事项

3. 列举冷却液泵拆装的步骤

查阅维修手册，参考图 2-2-2 列举冷却泵拆装的基本步骤，Magotan 2007 1.8T 4 V 四缸直喷式发动机（BYJ）→修理组＿＿＿＿冷却装置，页码＿＿＿＿＿～＿＿＿＿＿页。

冷却液泵拆装的简要步骤

（1）＿＿＿＿＿＿＿＿＿＿＿＿＿＿＿＿＿＿

（2）＿＿＿＿＿＿＿＿＿＿＿＿＿＿＿＿＿＿

（3）＿＿＿＿＿＿＿＿＿＿＿＿＿＿＿＿＿＿

（4）＿＿＿＿＿＿＿＿＿＿＿＿＿＿＿＿＿＿

（5）＿＿＿＿＿＿＿＿＿＿＿＿＿＿＿＿＿＿

（6）＿＿＿＿＿＿＿＿＿＿＿＿＿＿＿＿＿＿

（7）＿＿＿＿＿＿＿＿＿＿＿＿＿＿＿＿＿＿

（8）＿＿＿＿＿＿＿＿＿＿＿＿＿＿＿＿＿＿

（9）＿＿＿＿＿＿＿＿＿＿＿＿＿＿＿＿＿＿

图 2-2-2　冷却液泵拆装图

4. 排出冷却液

（1）工具准备。车间起重机收集盘 VAS 6208；软管卡箍钳 V.A.G 1921。

（2）排出冷却液。

参考图 2-2-3，完成冷却液的排出。

① 打开冷却液补偿罐的膨胀罐盖。

② 拆卸中间的隔音装置。

③ 拆卸增压空气导管。

④ 将车间起重机收集盘 VAS 6208 放在发动机下面。

⑤ 拆卸冷却器下部冷却液软管[图 2-2-3（a）中 1 并将冷却液放掉。

⑥ 将冷却液再循环泵 V51 下面的冷却液软管拆下[图 2-2-3（b）中箭头所指]，并将剩余的冷却液放掉。

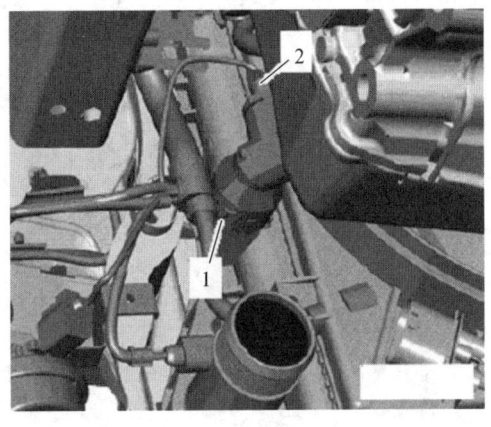
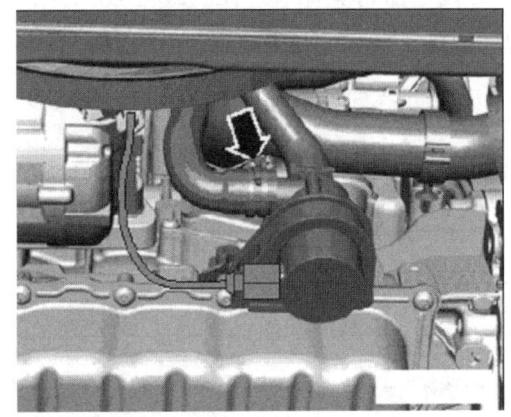

（a）拆卸下水管　　　　　　　　　　（b）拆卸冷却液泵的水管

图 2-2-3　排出冷却液

冷却液的处理方法：_____。

5. 拆卸冷却液温度传感器

▶提示：

（1）在发动机冷机状态下进行，将一块抹布放置在温度传感器下面，以便收集溢出的冷却液。
（2）为了防止冷却液流失，请将新的冷却液温度传感器 G62 立即安装在连接管中。
（3）安装时，应更换 O 形环，更换前先用冷却液润滑 O 形环。

参考图 2-2-4，拆下冷却液温度传感器。

（1）拆卸并取下增压器空气软管，见图 2-2-4（a）。
（2）拆卸并取下节气门控制单元 J338，见图 2-2-4（b）。
（3）拆卸并取下进气管支架，见图 2-2-4（c）。
（4）将电气插头连接件 1[见图 2-2-4（d）]从冷却液温度传感器 G62 上脱开。
（5）按压锁止件[图 2-2-4（d）箭头所指]，拔下固定夹。
（6）取下冷却液温度传感器 G62，见图 2-2-4（d）中 2 所指。

（a）拆卸增压器空气管

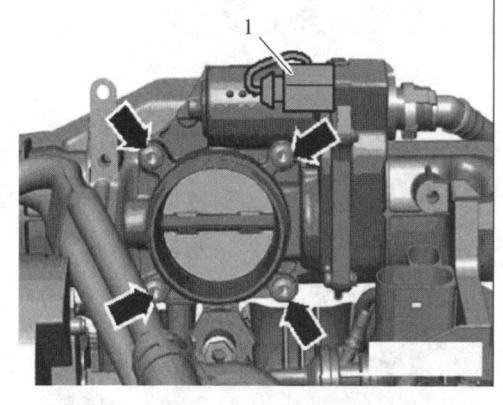

（b）拆卸节气门单元 J338

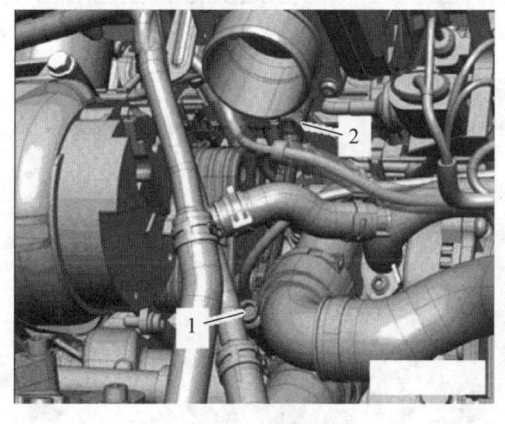

（c）拆卸进气管支架

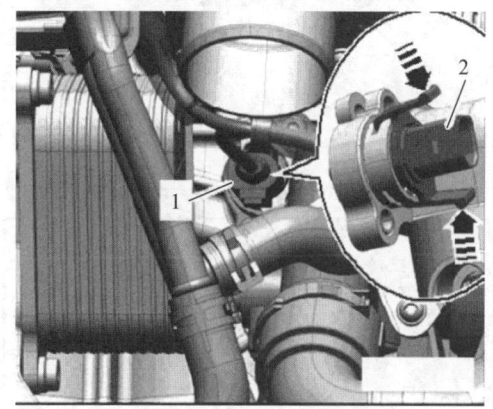

（d）拆卸冷却液温度传感器

图 2-2-4　拆卸冷却液温度传感器

6. 拆卸冷却液泵的齿形皮带

▶提示：

（1）取下油气分离器，需用干净的抹布封盖住开口，以免润滑装置被污染。
（2）安装时，更换驱动轮的螺栓，更换 O 形环和密封件。

参考图 2-2-5，拆下齿形皮带。
（1）拆卸并取下小冷却液管和支架，见图 2-2-5（a）。
（2）拆卸冷却液软管 1 和 2 并放置在一旁，见图 2-2-5（b）。
（3）按压解锁键，将曲轴箱排气软管拔下并放在一旁。
（4）旋出螺栓 1~8 并拆下油气分离器，见图 2-2-5（c）。
（5）将螺栓拧出并将齿形皮带盖板取下，见图 2-2-5（d）。

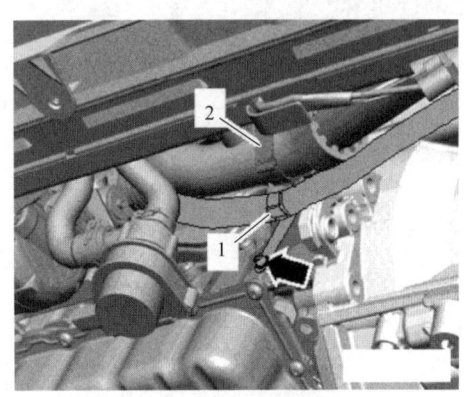
（a）拆卸小冷却液管和支架

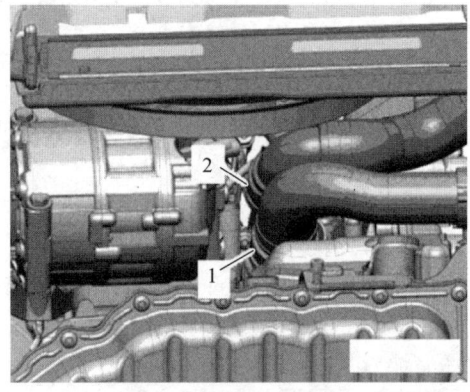
（b）拆卸冷却液管

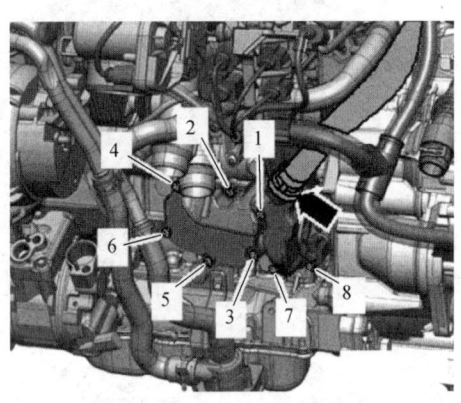
（c）拆卸油气分离器

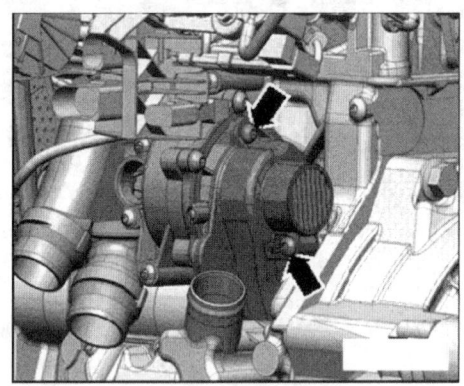
（d）拆卸齿形皮带盖板

图 2-2-5　拆卸齿形皮带的附件

（6）将冷却液泵的驱动轮螺栓用扭矩扳手和插入工具旋出，为此须顶住带减振器的多楔带轮，并指出图 2-2-6 所示元件的中英文名称。

代码	中文名称	英文名称
A		
B		
C		
D		

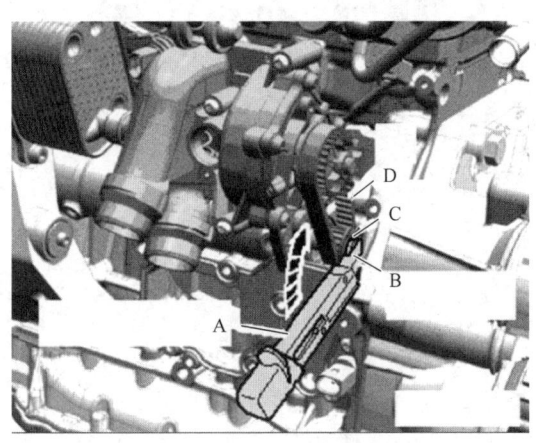

图 2-2-6　拆卸齿形皮带

7. 更换冷却液泵驱动装置的轴密封环

参考图2-2-7,更换冷却液泵驱动装置的轴密封环。

(1)拆卸并取下小冷却液管和齿形皮带。

(2)如图2-2-7(a)所示,用螺丝刀1沿箭头B方向紧紧地顶住轴密封环的表面2,沿箭头A方向用力撬出轴密封环。

(3)清洁工作面和密封面,将平衡轴的密封面2涂抹上变速箱油,将轴密封环1推到平衡轴上,见图2-2-7(b)。

(4)从外面看,"外侧"或"Outside"箭头所示的字样必须清晰可读。

(5)将压块T10353安装在轴密封环1上,并用螺栓2压入到气缸体内至锁止挡位,同时密封环不能歪斜,见图2-2-7(c)。

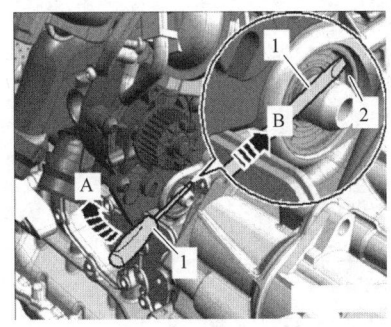  

(a)撬出轴密封环　　　(b)将轴密封环推到平衡轴上　　　(c)将轴密封环压入到气缸体内

图2-2-7　更换轴密封环

8. 拆卸和安装冷却液泵

(1)参考图2-2-8,拆卸冷却液泵。

① 拆卸小冷却液管。

② 拆卸冷却液泵的齿形皮带。

③ 拆卸节气门控制单元J338和冷却液温度传感器G62。

④ 拧出冷却液泵螺栓1~5,将冷却液泵从定位销上取下并从机油冷却器上拔下,见图2-2-8(a)。

⑤ 更换O形环和密封件:将O形环4用冷却液"G12"浸润。

⑥ 检查缸体上是否安装了两个定位销,如果没有,请安装;将连接件2安装在机油冷却器1中,将冷却液泵3推到连接件上并沿定位销推到气缸体上,拧紧螺栓1~5,并取下箭头所示的护罩,见图2-2-8(b)。

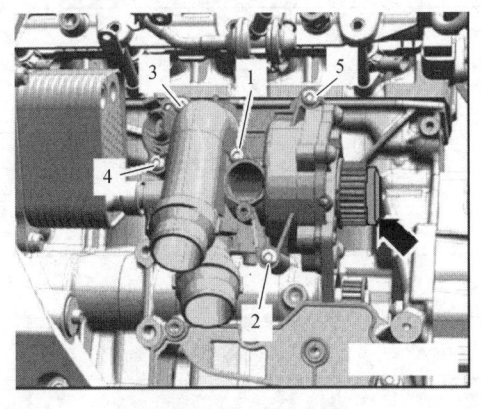 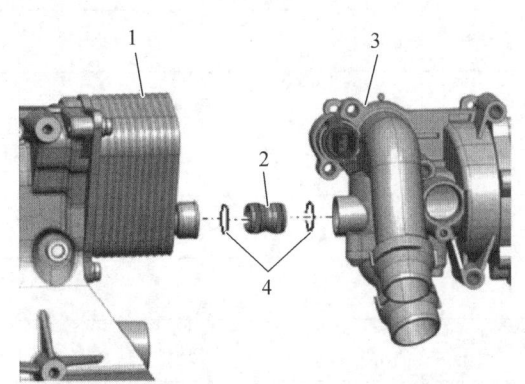

(a)拆卸固定螺栓　　　　　　　(b)更换O形圈

图2-2-8　拆卸冷却液泵

（2）安装。

① 安装冷却液泵的齿形皮带。

② 安装油分离器。

③ 安装节气门控制单元 J338。

④ 安装小冷却液管。

⑤ 安装冷却液再循环泵 V51。

⑥ 加注冷却液。

（3）指出图 2-2-9 所示元件的中英文名称，完成表 2-2-1。

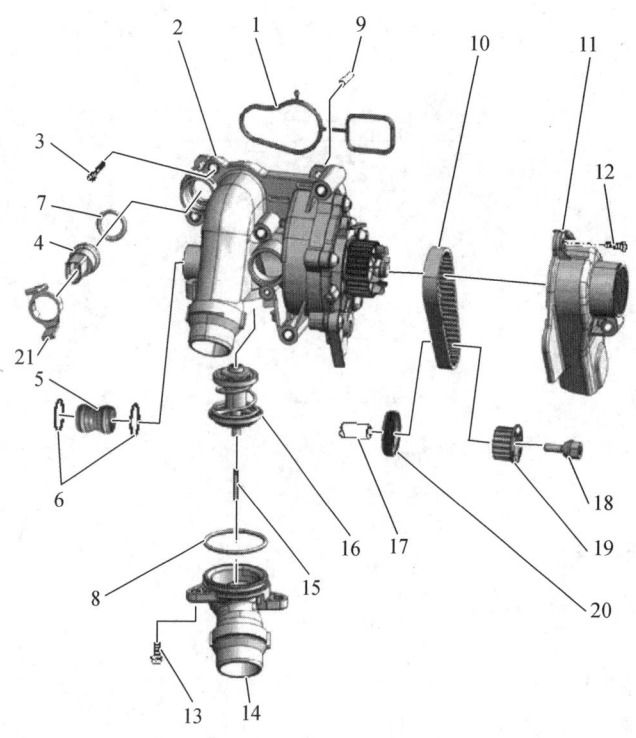

图 2-2-9　冷却液泵分解图

表 2-2-1　冷却液泵分解元件表

代号	中文名称	英文名称
1	密封条	
2		Water pump
3	螺栓	
4		Water temperature sensor
5	连接接管	
6		
7	O 形环	
8		O ring
9	定位销	Lock pin

续表

代号	中文名称	英文名称
10		
11		
12		
13		
14		
15		
16		
17		
18		
19		
20		
21		

9. 拆卸和安装冷却液调节器

参考图 2-2-10，拆装冷却液调节器。

（1）拆卸并取下增压器空气导管。

（2）拆卸并取下冷却液再循环泵 V51 支架，见图 2-2-10（a）。

（3）拆卸并取下曲轴强制通风油气分离器。

（4）拆卸并取下进气管支架，见图 2-2-10（a）。

（5）拆卸并取下冷却液调节器连接管。

（6）拆卸并取下冷却液调节器，见图 2-2-10（b）。

（a）拆卸进气管支架

（b）拆卸冷却液调节器

图 2-2-10　拆卸冷却液调节器

（7）安装。

① 更换 O 形环和密封件。清洁 O 形环的密封面，将 O 形环用冷却液"G12+"浸润。

② 将冷却液调节器安装在冷却液泵壳体内并稍微向前移动。

③ 小心地安装连接管，同时将定位销导入到导向件中。

④ 安装油气分离器。

⑤ 安装进气管支架。

⑥ 安装冷却液再循环泵 V51。

⑦ 安装空气导管与插头连接。

⑧ 指出图 2-2-11 所示元件的中英文名称。

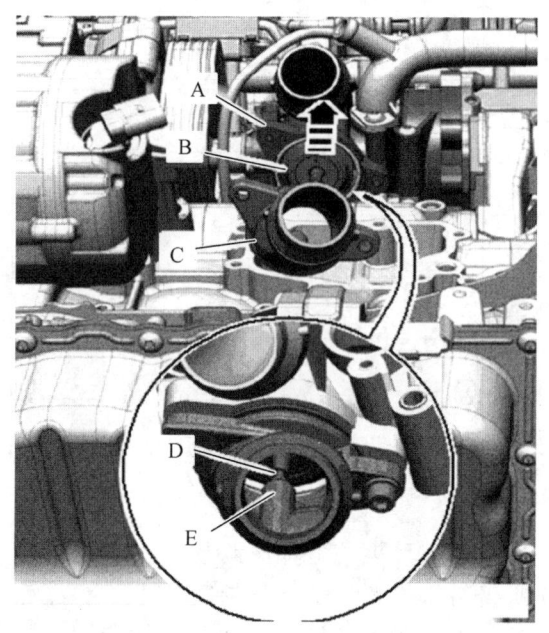

图 2-2-11　安装节温器

代码	中文名称	英文名称
A		
B		
C		
D		
E		

（8）添加冷却液。

▶提示：

（1）热蒸气和热冷却液可能会造成烫伤。

（2）在发动机暖机时，冷却系统处于过压状态，请将冷却液补偿罐的密封盖用抹布盖住并小心地打开，消除过压。

① 由上水口加入冷却液，直至冷却水溢出，安装好上水管。

② 添加冷却液至"最高"刻度。

③ 启动发动机并以约 1 500 r/min 的速度运转不超过 2 min。

④ 在发动机运转情况下将冷却液加注至冷却液补偿罐上的溢出孔位置。

⑤ 关闭冷却液补偿罐上的膨胀罐盖。

⑥ 启动发动机并让其运转，直至散热器风扇转动。

10. 检查冷却系统密封性

参考图 2-2-12 检查冷却系统密封性，完成表 2-2-2。

（1）检查系统密封性。

① 打开冷却液补偿罐的膨胀罐盖。

② 将冷却系统检测设备 V.A.G 1274 连同冷却系统检测设备的适配接头 V.A.G 1274/8 安装在冷却液补偿罐上，见图 2-2-12（a）。

③ 用检测设备的手动泵产生一个约 100 kPa 的过压，如果压力下降，请查找泄漏点并将故障排除。

（2）检查膨胀罐盖中的安全阀。

① 将冷却系统检测设备 V.A.G 1274 连同冷却系统检测设备的适配接头 V.A.G 1274/9 安装在膨胀罐盖上，见图 2-2-12（b）。

② 按动手动泵，当过压达到 140～160 kPa 时，安全阀必须打开。

表 2-2-2　冷却系统密封性检查

序号	检查项目	施加压力	观察时间	检查结果	初步判断
1	系统密封性检查				
2	膨胀盖密封性检查				

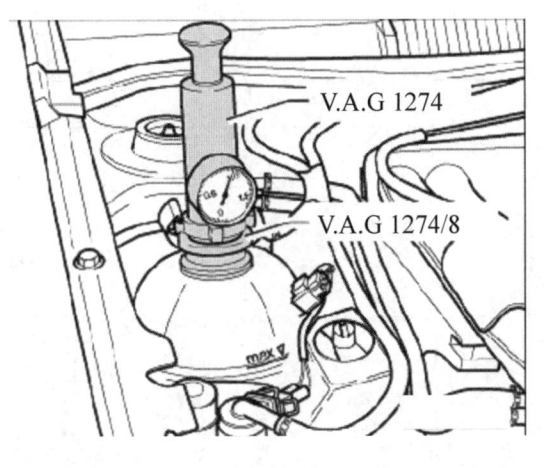
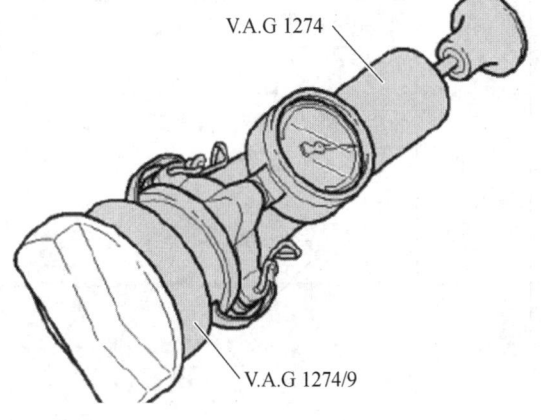

（a）检查系统密封性　　　（b）检查膨胀盖密封性

图 2-2-12　检查冷却系统密封性

四、学习评价

组员进行自我评价、相互评价，完成表 2-2-3 所示的相应内容。

组间评价说明：

（1）PPT 展示评价。

结合职业能力评价表（见附件 4）对"冷却液循环泵与调节器拆装过程"进行组评价，指出相互的优缺点，填写于评价表中。

（2）评价要求。

组间评价表由评价人给予对应评价等级：单行全对的得"A"，错两个（含）以下得"B"，错两个以上得"C"。

表 2-2-3　学习评价表

项　目	评价内容			评价等级		
				😎	😊	☹
自我评价	学到的知识点：					
	学到的技能点：					
	不理解的有：					
	还需要深化学习并提升的有：					
组内评价	○按时到场　　　　○工装齐备　　　　○书、本、笔齐全					
	○安全操作　　　　○责任心强　　　　○7S 管理规范					
	○学习积极主动　　○合理使用教学资源　○主动帮助他人					
	○接受工作分配　　○有效沟通　　　　○高效完成工作任务					
组间评价-PPT展示评价	评价项目	本组（优、缺点）	他组（优、缺点）			
	拆装流程的合理性					
	PPT 制作效果					
	PPT 展示效果					
	小组的团队协作					
	7S 执行情况					
小组评语及建议	他（她）做到了： 他（她）的不足： 给他（她）的建议：			组长签名： 年　月　日		
老师评语及建议				评价等级： 教师签名： 年　月　日		

五、学习思考

（1）大众 1.8TSI 发动机的冷却液泵是由_____驱动的。

（2）要排出冷却系统的冷却液，需要将（　　　　）的水管拆下。

A. 散热器上水管

B. 散热器下水管

C. 散热器下水管和冷却液泵 V51 的进水管

D. 散热器上水管和冷却液泵 V51 的出水管

（3）关于冷却液温度传感器 G62，描述正确的是（　　　　）。

A. 属于 PTC 元件　　　　　　　　B. 属于 NTC 元件

C. 温度升高，输出电压增大　　　　D. J220 用于冷却风扇控制

E. 温度升高，电阻值增大

（4）冷却液泵的齿形皮带是由（　　　　）调节张力的。

A. 调节螺栓　　　　　　　　　　B. 自动张紧器

C. 凸轮轴调节装置 D. 平衡轴调节装置

（5）关于更换冷却液泵驱动轴的密封环，下列描述正确的是（　　）。

A. 螺丝刀顶在发动机缸体上，撬动密封环

B. 安装时，应在密封环周围涂抹发动机机油

C. 用铁锤轻轻将密封环压入缸体内

D. 标有"OUTSIDE"字样的一侧应朝外

（6）关于更换冷却液泵，下列描述正确的是（　　）。

A. 连接件应安装入缸体内

B. 连接件的O形圈应涂抹发动机机油

C. 新冷却液泵的驱动齿轮护罩应该在安装之后取下

D. 每6万千米应该更换冷却液泵

（7）简述双级节温器的工作原理。

（8）简述冷却液循环泵的工作原理。

六、学习资料

1. 冷却液

（1）作用。冷却液具有保护发动机冷却系统免遭锈蚀和腐蚀，能有效抑制水垢形成，防止水箱过热，减少冷却液蒸发，为水泵节温器及其他部件提供润滑等作用。可对水箱提供长期的全面保护，可与各种符合标准的优质冷却液及防冻液混合使用，更可避免由于使用劣质冷却液对冷却系统造成的损害。

（2）组成。冷却液由水、防冻剂、添加剂三部分组成，按防冻剂成分不同可分为酒精型、甘油型、乙二醇型等类型的冷却液。酒精型冷却液是用乙醇（俗称酒精）作防冻剂，其价格便宜，流动性好，配制工艺简单，但缺点是沸点较低、易蒸发损失、冰点易升高、易燃等，现已逐渐被淘汰；甘油型冷却液沸点高、挥发性小、不易着火、无毒、腐蚀性小，但降低冰点效果不佳、成本高、价格昂贵，用户难以接受，只有少数北欧国家仍在使用；乙二醇型冷却液是用乙二醇作防冻剂，并添加少量抗泡沫、防腐蚀等综合添加剂配制而成。由于乙二醇易溶于水，可以配成各种冰点的冷却液，其最低冰点可达-68 ℃，这种冷却液具有沸点高、泡沫倾向低、黏温性能好、防腐和防垢等特点，是一种较为理想的冷却液，目前国内外发动机所使用的和市场上所出售的冷却液几乎都是这种乙二醇型冷却液。

（3）功能。冷却液是汽车发动机不可缺少的一部分。它在发动机冷却系统中循环流动，将发动机工作中产生的多余热能带走，使发动机能以正常工作温度运转。当冷却液不足时，将会使发动机水温过高，而导致发动机机件的损坏。车主一旦发现冷却液不足，应该及时按汽车使用说明书规定添加。

（4）TSI发动机冷却液的组成。

常用的TSI发动机冷却液的组成有以下三种。

① "G12+"（40%）和水（60%）可以达到-25 ℃的防冻效果。

② "G12+"（50%）和水（50%）可以达到-35 ℃的防冻效果。

③ "G12+"（60%）和水（40%）可以达到-40 ℃的防冻效果。

2. 冷却液泵模块

如图 2-2-13 所示，冷却液泵，冷却液温度传感器 G62 和恒温器都是属于一个共同的模块。该模块用螺钉固定在发动机外壳上的进气管道下面。吸气侧上的平衡轴通过一个皮带驱动装置来驱动冷却液泵，用两个传动轮的作用产生一个变速比，并因此而降低了转速，使其差不多跟曲轴的转速持平。为了达到这个变速比，冷却液泵的传动轴上使用了一个直径较大的驱动轮，并且在驱动轮上焊接有翼形齿轮。翼形齿轮具有风机的功能，能给皮带驱动装置引入空气进行冷却。这个带皮带驱动装置的冷却系统是不需要保养的。

恒温器、温度传感器和皮带的罩盖都可以单独进行更换。为了保证恒温器正确的安装位置，在外壳上装有一个中心销。

皮带的张力通过外壳中水泵规定的安装位置来获得，并且可以用工具调节。用于固定传动齿轮的固定螺钉是一种带左旋螺纹的螺钉，需要用专用工具 T-10362 和 V.A.G.1331 才能拆卸。

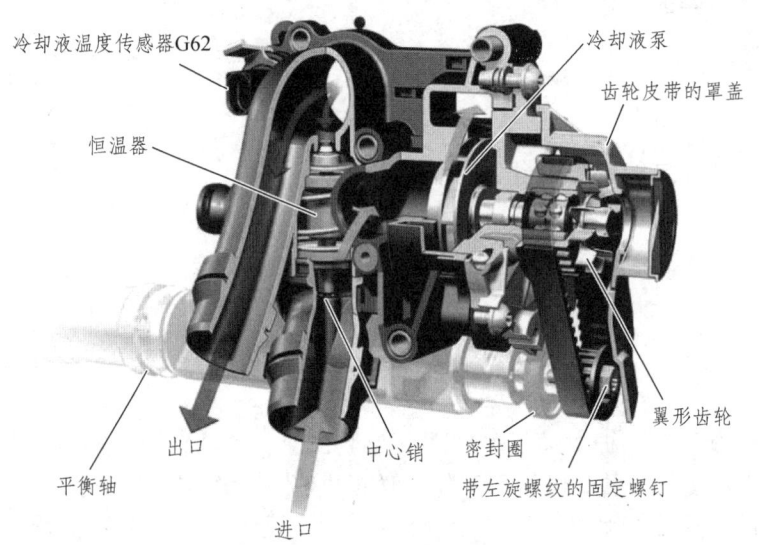

图 2-2-13　冷却液泵

3. 节温器

节温器（thermostat）是根据冷却液温度的高低自动调节进入散热器的液体量，改变液体的循环范围，以调节冷却系统的散热能力，保证发动机在合适的温度范围内工作。节温器必须保持良好的技术状态，否则会严重影响发动机的正常工作。如节温器主阀门开启过迟，就会引起发动机过热；主阀门开启过早，则使发动机温度过低预热时间延长。

总而言之，节温器的作用是使发动机不至于过冷。比如说，在冬天启动时，如果没有节温器，发动机的温度可能会太低，这时候，需要暂时终止冷却液循环来保证发动机温度不至于过低。

（1）蜡式节温器，当冷却温度低于规定值时，节温器感温体内的精致石蜡呈固态，节温器阀在弹簧的作用下关闭发动机与散热器之间的通道，冷却液经水泵返回发动机，进行发动机内小循环。当冷却液温度达到规定值后，石蜡开始融化逐渐变为液体，体积随之增大并压迫橡胶管使其收缩。在橡胶管收缩的同时对推杆作用向上的推力，推杆对阀门有向下的反推力使阀门开启。这时冷却液经由散热器和节温器阀，再经水泵流回发动机，进行大循环。节温器大多数布置在气缸盖出水管路中，这样的优点是结构简单，容易排除冷却系统中的气泡；缺点是节温器在工作时经常开闭，产生振荡现象。

（2）TSI 发动机带两级节温器的冷却液分配器壳体。

双级节温器的特点：

① 温度达 95 ℃前冷却液一直在气缸体里，所以气缸体可快速预热。

② 由于气缸体温度较高，故可降低曲柄连杆机构的摩擦。

③ 由于气缸盖温度较低（80 ℃），提高了燃烧室的冷却效果，从而提高了发动机充气效率，并且不易发生爆震。由于冷却液输送量大，发动机高速运转时冷却的系统压力很高，两级节温器 1 可在上述工况下严格按开启温度开启。如采用单级节温器，则高压状态下必须使用大尺寸节温器片，但由于反作用力，节温器仅在高温时开启，控制精度不高。而采用双级节温器，达到开启温度时，系统首先打开小尺寸节温器片。由于该节温器片面积较小，故反作用力较小，节温器严格按开启温度开启。通过一个特殊通道，小尺寸节温器片驱动大尺寸节温器片，从而使节温器全开。

④ 双级节温器的工作原理，如图 2-2-14 所示。

温度小于或等于 87 ℃ 时：两个节温器都关闭，发动机可以迅速升温，冷却液流经水泵、缸盖、节温器支架、小水箱、机油冷却器、冷却液储液罐，如图 2-2-14（b）所示。

温度在 87~105 ℃ 时：节温器 1 打开，节温器 2 关闭，缸盖温度保持在 80 ℃，缸体温度继续上升，冷却液流经水泵、缸盖、节温器支架、小水箱、机油冷却器、冷却液储液罐、散热器，如图 2-2-14（c）所示。

温度在 105 ℃ 以上时：两个节温器都打开，缸盖温度保持在 87 ℃，缸体温度保持在 105 ℃，冷却液流经水泵、缸盖、节温器支架、小水箱、机油冷却器、冷却液储液罐、散热器、缸体、废气再循环阀，如图 2-2-14（d）所示。

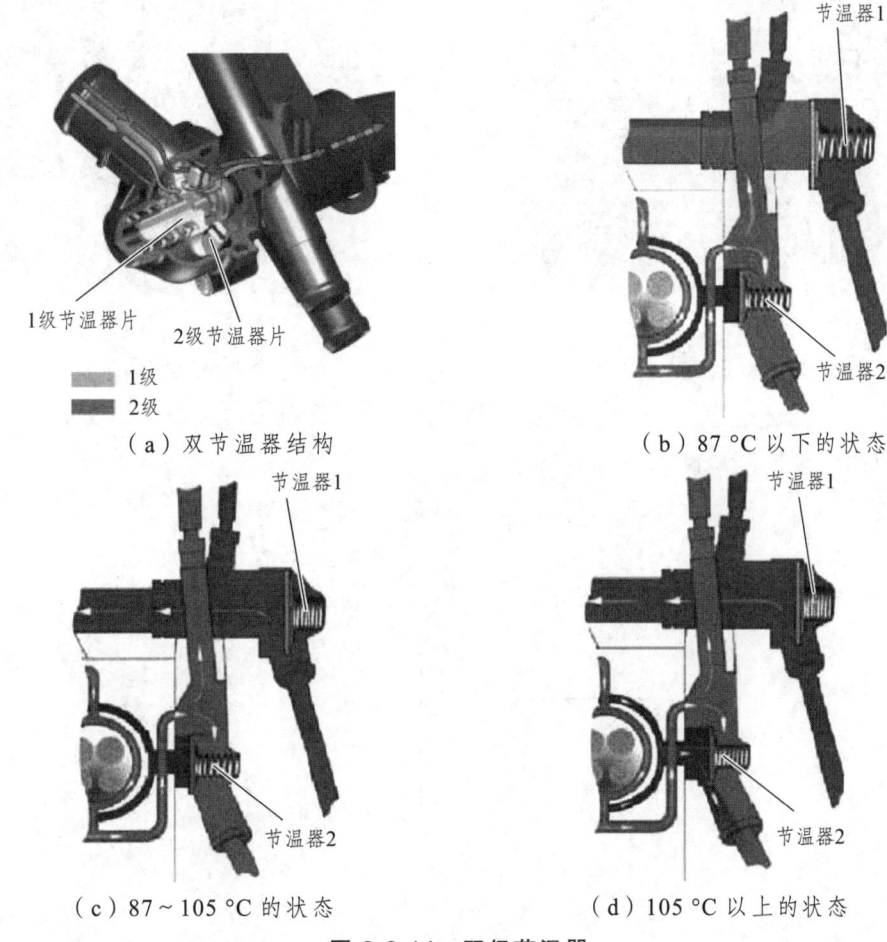

图 2-2-14 双级节温器

4. 冷却液循环泵

图 2-2-15 所示为冷却液循环泵系统元件图。

（1）冷却液循环泵继电器 J151。

该继电器安装在发动机舱内左侧的 E-box 内，用来控制冷却液循环泵 V50 工作的大电流。

（2）冷却液循环泵 V51。

该泵通过螺栓固定在缸体上，安装在进气歧管下面，它是独立的冷却系统的一部分。

① 作用。把前端独立散热器内的冷却液泵到冷却器和涡轮增压器。

② 开启时机。

a. 每次发动机启动后的短时间内。

b. 输出扭矩持续在 100 N·m 以上的时候。

c. 进气歧管内增压空气温度持续超过 50 ℃。

d. 两个温度传感器之间的温差小于 8 ℃。

③ 工作时长。发动机每工作 120 s，冷却液循环泵工作 10 s，避免涡轮增压器产生热量积聚；关闭发动机后，根据迈普图决定其工作时间（0~480 s），避免涡轮增压器过热而产生气阻。

④ 失效影响。如果这个泵失效，很可能会产生过热现象。这个泵本身并不带诊断功能，通过对比两个进气温度传感器的信号来识别冷却系统故障，OBD 警报灯会点亮。

（a）冷却液泵继电器 J151　　　　（b）冷却液泵 V51

图 2-2-15　冷却液循环泵元件图

（3）冷却液循环泵控制电路如图 2-2-16 所示。

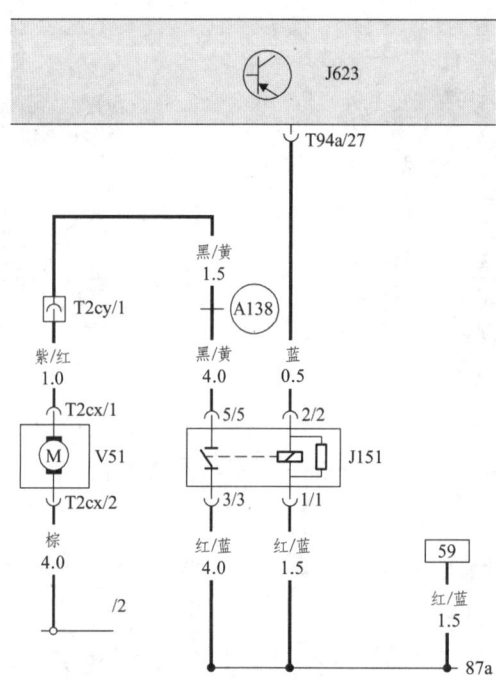

图 2-2-16　冷却液泵控制电路图

学习活动三　冷却风扇不工作的故障诊断与排除

一、学习目标

（1）能够在老师指导下，查阅资料，完成冷却风扇故障诊断的信息检索。
（2）能够根据操作要点，规范填写维修工单，合理分配人员，并具体实施。
（3）能够拆绘冷却风扇控制线路并分析故障原因。
（4）能够规范拆装、检测冷却风扇及其控制部件并判断性能。
（5）能够描述冷却风扇的工作原理和检测方法。
（6）能够记录工作过程并总结排除故障思路。
（7）能够通过团队协作独立或集体完成学习任务。
（8）能够执行活动过程的7S管理要求（见附件1）。

二、学习准备

（1）设备：大众1.8TSI直喷发动机台架或整车、举升机、充电机、诊断仪等。
（2）常用工量具：工具车1台，配备常用梅花扳手、套筒扳手、螺丝刀、试灯、万用表等。
（3）油料、材料：冷却液温度传感器、冷却风扇控制器、风扇继电器、保险丝、汽油、碎布等。
（4）资料：网络资源、维修手册、维修工单、安全操作规程。
（5）分组：每组5~6人，小组讨论后，由组长按岗位分配人员。
（6）建议学时：18学时。

三、学习过程

1. 填写维修工单

（1）根据学习内容拆分活动环节或步骤。
（2）小组讨论分工填写维修工单（见附件2）。

2. 列举注意事项

参考图2-3-1，查阅维修手册，检索路径：Magotan 2007 1.8T 4V四缸直喷式发动机（BYJ）→修理组_____→页码_____。列举冷却风扇拆装和检测的注意事项。

_____

_____

_____

_____

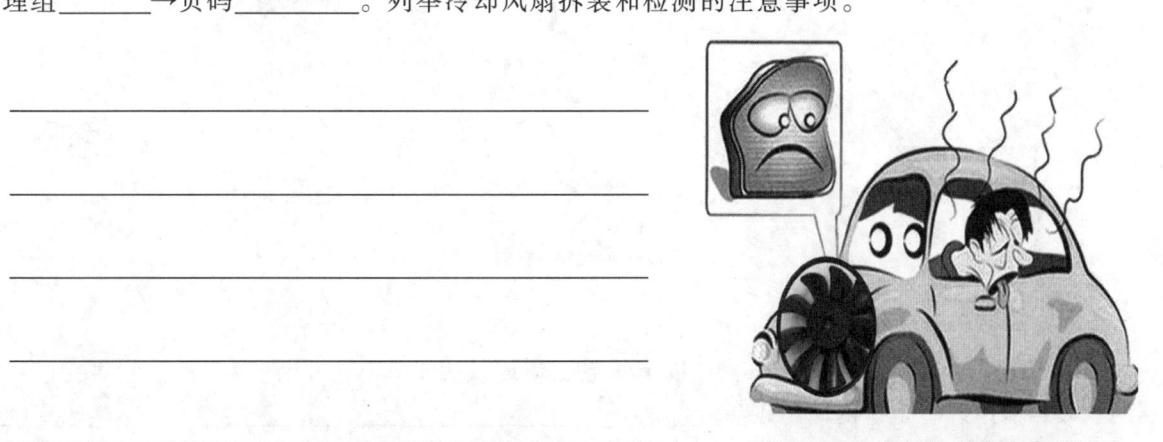

图2-3-1　冷却风扇检修事项

3. 拆绘冷却风扇电路图

查阅 Magotan B7L 2012 电路图册,拆绘实车冷却风扇控制电路图,并标注元件名称、代码、输入/输出信号方向和导线颜色。

4. 分析故障原因

识读电路图,查阅维修手册,分析冷却系统常见故障及原因,完成鱼骨图,结合职业能力评价表(见附件4),进行展示评价。

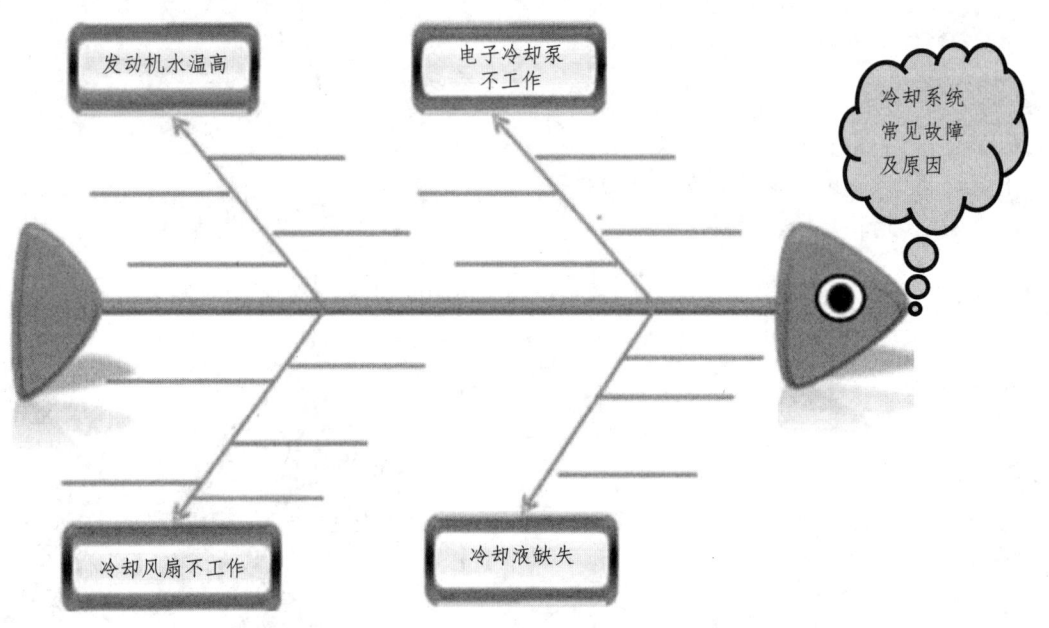

5. 排除故障

启动发动机,使冷却液温度至 90 ℃ 以上(数据流或仪表)。

(1)散热器风扇不工作的故障现象:_____。

(2)按照由简至繁的原则,检测电子部件并排除故障,完成表 2-3-1。

表 2-3-1 冷却风扇故障排除

序号	检测项目	检测端子	检测条件	检测结果	初步判断
1	冷却风扇 V177 工作电压	T2be/1-T2be2	KYON，并执行测试		
2	风扇单元 J293 工作电压 1	T4I/1-接地	KEY ON		
3					
4					
5					
6					
7					
8					
9	冷却液温度传感器 G83 电阻	传感器两端	断开插头		
10					
确定故障部位：					
排除方法：					

6. 拆装冷却风扇

（1）查阅资料 Magotan 2007 1.8T 4 V 四缸直喷式发动机（BYJ）→修理组_____→页码_____。检索冷却风扇拆装的步骤和要点。

（2）参考图 2-3-2，简要列举冷却风扇的拆装步骤，完成表 2-3-2。

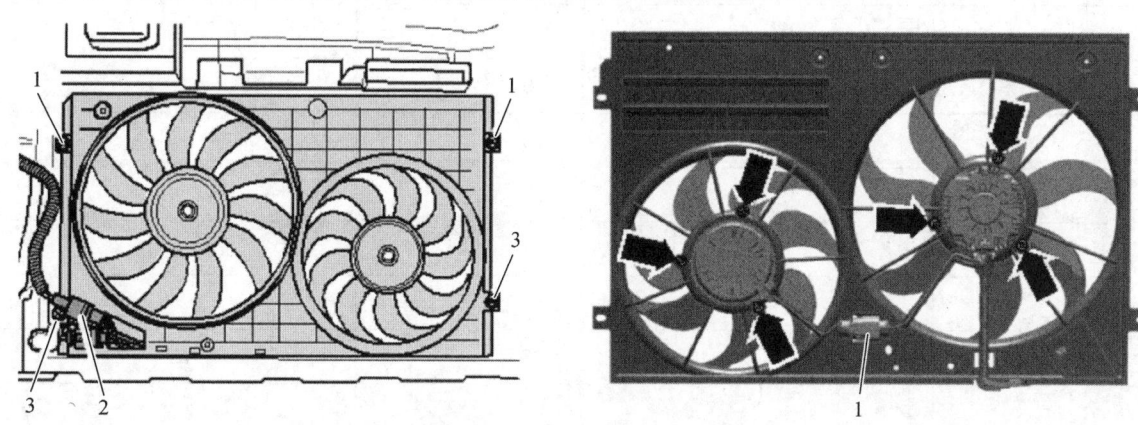

图 2-3-2 冷却风扇拆装

表 2-3-2 冷却风扇拆装步骤

步骤	拆装项目	使用工具
1		
2		
3		
4		
5		
6		
7		

（3）指出冷却风扇分解图（见图 2-3-3）中元件的中英文名称，完成表 2-3-3。

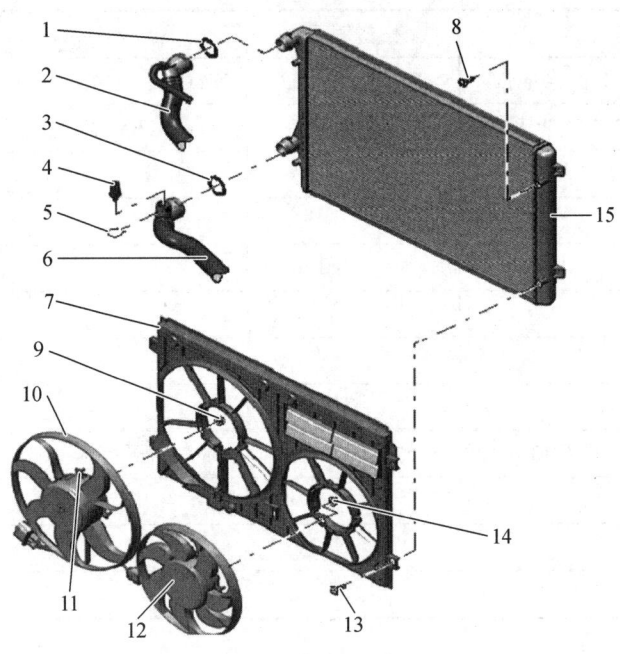

图 2-3-3 冷却风扇分解元件图

表 2-3-3 冷却风扇分解元件

代码	中文名称	英文名称	代码	中文名称	英文名称
1			9		
2			10		
3			11		
4			12		
5			13		
6			14		
7			15		
8					

7. 搭接冷却风扇电路

分析电路图 2-3-4，完成作业。

（1）在图中标出继电器的通用脚位代码（85、86、30、87 等）。

（2）分析电路图。

① 指出电机 M1 低速运转的电流走向。

② 指出电机 M2 高速运转的电流走向。

（3）分析继电器工作状态，完成表 2-3-4。

表 2-3-4　继电器工作状态

序号	运转状态	继电器工作状态			
		J1	J2	J3	J4
1	M1、M2 均不工作				
2	M1 低速运转				
3	M2 高速运转				

（4）搭接电路并检测电路参数，完成表 2-3-5。

表 2-3-5　工作参数

序号	运转状态	M1 低速	M2 高速	J1 工作	J3 工作
1	电阻（搭接前检测）				
2	电压（工作时检测）				
3	电流（工作时检测）				

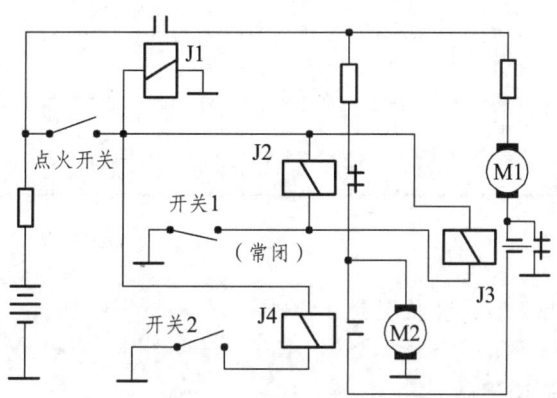

图 2-3-4　冷却风扇搭接电路图

注：图中两个开关均为水温传感开关

四、学习评价

组员进行自我评价、相互评价，完成表 2-3-6 所示的相应内容。
组间评价说明：
（1）冷却风扇电路搭接。
评价小组对他组的电路搭接和检测情况进行评价。
（2）评价要求。
组间评价表由评价人给予对应评价等级：单行全对的得"A"，错两个（含）以下得"B"，错两个以上得"C"。

表 2-3-6　学习评价表

项目	评价内容	评价等级		
		😎	🙂	☹
自我评价	学到的知识点：			
	学到的技能点：			
	不理解的有：			
	还需要深化学习并提升的有：			
组内评价	○按时到场　　○工装齐备　　　　○书、本、笔齐全 ○安全操作　　○责任心强　　　　○7S管理规范 ○学习积极主动　○合理使用教学资源　○主动帮助他人 ○接受工作分配　○有效沟通　　　　○高效完成工作任务			
组间评价	评价项目　　　　　检测结果			
	风扇低速运转			
	风扇高速运转			
	M1高速电流			
	M2低速电压			
小组评语及建议	他（她）做到了： 他（她）的不足： 给他（她）的建议：	组长签名： 年　月　日		
老师评语及建议		评价等级： 教师签名： 年　月　日		

五、学习思考

（1）冷却风扇 V7 和 V177 的运转状况是（　　　）。

A. 同时运转

B. 一个高速，另一个低速运转

C. 一个用于冷却系统，另一个用于空调系统

D. 只有高、低两个速度

（2）发动机控制单元接收到以下（　　　）信号，对风扇进行控制。

A. 冷却液温度　　　B. 车速　　　C. 发动机转速

D. 空调压力　　　　E. 发动机负荷

（3）冷却风扇控制单元与发动机控制单元通过（　　　）信号进行通信。

A. CAN　　　　　B. LIN　　　　　C. PMW　　　　　D. PWM

（4）脉宽调制信号的特点是（　　　）。

A. 矩形波　　　　　　　　B. 数字信号　　　　　　C. 模拟信号

D. 通过占空比大小实现控制　　E. 万用表可检测到实际工作电压

（5）占空比指电信号的_____与_____之比，再乘以_____。

（6）如图2-3-5所示，假设AB之间的时间间隔为10 ms，则该工作信号的周期T和占空比分别是（　　）。

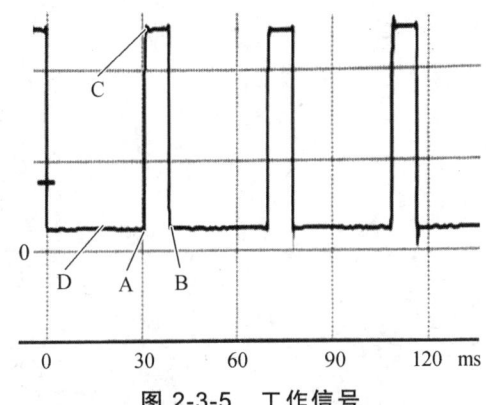

图 2-3-5　工作信号

A. 40 ms，50%　　　　B. 30 ms，25%　　　　C. 40 ms，25%　　　　D. 30 ms，50%

（7）若图2-3-5所示的C、D点电压分别为10 V和0 V，则万用表所测平均电压为（　　）。

A. 10 V　　　　　　　B. 1.25 V　　　　　　C. 2.5 V　　　　　　　D. 5 V

（8）电路分析。

分析冷却风扇电路图（见图2-3-6），完成作答。

① 指出继电器的工作状态，完成表2-3-7。

表 2-3-7　继电器工作状态

序号	运转状态	继电器		
		9号	10号	12号
1	左、右风扇均不工作			
2	左侧低速运转			
3	右侧高速运转			

② 分析电路走向。

a. 左侧风扇低速运转的电流走向。

b. 右侧风扇高速运转的电流走向。

c. 如何快速判断 PCM 输出信号故障？

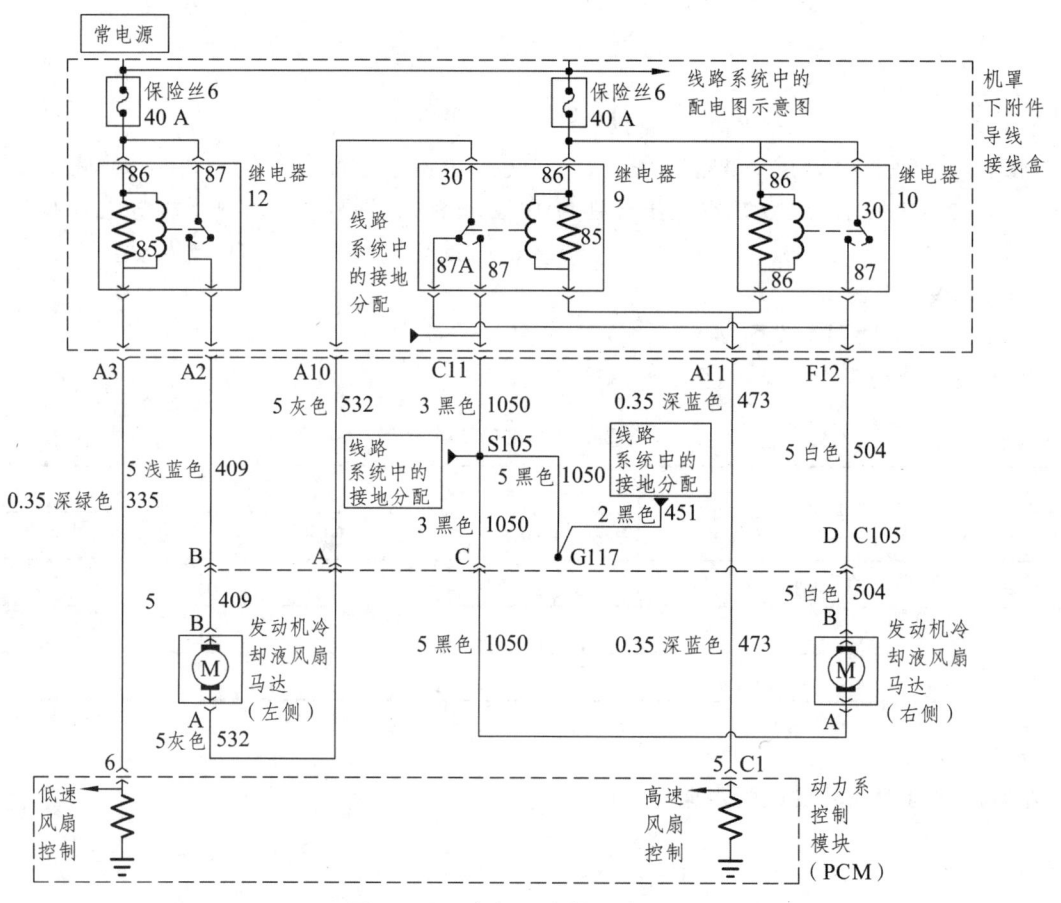

图 2-3-6 冷却风扇控制电路图

六、学习材料

1. 无级式冷却风扇控制系统

为了更加精准地控制发动机的工作温度，目前，较多车辆采用了基于目标冷却液温度的冷却风扇控制系统，该系统可以根据发动机的运转和车辆的运行情况，通过系统间的相互协调，实现冷却风扇的无级运转控制，使风扇的冷却效果与实际需求的冷却强度高度吻合。

该系统与传统的多级风扇转速控制系统相比，采用了全新的控制策略和失效保护策略，其控制功能更加精准和完善，结构和原理也更趋复杂。充分了解该系统的结构组成、控制电路和控制策略，可以使我们在对相关故障进行诊断和排除时更加得心应手。

（1）冷却风扇控制系统的结构组成及控制原理。

冷却风扇控制系统由传感器、控制单元和执行器组成。传感器主要包括发动机转速传感器、空气流量传感器、进气温度传感器、环境温度传感器、发动机出液口温度传感器、散热器出液口温度传感器、空调系统相关传感器、车速传感器等；控制单元包括发动机控制单元和冷却风扇控制单元；执行器主要包括两个冷却风扇。

两个冷却液温度传感器及两个冷却风扇在冷却管路中的安装位置如图 2-3-7 所示，发动机出液口温度传感器用于检测发动机的工作温度，散热器出液口温度传感器用于检测散热器的散热效果，这两个温度信号是控制冷却风扇转速的基础信息。

冷却风扇控制系统对冷却风扇转速的控制由目标冷却液温度控制和风扇转速控制两部分组成。

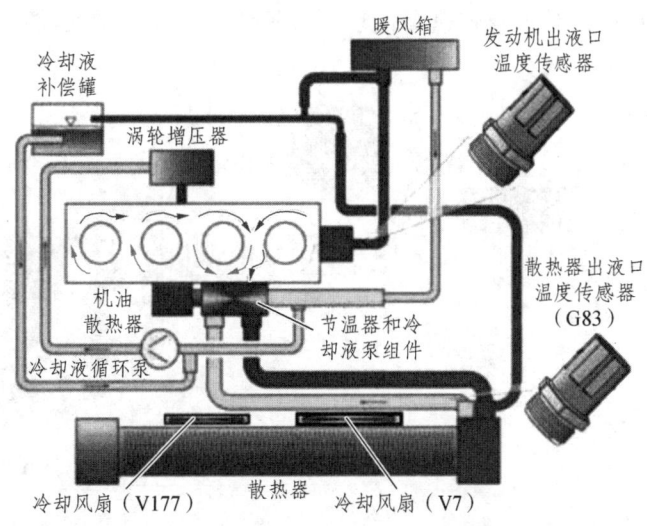

图 2-3-7　冷却风扇控制结构图

（2）目标冷却液温度控制策略。

在发动机控制单元内存储了两个目标冷却液温度的特性曲线图。

第一个目标冷却液温度特性曲线图反映目标冷却液温度与发动机负荷（进气量）和发动机转速之间的关系，其中发动机负荷是影响目标冷却液温度的主要因素。目标冷却液温度必须与发动机负荷一致，合适的冷却液温度能提高发动机性能。部分负荷时发动机温度高一些（95~105 ℃）有利于发动机提高性能，降低油耗和有害物质排放；全负荷时温度低一些（85~95 ℃），以减少对进气的加热作用，从而增加动力输出，利于功率的提高。

第二个特性曲线图反映目标冷却液温度与车速和外界温度之间的关系。利用该特性曲线可以有效修正冷却液温度传感器检测到的冷却液温度与发动机水套处的冷却液温度之间的差异。在高温环境（如热带沙漠）低速行驶与在低温环境（如东北的冬季）高速行驶，可能冷却液温度传感器检测到的温度是一样，但发动机水套处和发动机室的温度却是不同的，低温高速行驶时冷却液温度传感器检测到的温度要比发动机真实的工作温度低得多，而高温低速行驶时则正好相反。所以在计算目标冷却液温度时要利用检测到的车速和外界温度进行适当修正，一般来说，车速越高和外界温度越低，目标冷却液温度要适当降低 2~5 ℃。

发动机控制单元对比两个特性曲线图，取最低值来控制冷却风扇的工作。当发动机的冷却液温度超过目标温度后，冷却风扇就开始工作。一般情况下，在正常工况时该目标冷却液温度约为 93 ℃，即冷却液温度达到 93 ℃ 后冷却风扇开始工作。

（3）冷却风扇转速控制策略。

冷却风扇转速控制的目的是使实际冷却液温度更加接近目标冷却液温度。与目标冷却液温度一样，在发动机控制单元内也存储了两个冷却风扇转速特性曲线。

冷却风扇特性曲线 1 反映冷却风扇转速与车速和目标冷却液温度之间的关系。车速越低，自然风越小，冷却风扇转速相应就要高些；反之车速越高，自然风的冷却效果就越好，冷却风扇转速相应就低些，一般当车速超过 100 km/h 时，冷却风扇就不需要运转了。

冷却风扇特性曲线 2 反映冷却风扇转速与两个冷却液温度传感器检测数据的差值和目标冷却液温度之间的关系。当发动机出口冷却液温度传感器检测到的冷却液温度数值在正常范围，但散热器出口冷却液温度传感器检测到冷却液温度较低时，说明散热器温度不高，冷却风扇工作的作用不大，因此应降低冷却风扇转速；当发动机出液口冷却液温度传感器检测到冷却液温度较高（已高出正常值范围），但如果散热器出口冷却液温度传感器检测到冷却液温度还较低，就说明节温器有故障，此时为保护发动机而需要控制冷却风扇高速运转。

此外，冷却风扇的运转与否及转速高低还要根据空调系统的需要进行控制，风扇控制策略如图 2-3-8 所示。

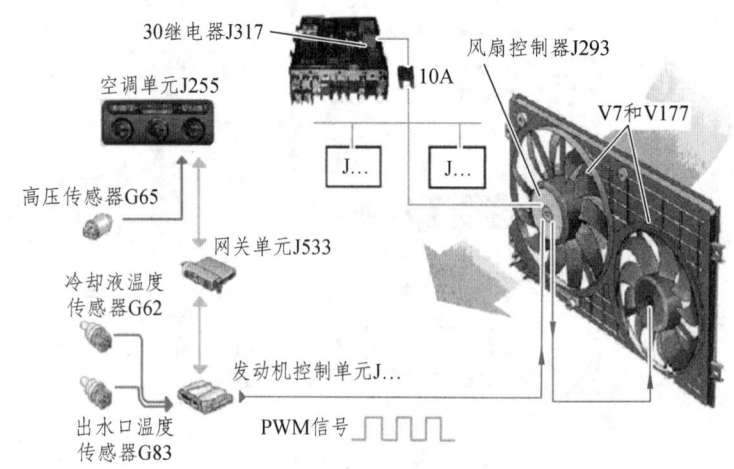

图 2-3-8　风扇控制策略

（4）冷却风扇控制方式及其电路。

在冷却风扇控制系统中，冷却风扇的具体运转情况是由发动机控制单元通过冷却风扇控制单元利用占空比（PWM）形式进行精准控制的，具体控制原理电路如图 2-3-9 所示。

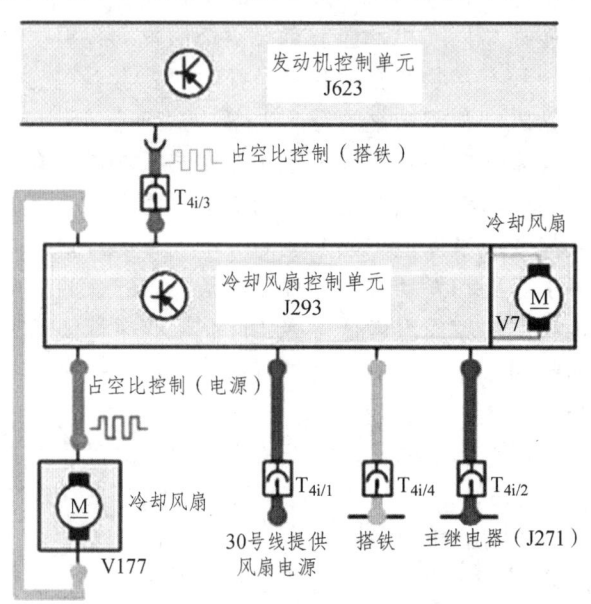

图 2-3-9　冷却风扇控制电路图

发动机控制单元根据各个传感器提供的信号，利用内部存储的目标冷却液温度特性曲线和冷却风扇转速特性曲线计算出最佳的冷却风扇运转转速，并将冷却风扇转速数据转换成占空比数据，然后向冷却风扇控制单元发出 PWM 信号，冷却风扇控制单元根据接收到的发动机控制单元占空比信号再通过占空比控制两个风扇以一定的转速运转。

正常情况下，发动机控制单元向冷却风扇控制单元发出的占空比控制信号为 10%~90%，当冷却风扇控制单元接收到此区间的占空比信号时，就会根据占空比的大小，控制冷却风扇的转速。

为了防止发动机控制单元产生的 PWM 信号线对地或电源短路，当冷却风扇控制单元检测到 PWM 信号是 0 V 或 12 V 时，冷却风扇控制单元会控制风扇以最高速常转。

冷却风扇控制单元的工作电源由发动机控制单元的供电继电器（J271）供给。冷却风扇的工作电源由 30 号常火线提供。当点火开关关闭后，发动机控制单元仍能工作，当发动机控制单元检测到冷却液温度过高而需要降温时，向冷却风扇控制单元发出 PWM 信号，冷却风扇控制单元仍可继续工作。

2．占空比

（1）定义。占空比（Duty Ratio）是指高电平在一个周期之内所占的时间比率。如图 2-3-10 所示，方波的占空比为：$\dfrac{t}{T} \times 100\% = 50\%$，说明正电平所占时间为 0.5 个周期。

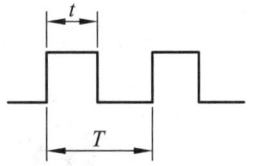

图 2-3-10　占空比

（2）应用。现代汽车的控制精度越来越高，特别是在电控系统中，以前所采用的一些普通开关式执行器件已经不能满足现代轿车的控制要求，比如说废气再循环（EGR）系统、怠速控制系统、燃油蒸发控制系统等。准确地说，占空比控制应该称为电控脉宽调制（pulse width modulation，PWM）技术，它是通过电子控制装置对加在工作执行元件上一定频率的电压信号进行脉冲宽度的调制，以实现对所控制的执行元件工作状态进行精确、连续控制。近几年上海通用别克轿车所采用的线性 EGR 系统实际上就是利用这一技术实现了 EGR 阀的线性开关功能。那么为什么我们又将电控脉宽调制技术称作占空比控制技术呢？事实上，占空比是对电控脉宽调制的引申说明，占空比实质上是指受控制的电路被接通的时间占整个电路工作周期的百分比。

3．冷却风扇电路分析

分析图 2-3-11，可得出以下结果：

（1）继电器工作状态，如表 2-3-8 所示。

表 2-3-8　继电器和开关状态

工作状态	继电器状态			压力开关或水温开关状态
	1 号	2 号	3 号	
散热器风扇低速	工作	工作	工作	常闭
散热器风扇高速	不工作	不工作	不工作	断开

（2）冷凝器风扇高速工作路径。

IG 电源→30 A 冷凝风扇保险→冷凝风扇电机→2 号风扇继电器常闭触点（3-4）→接地。

（3）散热器风扇低速工作路径。

IG 电源→30A 冷凝风扇保险→冷凝风扇电机→2 号风扇继电器常开触点（3-5）→3 号风扇继电器（5-3）→散热风扇电机→接地。

（4）继电器工作路径。

① 1 号路径：IG 电源→15 A 保险→1 号继电器（1-2）→AC 开关→水温开关→接地。

② 2 号路径：IG 电源→15 A 保险→2 号继电器（2-1）→AC 开关→水温开关→接地。

③ 压缩机电磁离合器继电器→3 号继电器（1-2）→接地。

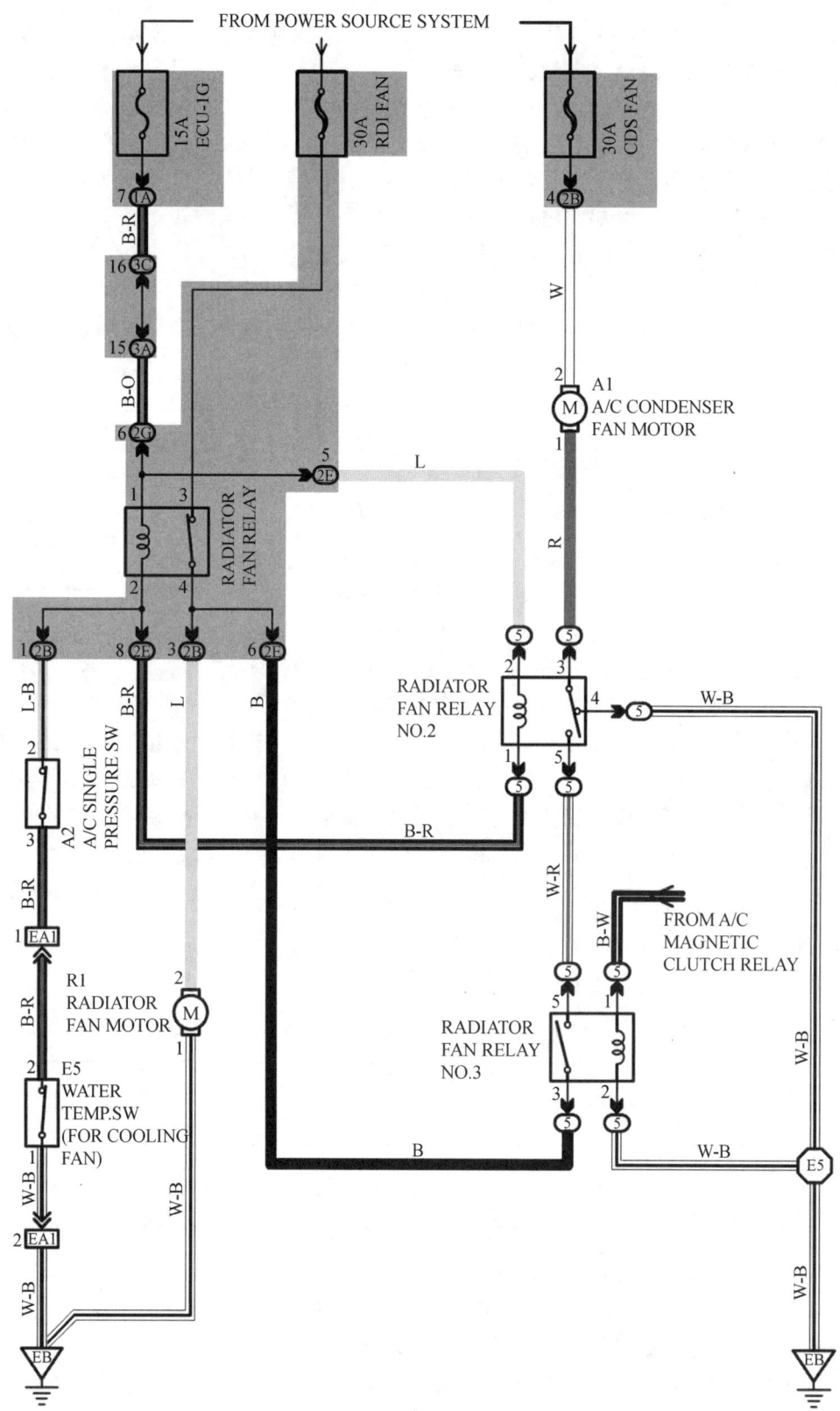

图 2-3-11　冷却风扇电路图举例

学习任务三　直喷发动机润滑系统结构原理与故障诊断

工作任务	润滑系统结构原理与故障诊断	教学模式	任务驱动
建议学时	24学时	教学地点	一体化实训室
任务描述	王先生驾车上班途中,发现机油压力警告灯间歇性亮起。车辆入厂维修,初步诊断为润滑系统故障,维修技工需要根据前台维修工单,查阅维修手册及相关资源,在规定时间内完成润滑系统的故障诊断与排除,恢复系统工作性能,并检验合格后,交付前台		
学习目标	1. 能够在老师指导下,查阅资料,完成润滑系统故障检修的信息检索。 2. 能够根据操作要点,规范填写维修工单,合理分配人员,并具体实施。 3. 能够绘制润滑系统结构流程图。 4. 能够就车拆检润滑系统结构部件并判断性能。 5. 能够记录工作过程并总结排除故障思路。 6. 能够描述润滑系统结构组成和工作原理。 7. 能够通过团队协作独立或集体完成学习任务。 8. 能够按职业能力评价要求进行展示评价。 9. 能够执行活动过程的7S管理要求		
学习活动	学习内容		学时分配
	1. 直喷发动机润滑系统结构认知		12
	2. 机油泵的拆装与检测		12

学习活动一 直喷发动机润滑系统结构认知

一、学习目标

（1）能够在老师指导下，查阅资料，完成润滑系统组成的信息检索。
（2）能够根据操作要点，规范填写维修工单，合理分配人员，并具体实施。
（3）能够实车或台架认知润滑系统元件，并描述各部件的名称、作用和安装位置。
（4）能够绘制润滑系统结构流程图，并描述其结构组成。
（5）能够描述润滑系统的结构组成和工作原理。
（6）能够通过团队协作独立或集体完成学习任务。
（7）能够执行活动过程的 7S 管理要求（见附件 1）。
（8）能够按职业能力评价要求进行展示评价。

二、学习准备

（1）设备：大众 1.8TSI 直喷发动机台架或整车、举升机、充电机、诊断仪等。
（2）常用工量具：工具车 1 台，配备常用梅花扳手、套筒扳手、螺丝刀、试灯、万用表等。
（3）油料、材料：机油滤清器、机油散热器、机油液位传感器、保险丝、汽油、碎布等。
（4）资料：网络资源、维修手册、维修工单、安全操作规程。
（5）分组：每组 5~6 人，小组讨论后，由组长按岗位分配人员。
（6）建议学时：12 学时。

三、学习过程

1. 填写维修工单

（1）根据学习内容拆分活动环节或步骤。
（2）小组讨论分工填写维修工单（见附件 2）。

2. 列举操作事项

查阅维修手册及相关资源，参考图 3-1-1，列举车辆举升的注意事项。

_____
_____
_____
_____
_____

图 3-1-1 润滑系统

3. 确认故障现象

启动发动机，观察发动机润滑系统，描述故障现象，完成表 3-1-1。

表 3-1-1 故障确认检查表

序号	项目	检查结果	"检查结果"填写说明	初步判断
1	机油压力警告报警灯		点亮/不亮	
2	机油液位警告灯		点亮/不亮	
3	机油液位		正常/偏低/偏高	
4	机油质量		正常/有泡沫/脏污	
5	润滑系统泄漏		管路是否泄漏	
确定故障现象：				

4. 识别元器件

查阅迈腾维修手册 Magotan 2007 1.8T 4 V 四缸直喷式发动机（BYJ），检索发动机元件位置分布的相关信息。

（1）指出图 3-1-2 所在位置的检索路径：_____。

（2）参考图 3-1-2，查找润滑系统元器件，在实际台架中标贴中英文标示，并指出相应元器件的名称和作用，完成表 3-1-2。

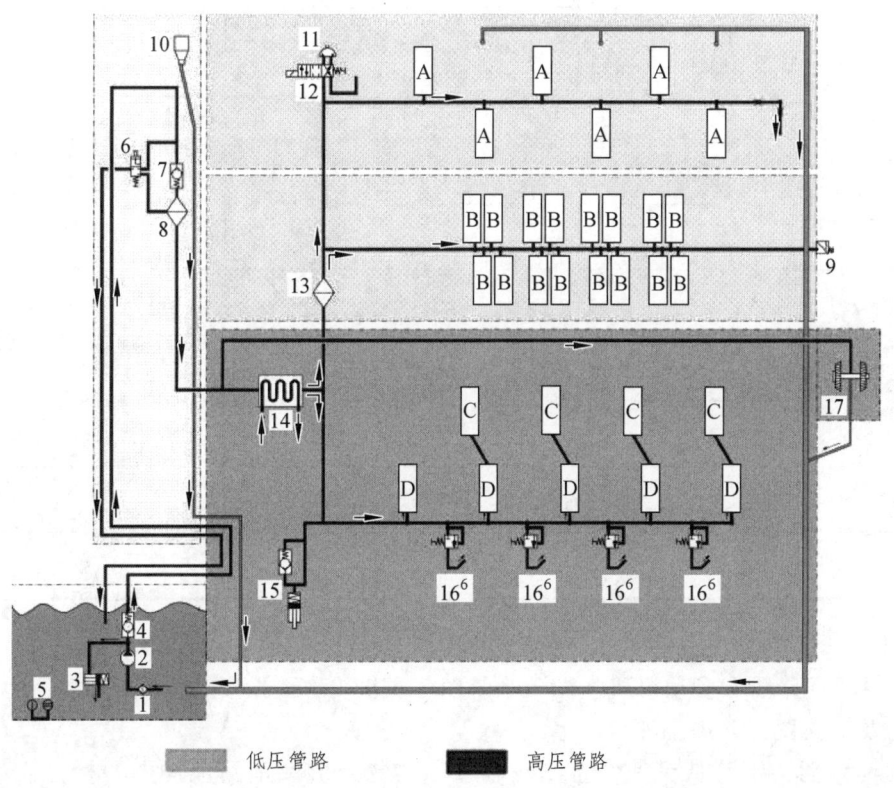

图 3-1-2 润滑系统油路图

表 3-1-2　润滑系统元件识别

序号	元件名称及代码	英文名称	安装位置
1	机油滤网（集滤器）		
2		Oil pump	
3			
4			
5			
6			
7			
8			
9			
10			
11			
12			
13			
14			
15			
16			
17			
A			
B			
C			
D			

5．拆绘油路图

参考润滑系统油路图和发动机机油循环系统图（见图 3-1-3），查找实车润滑系统元件，拆绘凸轮轴轴承实物及油路图，并展示评价。

（1）绘制油路图。绘制从机油泵至凸轮轴轴承实物外形及油路流向图，标注元件名称和机油流向。

（2）展示评价。结合职业能力评价表（见附件 3）进行展示评价。

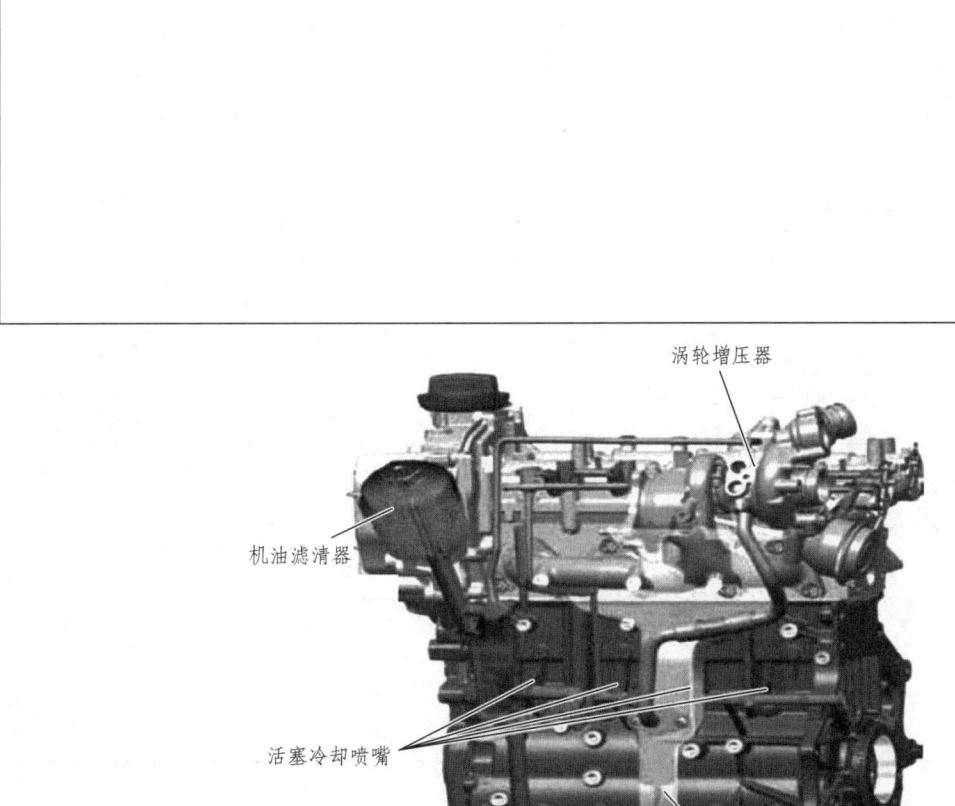

图 3-1-3 发动机上的机油循环图

四、学习评价

组员进行自我评价、相互评价，完成表 3-1-3 所示的相应内容。

组间评价说明：

（1）润滑系统元件认知。

由评价人指定 TSI 发动机润滑系统部件，由被评价人指出相应元件名称，并描述该元件在实车的位置和作用，填写于评价表中。

（2）评价要求。

评价人根据测评情况填写并给予对应评价等级：单行全对的得"A"，错两个（含）以下得"B"，错两个以上得"C"。

表 3-1-3　学习评价表

项　目	评价内容	评价等级		
		😎	🙂	☹
自我评价	学到的知识点： 学到的技能点： 不理解的有： 还需要深化学习并提升的有：			
组内评价	○按时到场　　　○工装齐备　　　　○书、本、笔齐全 ○安全操作　　　○责任心强　　　　○7S管理规范 ○学习积极主动　○合理使用教学资源　○主动帮助他人 ○接受工作分配　○有效沟通　　　　○高效完成工作任务			
组间评价	元件名称　元件代码　安装位置　作用	—		
小组评语及建议	他（她）做到了： 他（她）的不足： 给他（她）的建议：	组长签名： 年　月　日		
老师评语及建议		评价等级： 教师签名： 年　月　日		

五、学习思考

（1）发动机润滑的常见方式有＿＿＿＿＿＿、＿＿＿＿＿＿和＿＿＿＿＿＿，曲轴主轴颈采用＿＿＿＿＿＿润滑方式，液压挺杆采用＿＿＿＿＿＿润滑方式。

（2）发动机润滑系统的主要部件包括＿＿＿＿＿＿、＿＿＿＿＿＿、＿＿＿＿＿＿、＿＿＿＿＿＿、＿＿＿＿＿＿、＿＿＿＿＿＿等部件。

（3）发动机机油的主要作用有＿＿＿＿＿＿、＿＿＿＿＿＿、＿＿＿＿＿＿、＿＿＿＿＿＿、＿＿＿＿＿＿。

（4）曲轴箱通风装置的主要作用是＿＿＿＿＿＿＿＿＿＿＿＿＿＿＿＿＿＿＿＿＿＿＿＿＿＿＿＿。

（5）润滑系统的作用有（　　　）。

A. 输送燃油到发动机传动部件
B. 形成油膜，实现刚性摩擦
C. 减轻机件磨损，减低功耗
D. 安全保护和泄压
E. 确保发动机传动部件采用润滑脂润滑方式

（6）油底壳的作用包括（　　　）。

A. 储油　　　B. 冷却　　　C. 润滑　　　D. 散热　　　E. 降噪

（7）一般机油泵的驱动方式是（　　　）驱动。
A. 链条　　　　　　　B. 齿形皮带　　　　　C. 齿轮　　　　　　　D. 飞轮

（8）机油油道限压阀的作用是（　　　）。
A. 防止机油压力过低　　　　　　　　　B. 防止机油压力过高
C. 旁通机油油道　　　　　　　　　　　D. 串联机油油道

（9）对润滑系统的工作原理，描述正确的是（　　　）。
A. 如果泵至机油滤清器的压力过高，则由泵上的泄压阀返回机油泵入口
B. 部分机油在某种条件下可以不经过滤清器直接进入主油道
C. 机油压力传感器位于主油道中部，利于感应机油压力
D. 机油压力警告灯一直点亮表明润滑系统压力过低
E. 机油压力警告灯闪烁表明润滑系统压力过低

（10）对机油液位传感器 G266 描述正确的是（　　　）。
A. 传感器由发动机 ECU 提供 5 V 参考电压
B. 传感器是通过加热元件的反复加热与冷却来确定机油温度的
C. 液位传感器属于 PTC 元件，液位越高，电阻越大
D. 温度传感器电阻随机油温度的升高而增大
E. 传感器输出数字信号给仪表单元，以进行液位显示

（11）简述 TSI 发动机机油滤清器防倒流原理。

六、学习材料

1. 润滑系统

（1）润滑的必要性。

发动机工作时，很多传动零件都是在很小的间隙下做高速相对运动的，如曲轴主轴颈与主轴承，曲柄销与连杆轴承，凸轮轴颈与凸轮轴承，活塞、活塞环与气缸壁面，配气机构各运动副及传动齿轮副等。尽管这些零件的工作表面都经过精细加工，但放大来看这些表面却是凹凸不平的，因此必须通过润滑来减小这种微观的不平整。

（2）润滑系统的功用。

就是在发动机工作时连续不断地把数量足够、温度适当的洁净机油输送到全部传动件的摩擦表面，并在摩擦表面之间形成油膜，实现液体摩擦。从而减小摩擦阻力、降低功率消耗、减轻机件磨损，以达到提高发动机工作可靠性和耐久性的目的。

（3）润滑方式。

由于发动机传动件的工作条件不尽相同，因此，如图 3-1-4 所示，需对负荷及相对运动速度不同的传动件采用不同的润滑方式。

① 压力润滑。压力润滑是以一定的压力把机油供入摩擦表面的润滑方式。这种方式主要用于主轴承、连杆轴承及凸轮轴承等负荷较大的摩擦表面的润滑。

② 飞溅润滑。利用发动机工作时运动件溅泼起来的油滴或油雾润滑摩擦表面的润滑方式，称为飞溅润滑。该方式主要用来润滑负荷较轻的气缸壁面和配气机构的凸轮、挺杆、气门杆以及摇臂等零件的工作表面。

③ 润滑脂润滑。通过定期加注润滑脂来润滑零件的工作表面，如水泵及发电机轴承等。

④ 发动机系统润滑。曲轴的主轴颈、曲柄销、凸轮轴颈及中间轴（分电器和机油泵的传动轴）颈均采用压力润滑，其余部分则用飞溅润滑或润滑脂润滑。

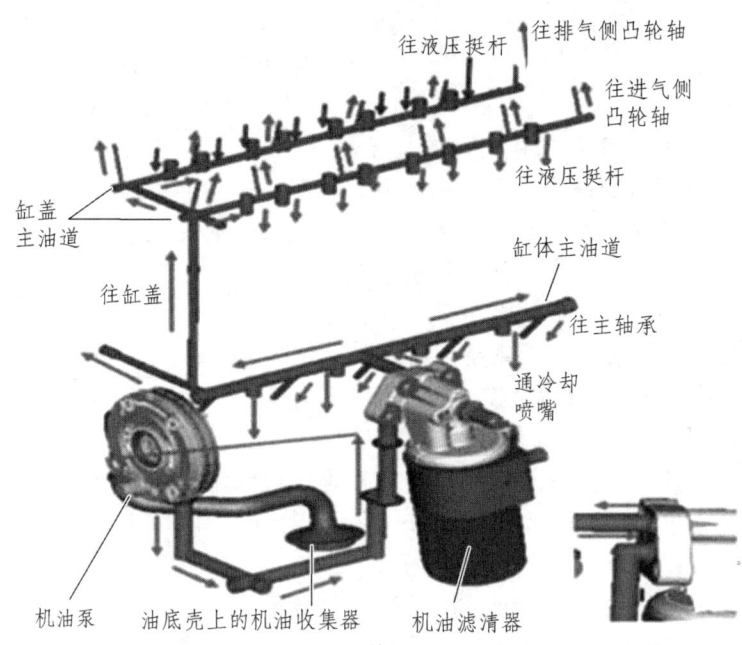

图 3-1-4　发动机润滑系统润滑方式

（4）部件作用。

图 3-1-5 为发动机润滑系统结构图，包含以下主要部件：

① 油底壳。用来储存润滑油。在大多数发动机上，油底壳还起到为润滑油散热的作用。

② 机油泵。它将一定量的润滑油从油底壳中抽出加压后，源源不断地送至各零件表面进行润滑，维持润滑油在润滑系中的循环。机油泵大多装于曲轴箱内，也有些柴油机将机油泵装于曲轴箱外面，机油泵都采用齿轮驱动方式，通过凸轮轴、曲轴或正时齿轮来驱动。

③ 机油滤清器。用来过滤掉润滑油中的杂质、磨屑、油泥及水分等杂物，使送到各润滑部位的都是干净清洁的润滑油。

机油滤清器按滤清效果可分粗细两种，它们并联在油道中。机油泵输出绝大多数的机油通过粗机油滤清器，只有很少部分通过细机油滤清器，但汽车每行驶 5 km，机油就被细机油滤清器滤清一遍。机油集滤器多为滤网式，能滤掉润滑油中粒度大的杂质，其流动阻力小，串联安装于机油泵进油口之前。

机油滤清按工作方式可分为：全流式和分流式。

a. 全流式机油滤清器。

目前在轿车上普遍采用全流式机油滤清器。现代汽车发动机所采用的全流式滤清器多为过滤式。机油从纸滤芯的外围进入滤清器中心，然后经出油口流进机体主油道。机油流过滤芯时杂质被截留在滤芯上。如果滤清器使用时间达到了更换周期，就把整个滤清器拆下换上新滤清器。纸滤芯由经过酚醛树脂处理的微孔滤纸制造，这种滤纸具有较高的强度，较好的抗腐蚀性和抗湿性。纸滤芯则具有质量轻、体积小、结构简单、滤清效果好、阻力小和成本低等优点，因而得到了广泛的应用。机油滤清器的滤芯还可以采用其他纤维材料制作。

b. 分流式机油细滤器。

分流式机油细滤器有过滤式和离心式两种类型。过滤式的滤清能力与通过能力相互矛盾，而离心式则有滤清能力高、通过能力大，且不受沉淀物影响等优点。因此，车用发动机多以离心式机油滤清器作为分流式机油细滤。

④ 主油道。润滑系统的重要组成部分，直接在缸体与缸盖上铸出，用来向各润滑部位输送润滑油。

⑤ 限压阀。用来限制机油泵输出的润滑油压力。旁通阀与粗滤器并联，当粗滤器发生堵塞时，旁通阀打开，机油泵输出的润滑油直接进入主油道。机油细滤清器进油限压阀用来限制进入细滤器的油量，防止因进入细滤器的油量过多，导致主油道压力降低而影响润滑效果。

⑥ 曲轴箱通风装置。它的作用是防止一部分可燃混合气和废气经活塞环与气缸壁间的间隙窜入曲轴箱内。可燃混合气进入曲轴箱后，其中的汽油蒸气会凝结，并溶入润滑油中，使润滑油变稀；废气中水蒸气与酸性气体会形成酸性物质，从而对机件造成腐蚀；窜气还会使曲轴箱压力增大，造成曲轴箱密封件失效而使润滑油泄漏。为了防止这种现象，必须设置通风系统。

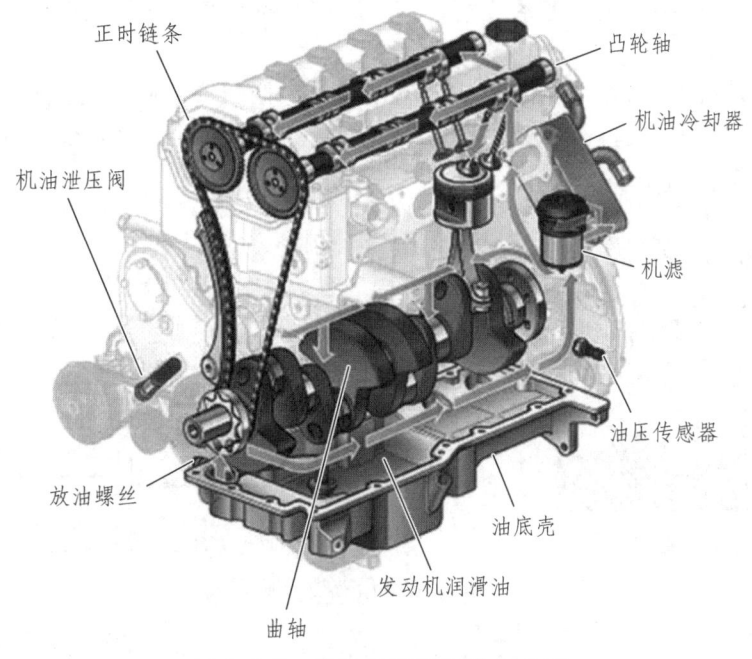

图 3-1-5　发动机润滑系统组成图

（5）润滑系统工作原理。当发动机工作时，机油从油底壳经集滤器被机油泵送入机油滤清器。如果油压太高，则部分机油经机油泵上的安全阀返回机油泵入口。机油经滤清器滤清之后进入发动机主油道。滤清器盖上设有旁通阀，当滤清器堵塞时，机油不经过滤清器而由旁通阀直接进入主油道，最后通向整个润滑系统。润滑油路的终端装有最低机油压力报警开关。

（6）发动机机油的功能。

① 润滑。机油在运动零件的所有摩擦表面之间形成连续的油膜，以减小零件之间的摩擦。

② 冷却。机油在循环过程中流过零件工作表面，可以降低零件的温度。

③ 清洁。机油可以带走摩擦表面产生的金属碎屑及冲洗掉沉积在气缸、活塞、活塞环及其他零件上的积炭。

④ 密封。附着在气缸壁、活塞及活塞环上的油膜，可起到密封防漏的作用。

2．TSI 发动机的润滑系统

（1）机油供给。

TSI 发动机中使用了一种自调节的双离心机油泵。由曲轴驱动通过链条传动，齿轮用于减速（减速比 $i = 0.6$）。该机油泵另外一个改进的重点是将机油滤清器安装在上部便于更换的位置，方便维修。

发动机机油由机油冷却器来冷却，其用螺栓固定在曲轴箱上，并集成在冷却系统中。

（2）机油液位传感器。

用于检查机油压力的机油压力开关 F1 安装在气缸盖的内侧。机油油位/油温传感器 G266（TOLS 传感器，OLS 热敏机油油位传感器）集成在油底壳上，来自该传感器的信号用于机油更换周期的计算和"机油最小量识别"的报警。由 F1 和 G266 产生的信号由组合仪表带显示器的控制单元 J285 显示，其控制电路如图 3-1-6 所示。

① 线路连接。机油液面/温度传感器 G266 插头有三条线：供电 12 V（通过 5 号位 5 A 保险丝供电）；搭铁（接车壳）；信号线（到仪表 T32/18）。

② 工作原理。机油液位传感部分安装在机油油液中，在传感器工作过程中，不断对传感器的加热元件进行周而复始的加热-冷却（加热 20 ms 左右，冷却 5 ms 左右）。当机油液位过低时有一部分传感器露出液面后，机油液对传感器的加热元件冷却效果会减弱，冷却时间也会延长。

机油温度传感部分是一个正温度系数电阻，与汽车上的水温传感器原理相同，会根据油温不同有不同的阻值。

根据机油液位传感部分加热-冷却时间和油温感应部分阻值的不同，机油液位温度传感器输出长短不同的 5 V 方波信号给仪表控制单元，作为仪表点亮机油液位温度报警灯的重要参考值。

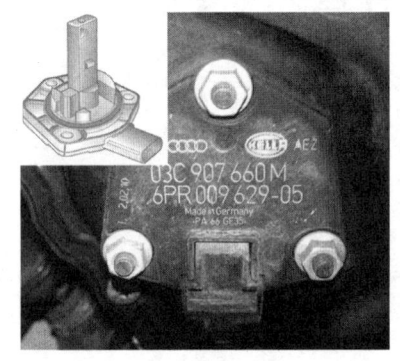　　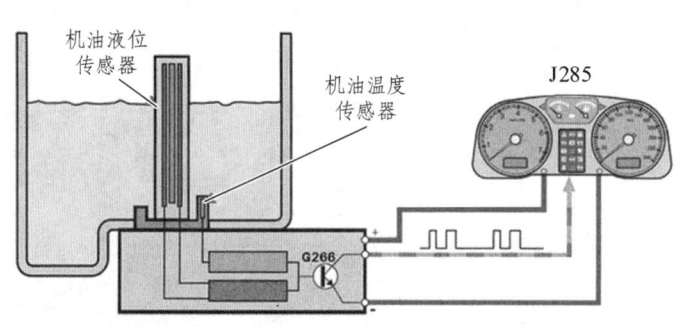

（a）G266 位置　　　　　　　　　　　　（b）G266 控制电路

图 3-1-6　机油温度和液位传感器 G266

（3）机油滤清器。

机油滤清器是用螺钉固定在辅助机架上的，并且可以从发动机的上侧接触到滤清器。

对于已经装入的，并且已经用螺钉固定好了的机油滤清器，从油冷却器里出来的，带着压力的机油涌流着通过滤清器。由于所存在的油压，滤清器内部的回流阀门开启，这样，经过过滤的油就能够流回到发动机的润滑循环中去。

在更换滤清器时，机架中聚酰胺材质的锁芯开启，一根回流管也开启，这样，残留在机油滤清器中的机油能够流回到油盘中去。必须将滤清器拧下来才能进行更换，在完全取下滤清器之前要等待 2～3 s，避免有流出来的机油进入发动机，如图 3-1-7 所示。

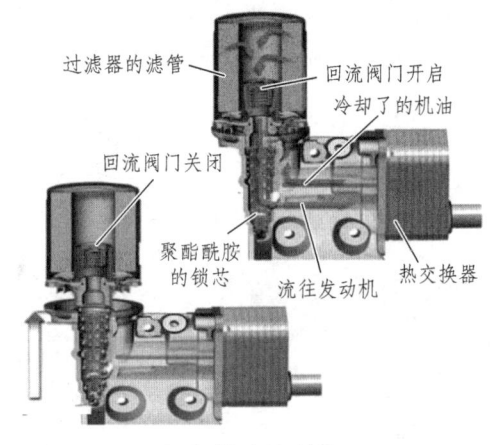　　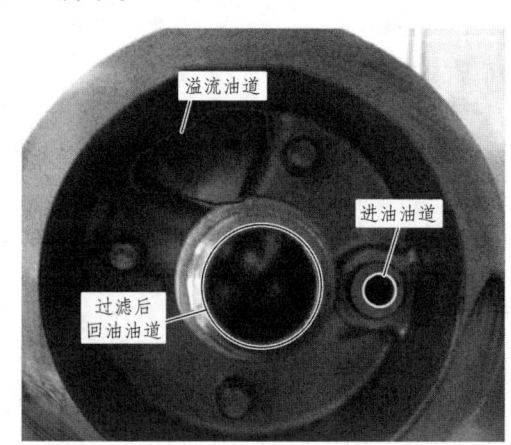

（a）机油防倒流　　　　　　　　　　　（b）滤清器内部流向

图 3-1-7　机油滤清器结构图

学习活动二　机油泵的拆装与检测

一、学习目标

（1）能够在老师指导下，查阅资料，完成机油泵拆检的信息检索。
（2）能够根据操作要点，规范填写维修工单，合理分配人员，并具体实施。
（3）能够规范拆装、检测润滑系统部件并判断性能。
（4）能够描述机油泵、机油压力传感器等系统部件的工作原理和检测方法。
（5）能够描述电控自调式机油泵的工作原理。
（6）能够通过团队协作独立或集体完成学习任务。
（7）能够列举润滑系统的常见故障现象，并分析故障原因。
（8）能够执行活动过程的7S管理要求（见附件1）。
（9）能够按职业能力评价要求进行展示评价。

二、学习准备

（1）设备：大众1.8TSI直喷发动机台架或整车、举升机、充电机等。
（2）常用工量具：工具车1台，配备常用梅花扳手、套筒扳手、螺丝刀、试灯、万用表等。
（3）油料、材料：机油泵、张紧器、密封圈、保险丝、汽油、碎布等。
（4）资料：网络资源、维修手册、维修工单、安全操作规程。
（5）分组：每组5～6人，小组讨论后，由组长按岗位分配人员。
（6）建议学时：12学时。

三、学习过程

1. 填写维修工单

（1）根据学习内容拆分活动环节或步骤。
（2）小组讨论分工填写维修工单（见附件2）。

2. 列举注意事项

查阅迈腾维修手册Magotan 2007 1.8T 4V四缸直喷式发动机（BYJ），检索机油泵拆装分布的相关信息。

（1）指出图3-2-1所在位置的检索路：_____。
（2）参考图3-2-1，查找润滑系统元器件，列举油底壳拆装的注意事项。

_____
_____
_____
_____
_____

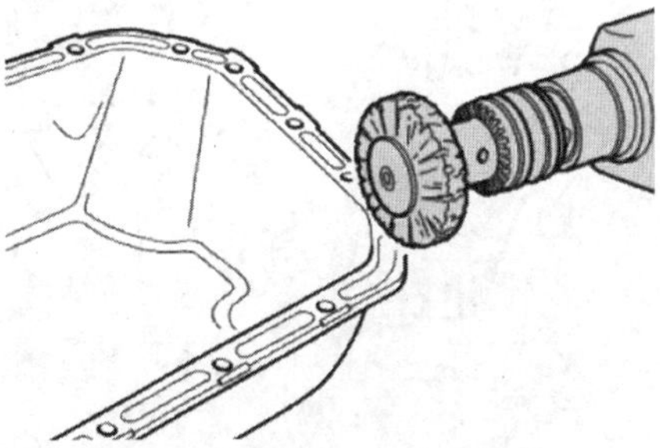

图3-2-1　油底壳清洁

3. 列举拆装步骤

查阅维修手册，参考图 3-2-2，列举机油泵拆装的简要步骤，完成表 3-2-1。

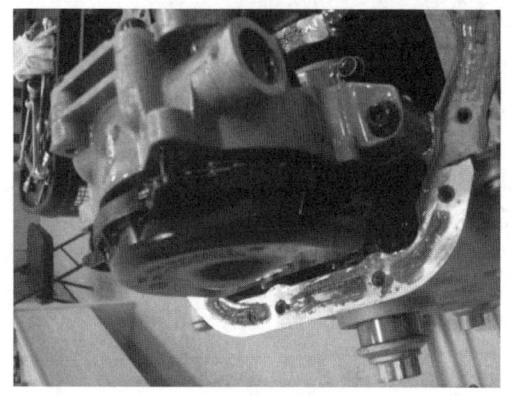
（a）机油泵位置

（b）机油泵驱动链条

图 3-2-2 机油泵拆装

注：将机油泵拆装检测的步骤，拍照记录，制作 PPT 并展示评价。

表 3-2-1 机油泵拆装步骤

序号	拆装项目	使用工具	注意事项
1			
2			
3			
4			
5			

4. 拆卸和安装油底壳

（1）拆卸，如图 3-2-3 所示。

① 拆卸中间的隔音装置，将油位传感器和油温传感器 G266 的电气插头连接开，见图 3-2-3(a)。

② 排放机油，并等到机油排干。

③ 将油底壳螺栓 1~20 按图 3-2-3（b）所示顺序交叉旋出，取下油底壳，必要时用橡胶锤略微敲打松开。

④ 使用旋转塑料刷清除油底壳下部件上的密封剂残留物，清洁密封面，必须使其无油脂。

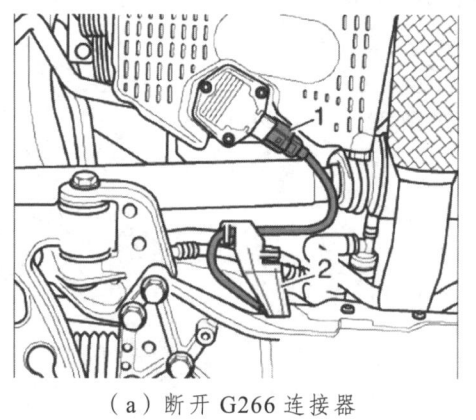
（a）断开 G266 连接器

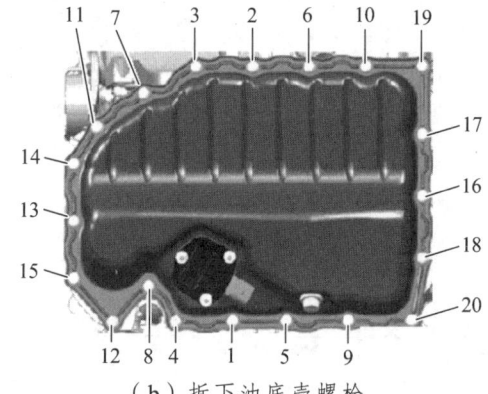
（b）拆下油底壳螺栓

图 3-2-3 拆卸油底壳

（2）安装，如图 3-2-4 所示。

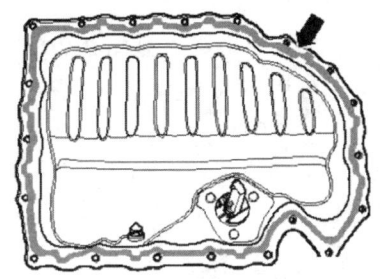
（a）涂敷硅胶密封剂

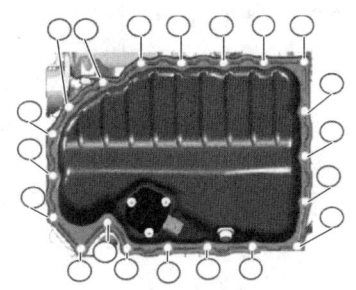
（b）安装油底壳螺栓

图 3-2-4　安装油底壳

▶提示：

（1）密封剂带不允许比规定的更厚，否则多余的密封剂会进入油底壳并且堵塞进油管中的滤网。

（2）装配油底壳后必须让密封剂干燥约 30 min 才能加注发动机机油。

① 将管状喷嘴从前部的标记处剪开（喷嘴直径约 3 mm）。

② 如图 3-2-4（a）所示，将硅胶密封剂涂敷到油底壳下部件的干净密封面上，密封剂条的厚度：2~3 mm。

③ 油底壳必须在涂敷硅胶密封剂后 5 min 内安装。

④ 在后部密封法兰区域内要特别小心地涂敷密封剂带，图 3-2-4（a）中箭头所指。

⑤ 立即安装油底壳下部件并将螺栓按所示的拧紧顺序拧紧，在图 3-2-4（b）中标出螺栓的紧固顺序。

⑥ 添加发动机机油并检查机油油位。

⑦ 其余的组装工作大体上与拆卸顺序相反。

5. 拆卸和安装机油泵

▶提示：

（1）对于已经运转的多楔带由于运转方向相反可能会导致损毁。

（2）为了重新安装，在拆卸多楔带之前请用粉笔或记号笔标记转向。

（3）发动机的损毁危险：为了避免改变配气相位，不得将曲轴在带减振器的多楔带轮已拆下的情况下从"上止点"位置扭出。

（1）拆卸增压空气导管。

（2）拆卸曲轴皮带轮和张紧器，如图 3-2-5 所示。

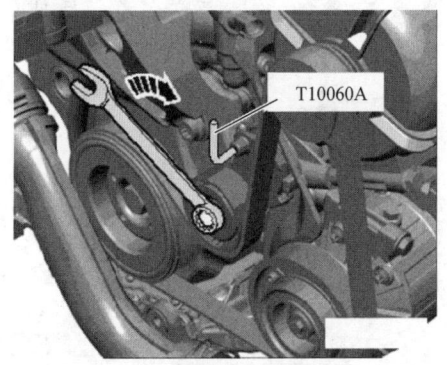
（a）拆卸发动机皮带

（b）对正时标记

图 3-2-5　拆卸正时链盖板

① 松开发动机皮带时应沿图 3-2-5（a）箭头方向翻转张紧装置。

② 将张紧装置用定位芯棒 T10060A 锁紧，将多楔带从带减振器的曲轴皮带轮上拆下。
③ 用对角式支架 T10355 将带减振器的皮带轮旋转至"上止点"箭头位置。
④ 带减振器的皮带轮上的切口必须与正时链下盖板上的箭头标记相对，见图 3-2-5（b）。
⑤ 旋出带减振器的皮带轮的螺栓，为此请使用对角式支架 T10355。
⑥ 拆卸皮带轮的张紧装置，拆卸正时链盖板。
（3）拆卸机油泵，如图 3-2-6 所示。
① 取下油底壳，必要时用橡胶锤略微敲打松开。
② 松开正时链的张紧器，图 3-2-6（a）箭头所指。
③ 填写图 3-2-6（a）。
④ 拆卸机油防溅板，图 3-2-6（b）箭头所指。
⑤ 拆下机油泵，图 3-2-6（c）箭头所指。

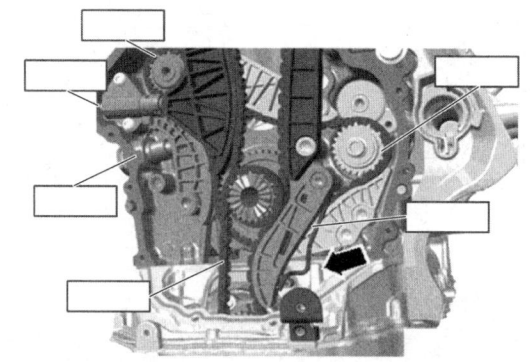

（a）拆卸正时链张紧器

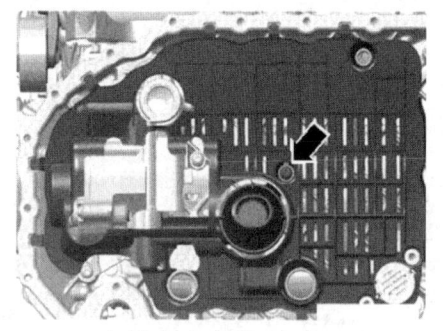

（b）拆卸机油防溅板

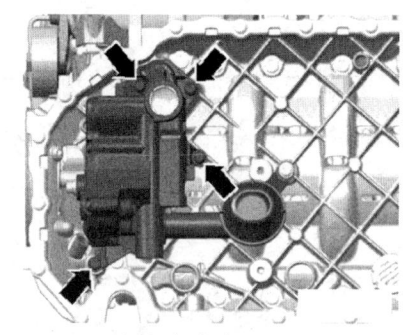

（c）拆卸机油泵

图 3-2-6　拆卸机油泵

（4）指出机油泵分解部件的名称。

查阅自学手册 SSP432，识别机油泵分解部件，指出图 3-2-7 标示的中英文名称，完成表 3-2-2。

图 3-2-7　机油泵分解图

表 3-2-2　机油泵分解部件认知

序号	中文名称	英文名称	序号	中文名称	英文名称
1			6		
2			7		
3			8		
4			9		
5			10		

（5）按与拆卸相反的顺序安装机油泵及相关部件。

6. 拆卸和安装机油冷却器

▶提示：安装以倒序进行，安装过程中要注意以下几点。

（1）按力矩要求拧紧。

（2）用符合系列标准的卡箍固定所有软管连接。

机油冷却器的拆装，如图 3-2-8 所示。

（1）拆卸。

① 排出冷却液。

② 拆卸辅助机组支架。

③ 旋出螺栓 4 和 5 并将机油冷却器 3 连同密封件 2 一起取出。

（2）安装。

① 更换密封件和密封圈。

② 安装机油冷却器 3 与新的密封件 2，安装辅助机组支架。

③ 加注冷却液。

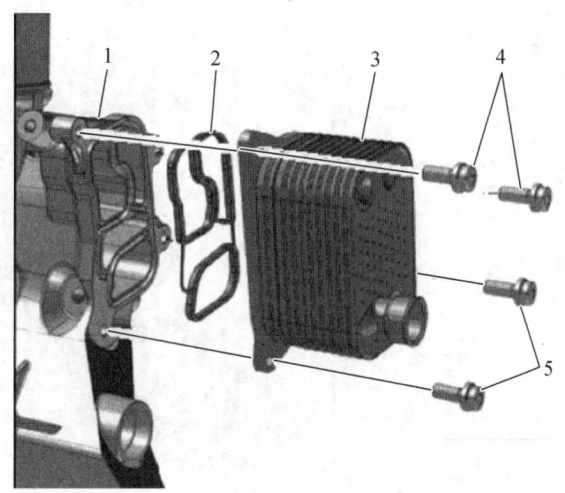

图 3-2-8　拆装机油散热器

7. 检查发动机机油压力

（1）检测的前提条件。

① 发动机油位正常，在打开点火装置时，油压指示灯应会亮起约 3 s。

② 机油温度至少 80 ℃（散热器风扇必须运行过一次）。

（2）检测，参考图 3-2-9 检测机油压力开关，完成表 3-2-3。

① 拆下油压开关 F1（对于自调式机油泵，拆卸 F22 或 F378）并将其旋入检测设备中。

② 将检测设备取代油压开关旋入机油滤清器支架中。

③ 检测设备的棕色导线接地（-）。

④ 将电压测量器 V.A.G 1342 用测量辅助工具套件 V.A.G1594 中的辅助导线连接在蓄电池正极（+）和油压开关 F1 上，发光二极管不得亮起。

⑤ 如果发光二极管亮起，请更换 140 kPa 的油压开关。

⑥ 如果发光二极管不亮：启动发动机并提高转速，在 120～160 kPa 过压时，发光二极管必须亮起，否则更换油压开关 F1，继续提高转速。在转速 2 000 r/min 且机油温度 80 ℃ 时，机油过压应在 270～450 kPa。

表 3-2-3

机油开关	检测状态	机油压力	试灯点亮情况
F1（F22）	急速		
	2 000 r/min		
F378	急速		
	2 000 r/min		

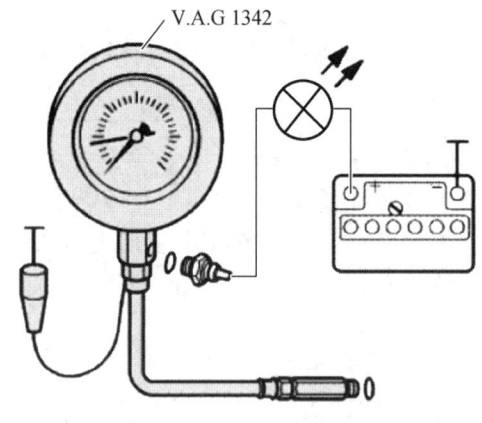

图 3-2-9　油压开关检测

8. 机油压力调节阀的检测

查阅自学手册 SSP436，检索电控自调式双中心机油泵相关检测信息，拆检机油压力调节阀

（1）指出图 3-2-10 元件或油道的名称，完成表 3-2-4。

表 3-2-4　自调式双离心机油泵油路元件

序号	名　称
1	
2	
3	
4	
5	
6	

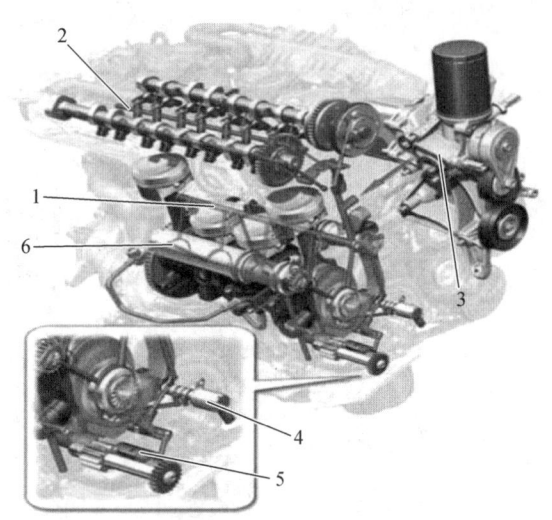

图 3-2-10　电控自调式双中心机油泵油道分布图

（2）拆检油压调节阀，完成表 3-2-5。

表 3-2-5　油压调节阀检测

序号	检测项目	操作要点	检测结果
1	线圈电阻	调节器端子两端	
2	动作测试	串联 12 V，8 W 灯泡，对调节阀通电测试	

（3）指出电控自调式机油泵分解部件的名称。

识别电控自调式机油泵分解部件，指出图 3-2-11 标示的中英文名称，完成表 3-2-6。

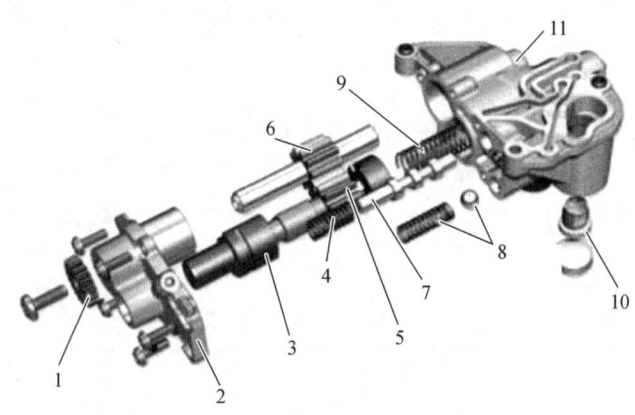

图 3-2-11 电控自调式双中心机油泵分解图

表 3-2-6 机油泵分解部件认知

序号	中文名称	英文名称	序号	中文名称	英文名称
1	驱动链轮		7	控制活塞	
2	罩壳		8	冷启动阀（安全阀）	
3	凸轮叶片单元		9	压缩弹簧	
4	调节弹簧		10	检查阀	
5	从动齿轮		11	泵壳体	
6	驱动轴				

9. 故障思路总结

查阅资料，检索润滑系统故障信息，分析常见故障及原因，完成鱼骨图，结合职业能力评价表（见附件 5），进行展示评价。

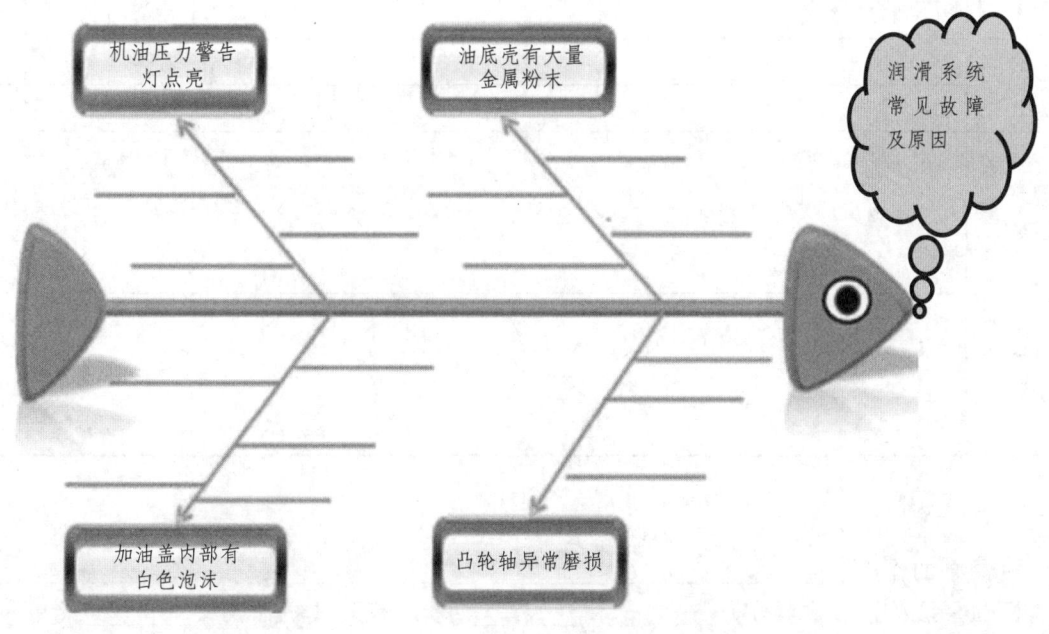

四、学习评价

组员进行自我评价、相互评价，完成表3-2-7所示的相应内容。

组间评价说明：

（1）PPT展示评价。

对本组和他组的PPT制作、PPT展示、拆装思路、素材来源等要素进行评价。

（2）评价要求。

组间评价表由评价人给予对应评价等级：单行全对的得"A"，错两个（含）以下得"B"，错两个以上得"C"。

表3-2-7 学习评价表

项目	评价内容			评价等级		
				😎	🙂	🙁
自我评价	学到的知识点：					
	学到的技能点：					
	不理解的有：					
	还需要深化学习并提升的有：					
组内评价	○按时到场　　○工装齐备　　○书、本、笔齐全					
	○安全操作　　○责任心强　　○7S管理规范					
	○学习积极主动　○合理使用教学资源　○主动帮助他人					
	○接受工作分配　○有效沟通　　○高效完成工作任务					
组间评价	评价要素	本组	他组			
	PPT制作效果					
	PPT展示效果					
	机油泵拆装思路					
	小组7S管理					
	小组亮点					
	小组缺点					
小组评语及建议	他（她）做到了： 他（她）的不足： 给他（她）的建议：			组长签名： 　　年　月　日		
老师评语及建议				评价等级： 教师签名： 　　年　月　日		

五、学习思考

（1）机油泵的作用_____。

（2）机油泵按结构形式可分为_____和_____两类，齿轮式机油泵又_____式和_____式，一般把_____称为齿轮式机油泵。

（3）机油泵中安全阀的作用是_____。

（4）对于齿轮式机油泵，描述正确的是（　　　）。

A. 外齿轮式机油泵效率高，成本低

B. 内齿轮式机油泵需要中间机构，效率低

C. 内齿轮式机油泵的主动轮为内齿轮

D. 内齿轮式机油泵效率低，成本也相对较低

（5）判断正误：TSI 发动机普通机油泵的压力调节阀是由塑料活塞和弹簧组成的，能确保机油压力在 350 kPa 左右。（　　　）

（6）对机械自调式双中心机油泵特点，描述正确的是（　　　）。

A. 机油压力恒定在 530 kPa 左右

B. 增加发动机功耗 30%

C. 可有效降低机油泡沫的产生

D. 曲轴通过齿形皮带驱动机油泵工作

（7）对于机械自调式双中心机油泵工作原理，描述正确的是（　　　）。

A. 外部转子通过链条驱动，带动内部转子

B. 限压阀在压力超过 350 kPa 时打开，以释放压力

C. 恒压是通过内部转子和外部转子的相对旋转，改变泵腔的容积来实现的

D. 调节弹簧张力增加时，泵腔的容积增大

E. 调节环按压调节弹簧，泵腔的容积减小

（8）判断正误：自调式机油泵系统比不带自调功能的润滑系统增加一个油压开关 F22。（　　　）

（9）判断正误：发动机控制单元通过 PWM 信号来控制机油压力调节阀 N428。（　　　）

（10）简述机械自调式机油泵的工作原理。

（11）简述电控自调式机油泵的工作原理。

六、学习材料

1. 机油泵

（1）作用。机油泵的功用是保证机油在润滑系统内循环流动，并在发动机任何转速下都能以足够高的压力向润滑部位输送足够数量的机油。

（2）分类。机油泵结构形式可分为齿轮式和转子式两类。如图 3-2-12 所示，齿轮式机油泵又分内接齿轮式和外接齿轮式，一般把后者称为齿轮式机油泵。

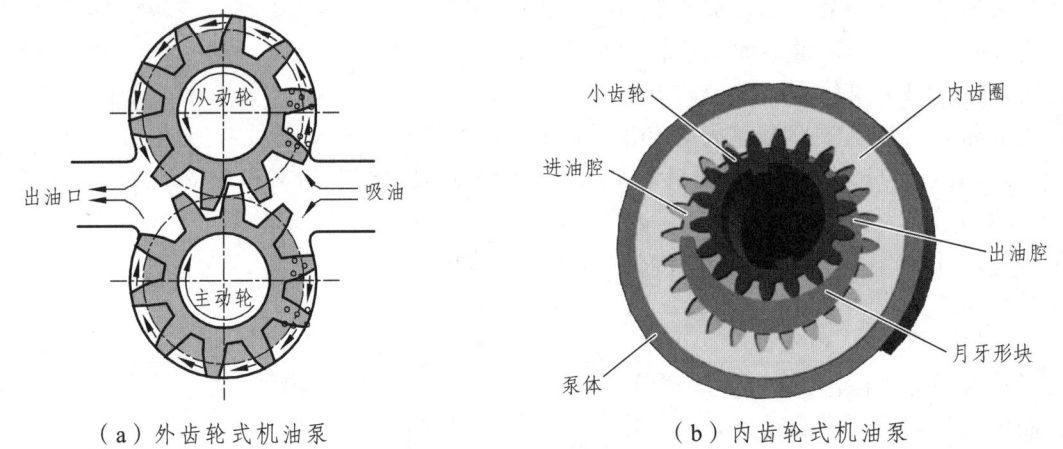

（a）外齿轮式机油泵　　　　　　（b）内齿轮式机油泵

图 3-2-12　机油泵类型

① 外齿轮式机油泵。其优点是效率高，功率损失小，工作可靠；缺点是需要中间传动机构，制造成本相应较高。国产桑塔纳、捷达和奥迪等轿车都采用外齿轮式机油泵。

② 内啮合齿轮式机油泵。也称内接齿轮泵，其工作原理与外接齿轮式机油泵相同。内接齿轮泵的外齿轮是主动齿轮，套在曲轴前端，通过花键由曲轴直接驱动。内齿轮是从动齿轮，装在机油泵体内，泵体固定在机体前端。因为内接齿轮泵由曲轴直接驱动，无须中间传动机构，所以零件数量少，制造成本低，占用空间小，使用范围广。但是这种机油泵在内、外齿轮之间有一处无用的空间，使机油泵的泵油效率降低。另外，如果曲轴前端轴颈太粗，机油泵外形尺寸随之增大，发动机驱动机油泵的功率损失也相应有所增加。

③ 转子式机油泵。主要由内、外转子，机油泵体及机油泵盖等零件组成。内转子固定在机油泵传动轴上，外转子自由地安装在泵体内，并与内转子啮合转动。内、外转子之间有一定的偏心距。转子式机油泵的优点是结构紧凑、供油量大、供油均匀、噪声小、吸油真空度较高。

（3）安全阀。

机油泵必须在发动机各种转速下都能供给足够数量的机油，以维持足够的机油压力，保证发动机的润滑。机油泵的供油量与其转速有关，而机油泵的转速又与发动机转速成正比。因此，在设计机油泵时，都是保证其在低速时有足够大的供油量。但是，在高速时机油泵的供油量明显偏大，机油压力也显著偏高。另外，在发动机冷启动时，机油黏度大，流动性差，机油压力也会大幅度升高。为了防止油压过高，在润滑油路中设置安全阀或限压阀。一般安全阀装在机油泵或机体的主油道上。当安全阀安装在机油泵上时，如果油压达到规定值，安全阀开启，多余的机油返回机油泵进口。如果安全阀安装在主油道上，则当油压达到规定值时，多余的机油经过安全阀流回油底壳。

2. 机油冷却器

在高性能大功率的强化发动机上，由于热负荷大，必须装设机油冷却器。机油冷却器布置在润滑油路中，其工作原理与散热器相同。

发动机机油冷却器分为风冷式和水冷式两类，如图 3-2-13 所示。风冷式机油冷却器很像一个小型散热器，利用汽车行驶时的迎面风对机油进行冷却。这种机油冷却器散热能力大，多用于赛车及热负荷大的增压汽车上。但是风冷式机油冷却器在发动机启动后需要很长的暖机时间才能使机油达到正常的工作温度，所以普通轿车上很少采用。水冷式机油冷却器外形尺寸小，布置方便，且不会使机油冷却过度，机油温度稳定，因而在轿车上广泛使用。

（a）风冷式机油冷却器　　　　　　　　（b）水冷式机油冷却器

图 3-2-13　机油冷却器

3．TSI 发动机的机油泵

（1）普通机油泵。

如图 3-2-14 所示，油泵用螺钉固定在油盘的上方，由曲轴通过一个链条驱动装置来驱动。

泵中的油压通过一个调节阀门进行调节。这个阀门在循环中能够保持一个恒定的压力，它由一个金属活塞和一个调节弹簧构成，BYT 发动机的压力调整到 350 kPa，BZB 发动机调整到 290 kPa。

安全阀门由一个金属球和一个调节到 1.1 MPa 的调节弹簧构成，对整个系统的过压进行保护，尤其是对它的冷启动进行保护。

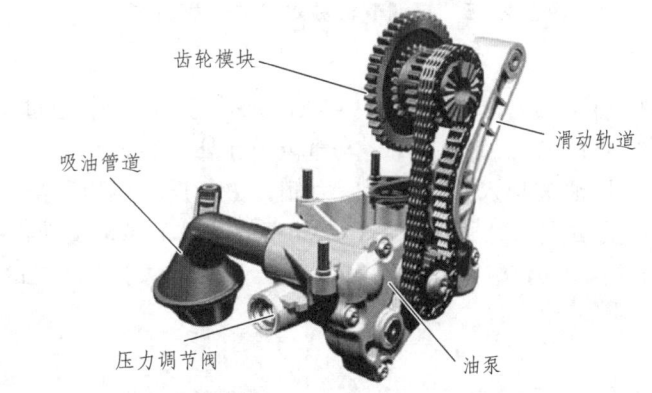

（a）机油泵的安装位置

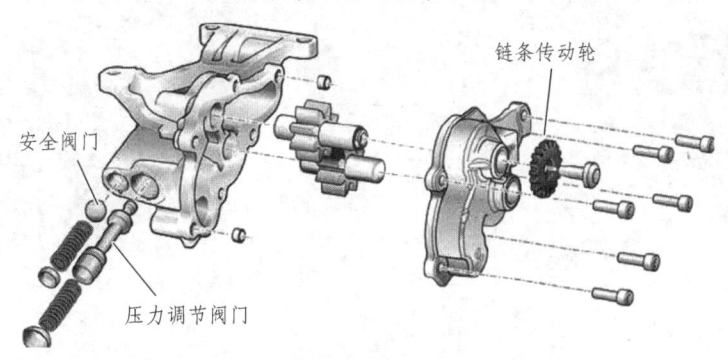

（b）机油泵的分解图

图 3-2-14　机油泵

（2）自调节的机械式双中心机油泵。

① 结构。

如图 3-2-15 所示，利用自调节的双中心泵作为机油泵，与无自调节的泵相比，具有如下优点：

a．机油压力是按流量调节的，维持在 350 kPa 左右。

b. 与传统的泵相比，该类泵可节省30%的发动机功率。

c. 由于较低的循环率，机油质量的恶化情况减少。

d. 由于获得了恒定的机油压力，可降低机油油沫的产生。

e. 通过流量调节，在任何特定时刻，该泵按需输送发动机机油量（接近350 kPa的压力）。相反，无自调节的泵通过一个压力调节阀排出超压产生的机油。

图 3-2-15　自调节机械式双中心机油泵

② 工作原理。

机械式自调节双中心机油泵的工作原理如图3-2-16所示，内部转子通过驱动轴由链轮驱动，并带动外部转子。外部转子带着调节环一起旋转，内部转子和外部转子绕着不同的轴旋转，在旋转过程中入口端容积就会增加。机油被吸入并输送到压力侧，由于压力侧容积减小，机油就会被挤压进入机油循环系统，在泵的压力侧有一个限压阀（冷启动阀门）用于保护发动机不受过高压力的损害，它在压力接近600 kPa时打开，泵调节是一个动态过程，直接取决于发动机的扫气容积。

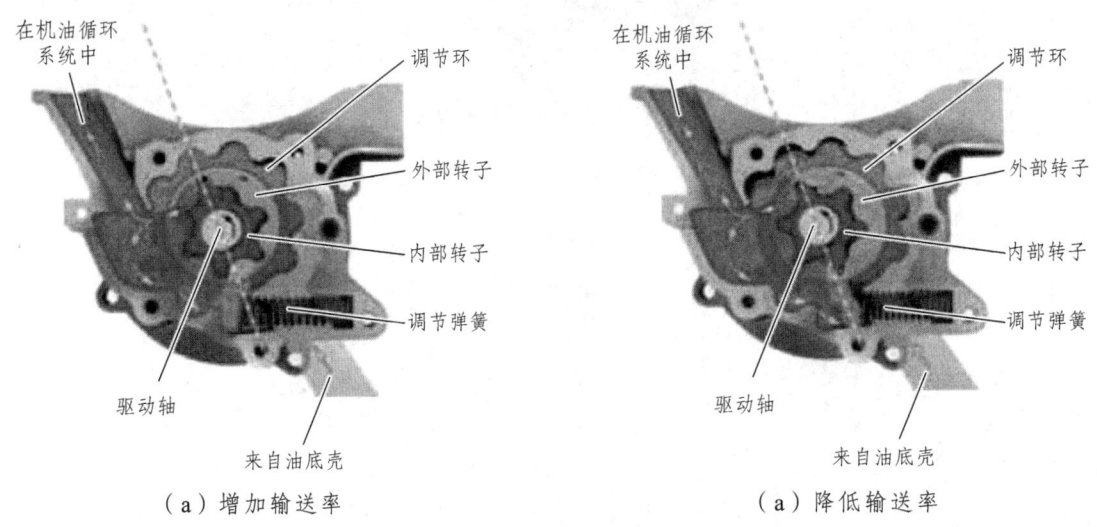

图 3-2-16　自调节的双中心机油泵工作原理图

发动机转速的增加也会产生更高的机油压力，维持恒压时要满足这种要求，必须匹配机油泵的输送率，这项功能通过泵的旋转调节环来实现。当泵的供给侧的压力改变时，在机油循环系统中，由固定在调节环上并安装在泵壳上的调节弹簧促动，调节环自动旋转。由于调节环的旋转，外部转子也在自动调节。结果内部转子和外部转子的旋转轴改变了，同时也改变了泵腔的容积。

a. 增加输送率。如果由于发动机转速增加需要更多的机油，在机油循环系统中的压力会降低。因此，调节弹簧释放了调节环的压力，并将其移开，增加了泵腔的容积，泵的输送率增加。

b. 降低输送率。发动机转速降低时，其需要较少的机油，在机油循环系统中的压力增加。调节环被移开，按压调节弹簧。调节环的旋转降低了泵腔的容积，这样就降低了机油输送率。

4. 大众 1.8TSI 电控自调节双中心机油泵

（1）结构。电控自调节双中心机油泵的主要目标是加强泵的运行效率并进一步改进燃油经济性。与其他自调节机油泵相比较，其结构体现出了更高效运行的精确控制概念。

在结构上，该泵是一个外啮合齿轮泵，如图 3-2-17 所示。该泵的一个新特点是有一个轴向移动的泵齿轮（从动泵齿轮），通过移动该泵齿轮，机油循环系统的输送率和压力均可调节。

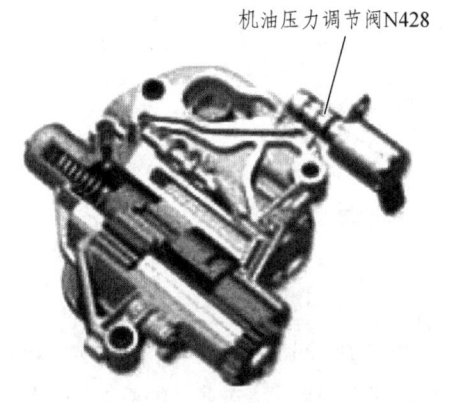
（a）电控机油泵油压调节阀

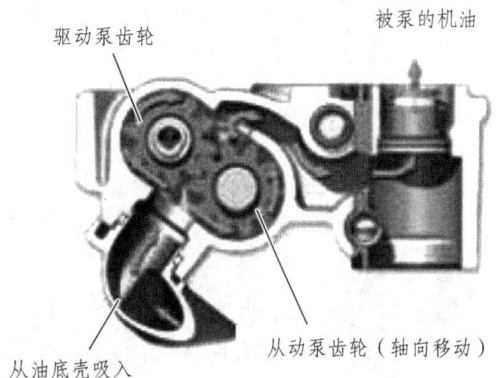
（b）电控机油泵的结构

图 3-2-17　电控自调式双中心机油泵的结构图

（2）工作原理。

① 常规的控制方法。

如图 3-2-18 所示，机油泵的输送率随着发动机转速的升高而增加。发动机里使用机油的部件不能处理输送来的多余机油，因此导致机油压力升高。以前，限制压力的措施在泵内部进行，为此需打开一个机械阀。但是，因为泵在最大输送率时仍在高负荷运行，所以输入能量的一部分被转化成了热量。

新控制系统包括两种不同压力，低压力设定值大约为 180 kPa（相对的）。在发动机转速约为 3 500 r/min 时切换到高压力设定值约为 330 kPa（相对的）。通过控制泵齿轮的机油输送率来精确地生成机油冷却器和机油滤清器尾部所需求的已滤清机油的压力。

这个过程是通过凸轮叶片单元的轴向移动来完成的，例如，通过两个泵齿轮的相对移动。当两个泵齿轮彼此恰好位于正对位置时，输送率最大。泵齿轮的轴向移动越大，输送率就会越小（只有位于泵齿轮之间的机油才会被输送）。通过作用于凸轮叶片单元活塞正面的已滤清机油的压力和一个压缩弹簧，与作用于凸轮叶片单元的活塞背面的刚产生的发动机机油压力相互平衡，起到调节泵齿轮移动的作用。机油压力的作用是一个持续且动态的过程，借助控制活塞持续不断地改变直线方向来实现。

（a）无轴向移动：最大机油输送率

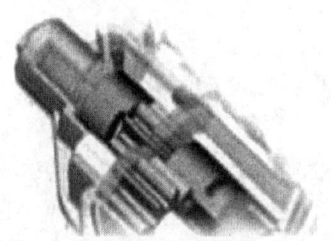
（b）最大轴向移动：最小机油输送率

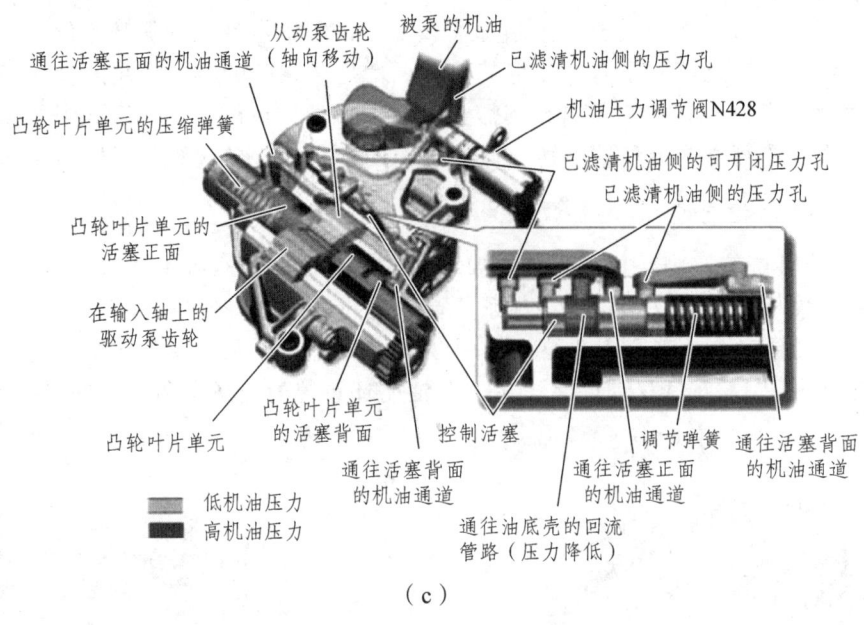

图 3-2-18 常规控制方法的机油流向

② 发动机启动。

图 3-2-19 显示了当发动机启动时机油泵是如何工作的。发动机机油通过已滤清机油侧的压力孔，当流过凸轮叶片单元两侧时，冲击控制活塞的所有表面。机油压力调节阀 N428 由发动机控制单元激活，并使可开闭压力孔保持开启状态，以便机油压力作用到控制活塞的所有表面。

凸轮叶片单元保持在该位置，泵以最大输送率运行，直至达到低压力设定值（约为 180 kPa）。当发动机怠速运行时也可以达到更低的值。但是，过低的压力可能对发动机造成不可修复的损害。所以必须检测机油压力。这项任务由机油压力防降开关 F378 执行。

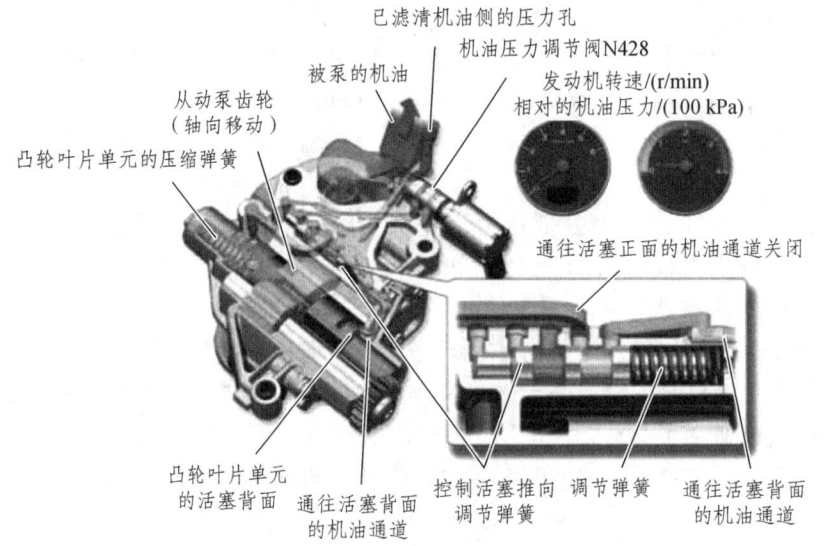

图 3-2-19 发动机启动时的机油流向

③ 达到低压力设定值。

如图 3-2-20 所示，如果发动机转速增加，机油压力稍微增加，抵制调节弹簧力来推动控制活塞。通往凸轮叶片单元的活塞正面的压力孔关闭，同时，通往油底壳的压力降低，回流管路的接口打开，对凸轮叶片单元活塞背面施加的液压力超过了压缩弹簧力。因此，凸轮叶片单元朝背对压缩弹簧力的方向移动，从动泵齿轮相对于驱动泵齿轮做轴向移动，容积输送率降低并与发动机机油消耗量相匹配，通过调节容积输送率，机油压力保持在一个相对稳定的水平。

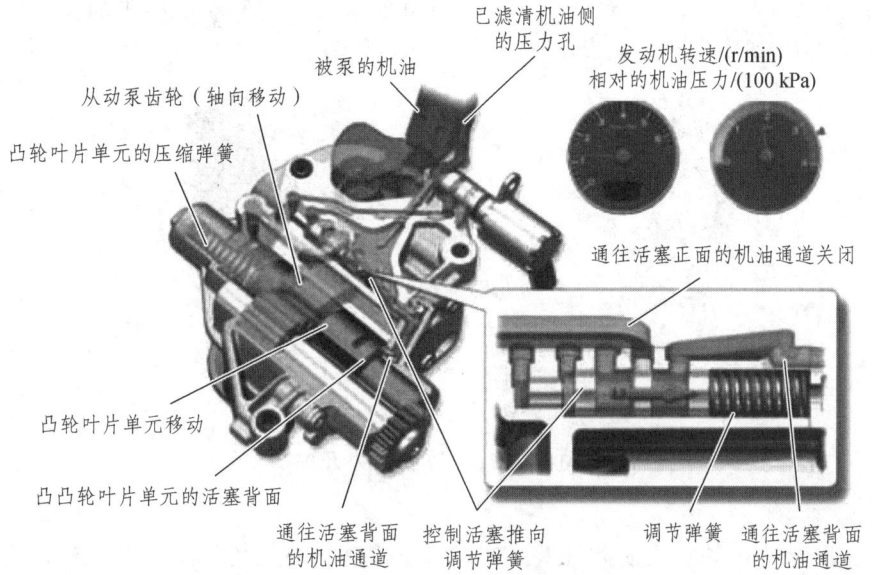

图 3-2-20 达到低压力设定值的机油流向

④ 达到高压力设定值。

如图 3-2-21 所示，机油压力调节阀 N428 保持切断供能状态。通过高机油压力维持控制活塞和调节弹簧的力平衡（活塞有效面积更小），随着发动机转速持续增加，凸轮叶片单元又开始移动（犹如在低压力设定值时）。机油压力开关 F22（在机油滤清器模块上）切换到高压力设定值。在高压力设定值，机油压力调节阀 N428 保持可开闭压力通道关闭。

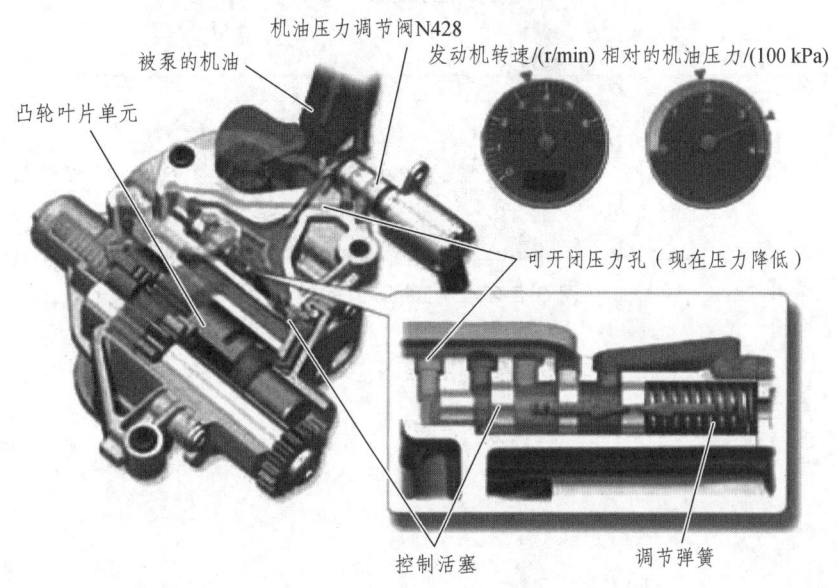

图 3-2-21 达到高压力设定值的机油流向

5．机油压力检测

（1）机油压力开关。

如图 3-2-22 所示，使用一个还是两个机油压力开关，取决于该发动机是否装备自调节机油泵。机油压力开关一般安装在机油滤清器模块上。

机油压力开关 F22 只用于不带自调节机油泵的发动机上。但是，这个开关有不同的零件号（测量不同的机油压力)。

相对于不带自调节机油泵的发动机,带自调节机油泵的发动机还使用机油压力防降开关 F378,开关 F378 位于机油压力开关 F22 上方。

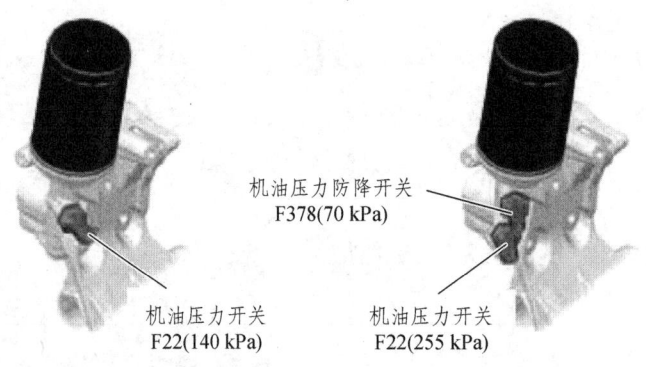

图 3-2-22　机油压力开关

(2)机油压力检测。

如图 3-2-23 所示,机油压力防降开关 F378 用于检测当前的机油压力。机油压力开关由发动机控制单元 J623 评估(早前是使用一个单级机油泵且机油压力开关被组合仪表中带显示单元的控制单元 J255 所读取和评估),为此,机油压力防降开关 F378 被直接连接到发动机控制单元。

机油压力开关 F22 检测自调节机油泵的高压,以此来控制高压力设定值。奥迪 A4 2008 上的机油压力开关 F22 被车载电网控制单元 J519 读取,且通过动力总成 CAN 数据总线传送到发动机控制单元 J623 上。机油压力开关一般处于常开状态,一旦达到所需的机油压力它们便接地。

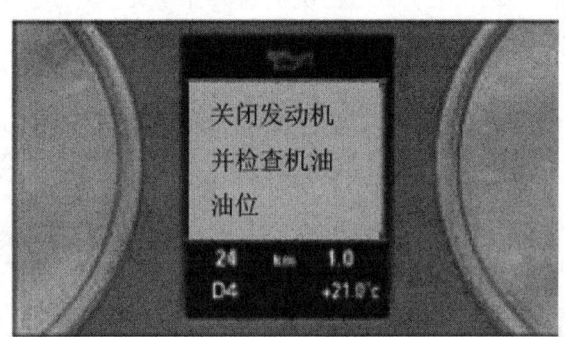

图 3-2-23　机油压力的检测

学习任务四 涡轮增压系统结构原理与故障诊断

工作任务	涡轮增压系统结构原理与故障诊断	教学模式	任务驱动
建议学时	18学时	教学地点	一体化实训室
任务描述	王先生驾车下班途中，发现发动机加速不良、行驶无力。车辆入厂维修，初步诊断为涡轮增压系统故障，维修技工需要根据前台维修工单，查阅维修手册及相关资源，在规定时间内完成涡轮增压系统的故障诊断与排除，恢复系统工作性能，并检验合格后，交付前台		
学习目标	1. 能够在老师指导下，查阅资料，完成增压系统故障诊断的信息检索。 2. 能够根据操作要点，规范填写维修工单，合理分配人员，并具体实施。 3. 能够绘制增压系统结构流程图。 4. 能够分析故障原因，制订维修方案，并解释说明。 5. 能够就车拆检增压器、中冷器等增压系统部件并判断性能。 6. 能够记录工作过程并总结排除故障思路。 7. 能够描述增压系统结构组成和高低压控制原理。 8. 能够通过团队协作独立或集体完成学习任务。 9. 能够按职业能力评价要求进行展示评价。 10. 能够执行活动过程的7S管理要求		
学习活动	学习内容		学时分配
	1. 涡轮增压系统结构认知		6
	2. 涡轮增压器的拆装与检测		12

学习活动一　涡轮增压系统结构认知

一、学习目标

（1）能够在老师指导下，查阅资料，完成涡轮增压系统组成的信息检索。
（2）能够根据操作要点，规范填写维修工单，合理分配人员，并具体实施。
（3）能够对增压系统进行初步检查，并确认故障现象。
（4）能够实车或台架认知发动机涡轮增压系统结构认知元件，并描述各部件的名称、作用和安装位置。
（5）能够绘制发动机涡轮增压系统结构流程图，并描述其结构组成。
（6）能够描述发动机涡轮增压系统结构的特点和工作原理。
（7）能够通过团队协作独立或集体完成学习任务。
（8）能够执行活动过程的7S管理要求（见附件1）。
（9）能够按职业能力评价要求进行展示评价。

二、学习准备

（1）设备：大众1.8TSI直喷发动机台架或整车、举升机、充电机、诊断仪等。
（2）常用工量具：工具车1台，配备常用梅花扳手、套筒扳手、螺丝刀、试灯、万用表、红外测温仪等。
（3）油料、材料：涡轮增压器、中冷器、保险丝、汽油、碎布等。
（4）资料：网络资源、维修手册、维修工单、安全操作规程。
（5）分组：每组5~6人，小组讨论后，由组长按岗位分配人员。
（6）建议学时：6学时。

三、学习过程

1. 填写维修工单

（1）根据学习内容拆分活动环节或步骤。
（2）小组讨论分工填写维修工单（见附件2）。

2. 列举操作事项

查阅维修手册及相关资源，参考图4-1-1，列举涡轮增压系统检测、拆装的注意事项。

_____
_____
_____
_____
_____

图4-1-1　涡轮增压系统

3. 确认故障现象

观察发动机及涡轮增压器的外观,初步判断涡轮增压器的工作状况,启动发动机并急加速至 2 500 r/min,进一步检查涡轮增压器的工作状况,用红外测温仪检测温度变化,描述故障现象,完成表 4-1-1。

表 4-1-1 故障确认检查表

序号	项目	检查结果	"检查结果"填写说明	初步判断
1	废气排放警告灯		熄灭/点亮	
2	排出废气颜色		青色/白色/其他颜色	
3	增压器异响		急加速和收油门时的异响	
4	增压器管路泄漏		机油润滑和冷却液冷却管路	
5	增压器进口温度		红外测温仪检测	
6	增压器出口温度			
7	中冷器进口温度			
8	中冷器出口温度			

确定故障现象:

4. 诊断仪初步诊断

(1)读取故障代码并清除。

① 写出诊断仪进入发动机系统的工作路径:_____。

② 读取故障代码,写出与增压系统相关的故障代码和内容,完成表 4-1-2。

表 4-1-2 故障代码

故障代码及内容(清除前)	
故障代码及内容(清除后)	

(2)参考图 4-1-2,读取数据流,完成表 4-1-3。

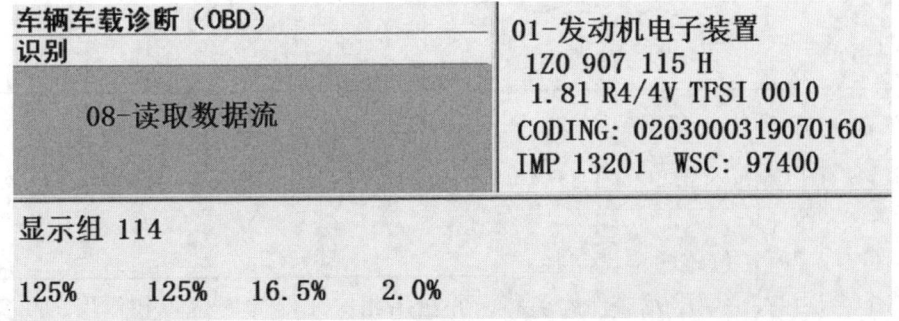

图 4-1-2 读取数据流

表 4-1-3　增压系统数据流

数据组	区　域			
114	1	2	3	4
含义				
115				
含义				
117				
含义				
118				
含义				
119				
含义				

（3）执行元件测试。

参考图 4-1-3，按要求对执行器进行动作测试，听声音或手感振动，完成表 4-1-4。

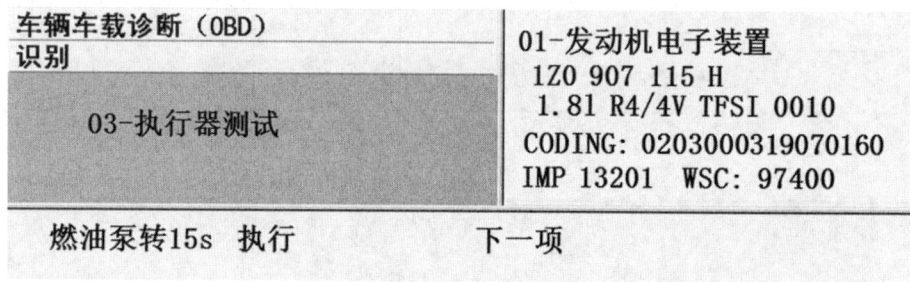

图 4-1-3　动作测试

表 4-1-4　元件测试表

序号	测试项目	测试结果	正常/不正常	序号	测试项目	测试结果	正常/不正常
1	燃油泵转 15 s			4	增压压力再循环阀 N249 开/关 60 s		
2	增压压力电磁阀 N75 开/关 60 s			5	散热风扇高速运转 15 s		
3	V50 冷却液泵运转 60 s			6	燃油压力调节阀 N276 开/关几秒		

5．识别涡轮增压系统元器件

参考迈腾维修手册 Magotan 2007 1.8T 4 V 四缸直喷式发动机（BYJ），检索增压元件位置分布的相关信息。

（1）指出图 4-1-4 所在位置的检索路径：＿＿＿＿＿＿＿＿＿＿＿＿＿＿＿＿＿＿＿＿＿＿＿＿。

（2）指出图 4-1-4 涡轮增压元器件的名称，并指出相应元器件的位置和作用，在实际台架中标贴中英文标示，完成表 4-1-5。

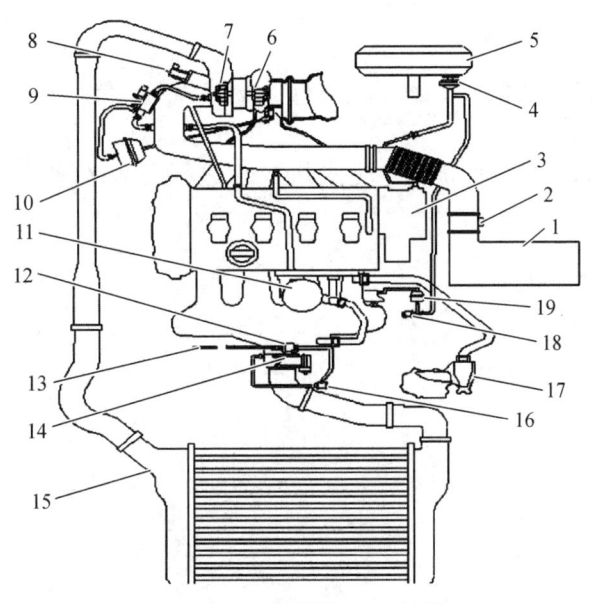

图 4-1-4 涡轮增压系统图

表 4-1-5 涡轮增压元器件识别

序号	元件名称及代码	安装位置	作用
1	空气滤清器		
2	空气流量计 G70		
3		排气凸轮轴后端	
4			防止真空不够时,助力器真空降低
5	制动助力器		
6		排气歧管与排气管之间	
7			受排气涡轮驱动,压缩进气,以增加进气量
8	涡轮增压器空气循环阀 N249		
9		进气涡轮旁边	
10			受 N75 控制,利用真空旁通排气涡轮前后管路,防止因排气涡轮转速过高而导致过高的进气压力
11	压力调节阀		
12		节气门体上方	
13			将炭罐燃油蒸气导入 N80
14	节气门控制单元 J338		
15		水箱旁边	
16			防止节气门突然关闭时,气流倒回炭罐电磁阀
17	机油分离器		
18		进气歧管上	
19			受 N316 控制,驱动进气翻板动作,实现不同进气

6. 绘制涡轮增压系统总体布置图

（1）绘制增压系统气路图。根据传感器、执行器安装特点，绘制涡轮增压系统总体布置和气路图，并标注气流走向。

（2）展示评价。结合职业能力评价表（见附件3），进行展示评价。

四、学习评价

组员进行自我评价、相互评价，组间评价说明如下，完成表4-1-6所示的相应内容。

（1）涡轮增压元件识别。

由评价人指定TSI发动机涡轮增压器控制系统部件，由被评价人指出相应元件名称和代码，并描述该元件在实车的位置和作用，填写于评价表中。

（2）评价要求。

评价人根据测评情况填写并给予对应评价等级：单行全对的得"A"，错两个（含）以下得"B"，错两个以上得"C"。

表 4-1-6　学习评价表

项　目	评价内容	评价等级		
		😎	😊	☹️
自我评价	学到的知识点：			
	学到的技能点：			
	不理解的有：			
	还需要深化学习并提升的有：			
组内评价	○按时到场　　○工装齐备　　　　○书、本、笔齐全 ○安全操作　　○责任心强　　　　○7S 管理规范 ○学习积极主动　○合理使用教学资源　○主动帮助他人 ○接受工作分配　○有效沟通　　　　○高效完成工作任务			
组间评价	元件名称　元件代码　安装位置　作用	—		
小组评语及建议	他（她）做到了： 他（她）的不足： 给他（她）的建议：	组长签名： 　　　　　年　月　日		
老师评语及建议		评价等级： 教师签名： 　　　　　年　月　日		

五、学习思考

1. 填空题

（1）废气涡轮增压系统主要由_____、_____、_____等组成。

（2）压气机的进气口与_____相连，出气口与_____相连；涡轮机的进气口与_____相连，出气口与_____相连。

（3）发动机增压类型有（　　），其中使用较为广泛的有（　　）。

A. 机械增压　　B. 超级增压　　C. 涡轮增压　　D. 谐波增压　　E. 气波增压

2. 选择题

（1）对于废气涡轮增压，描述正确的是（　　）。

A. 是一种进气涡轮与排气涡轮同轴的增压机

B. 废气冲击排气涡轮，驱动进气涡轮高速旋转压缩进气

C. 其工作原理是将发动机的机械能转变为内能

D. 增压的作用是通过压缩废气，增大进气密度来增大进气量

E. 增压压力可通过旁通排气或进气通道来控制

（2）对于 1.4TSI 增压系统，描述正确的是（　　）。

A. 取消了中冷器，该由发动机散热器进行散热
B. 系统在 2 500 r/min 以上时，才介入工作
C. 最大增压压力可达 180 kPa
D. 冷却器位于进气管中，采用电子水泵 V51 进行循环冷却
E. 涡轮机和压气机的轴承靠冷却液冷却和润滑

（3）对于 1.4TSI 增压系统的冷却控制，描述正确的是（　　）。
A. 冷却液泵 V50 的工作受进气温度传感器 G42 和 G299 的信号影响
B. 如果 G42 失效，则增压压力进行开环控制，动力下降
C. 如果 G42 与 G299 信号相差 8 ℃，则启动 V50
D. 如果 G42 与 G299 温度小于 2 ℃，说明冷却效果良好
E. 冷却后的气体温度约比冷却液温度低 20 ℃

（4）对于机械增压与涡轮增压的工作原理，描述正确的是（　　）。
A. 根据不同工况需要，机械增压和涡轮增压可以单独或串联工作
B. 低速区域，机械增压全负荷工作，与涡轮增压串联工作，消除低速"迟滞"现象
C. 中速区域，机械增压部分负荷工作，与涡轮增压串联工作，降低机械增压热负荷
D. 高速区域，涡轮增压压力升高，机械增压不工作
E. 当涡轮增压压力过高时，开启机械增压的旁通阀，以降低压力

3．判断题

（1）双增压一般采用机械增压与涡轮增压并联方式，以达到良好的匹配效果。（　　）
（2）双增压的一级增压为机械增压，二级增压为涡轮增压。（　　）
（3）罗茨式机械增压器采用两级传动，第二级传动由压缩机电磁离合器的皮带轮作为主动轮。（　　）
（4）中冷器安装在涡轮机出气口与进气歧管之间，用于冷却增压后的空气。（　　）
（5）涡轮增压器系统都有风冷式中冷器。（　　）
（6）增压压力控制阀 N75 通过旁通压气机前后通气管路实现压力调节。（　　）
（7）增压压力再循环阀 N249 通过旁通涡轮机前后通气管路防止增压器噪声和损坏。（　　）。
（8）增压压力传感器 G31 安装于节气门体之前，用于检测增压后的气体温度。（　　）。

4．简答题

（1）简述增压器的类型和特点。

（2）简述涡轮增压系统的结构组成。

（3）简述双增压的结构特点。

（4）简述增压器的工作范围。

六、学习材料

1. 涡轮增压系统的结构特点

第一台废气驱动的增压器是由瑞士人波希在1909年至1912年研制成功的,并于1915年提出了涡轮增压柴油机第一台样机的设想。而多年以后盖瑞特产品才进入涡轮增压器市场。

通用电气公司在20世纪初期就开始研制涡轮增压器。在第一次世界大战期间,装有涡轮增压器的发动机开始少量地应用在飞机上。直到20世纪三四十年代,首先在欧洲,然后在美国,涡轮增压器才开始大规模地生产。今天,涡轮增压器和中冷器已普遍应用在轿车、赛车、卡车、公共汽车、农业机械、船舶、矿业机械、工程机械、军用动力、航空和电站中。

汽车使用涡轮增压的目的是为了保证动力性和燃油经济性。可以在经常使用的低转速区域,获得一个最大的扭矩输出。这样设计的结果就是发动机在 1 250 r/min 的时候,可以达到最大输出扭矩的80%,在 1 500 r/min 的时候就达到了最大输出扭矩 200 N·m,最大输出功率在 5 000 ~ 5 500 r/min 达到。

图 4-1-5 为涡轮增压器示意图,该图说明了涡轮增压系统的构成和进气的路径。和双涡轮增压的 TSI 最大的区别就是没有使用空气压缩机,同时增压气体是通过进气歧管内的冷却液冷却器来冷却的。

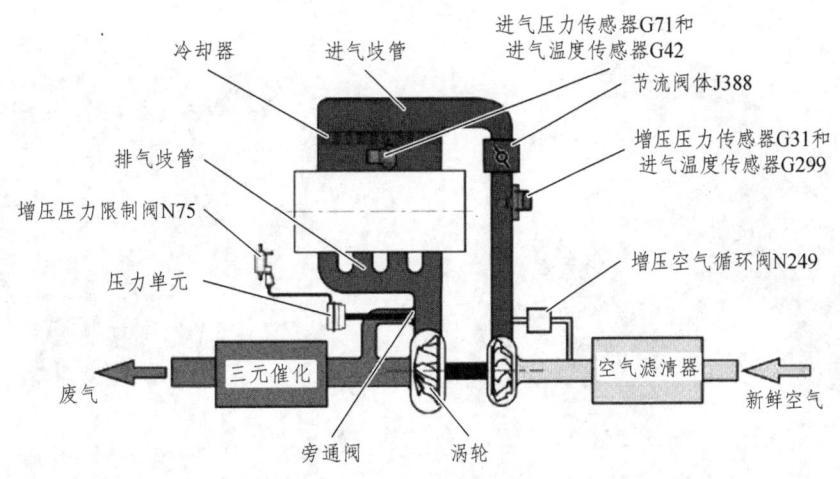

图 4-1-5 涡轮增压示意图

2. 单增压的涡轮增压

图 4-1-6 为单涡轮增压控制图,涡轮增压和排气道共同构成一个总成。为了在发动机关闭后,

涡轮增压的轴承温度不致过高，涡轮增压器和冷却系统连通，同时也和润滑系统相连来保证轴承的润滑和冷却。另外，电控的涡轮增压循环阀和用于旁通阀式的增压压力限制的压力单元也都集成在涡轮增压器总成上。

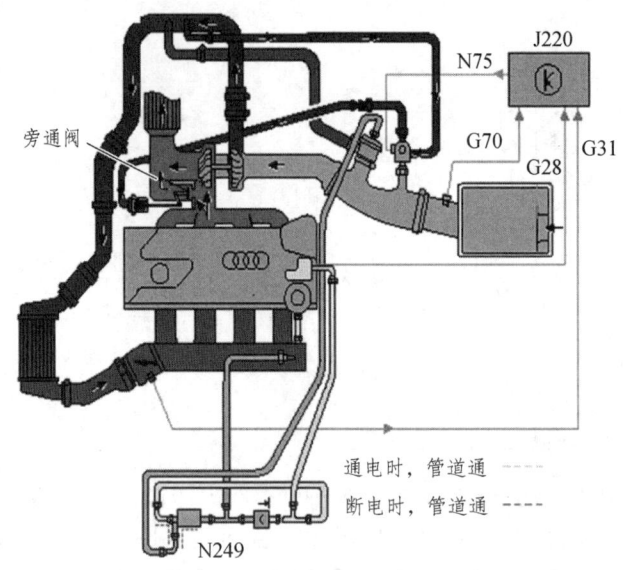

图 4-1-6　涡轮增压控制图

涡轮增压对进气的压缩导致进气的压力和温度的升高，需要通过冷却增压气体来保证气缸内足够的进气量，在以前的双涡轮增压发动机上，该功能通过装在机舱前端的中冷器来实现。大众 1.4 L TSI 则是通过液体冷却器实现的，如图 4-1-7 所示。冷却器通过发动机水冷系统工作，安装在进气歧管上，增压气体流过冷却器，将大部分热量传给气体冷却器和冷却液，冷却液依靠水泵的动力被泵到气体冷却器，然后回流到前端的散热器来冷却，增压气体冷却系统是一个独立的系统，涡轮增压器的冷却也连在这个系统中。

冷却器镶嵌在进气歧管内，靠 6 颗螺栓固定。在冷却器的后部有一个密封条，这个密封条保证冷却器和进气歧管之间的密封同时为冷却器提供支撑。在安装增压空气冷却器时，请注意密封条要安装在正确的位置。如果装配不当，会产生振动，造成增压空气冷却器损坏以及冷却液泄漏。

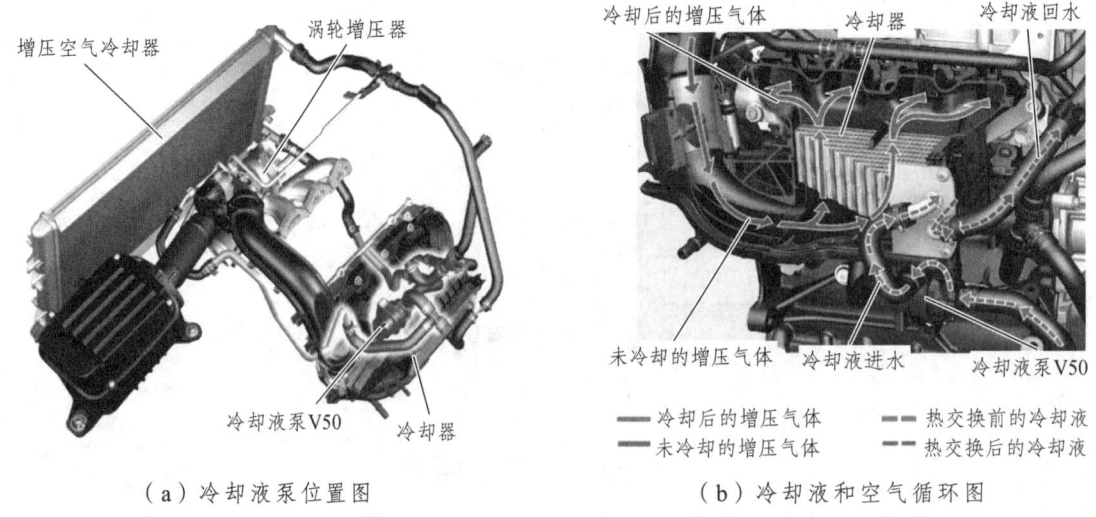

图 4-1-7　1.4TSI 的增压器冷却

3. 双增压系统结构的特点

如图 4-1-8 为双增压器系统示意图，该示意图展示了"双增压系统"的基本结构及新鲜空气的路径。新鲜空气经空气滤清器吸入发动机。调节阀控制单元控制限定阀位置，以确定空气流经机械增压器或直接流入涡轮增压器。空气从涡轮增压器流经中冷器和节气门模块，然后进入进气歧管。

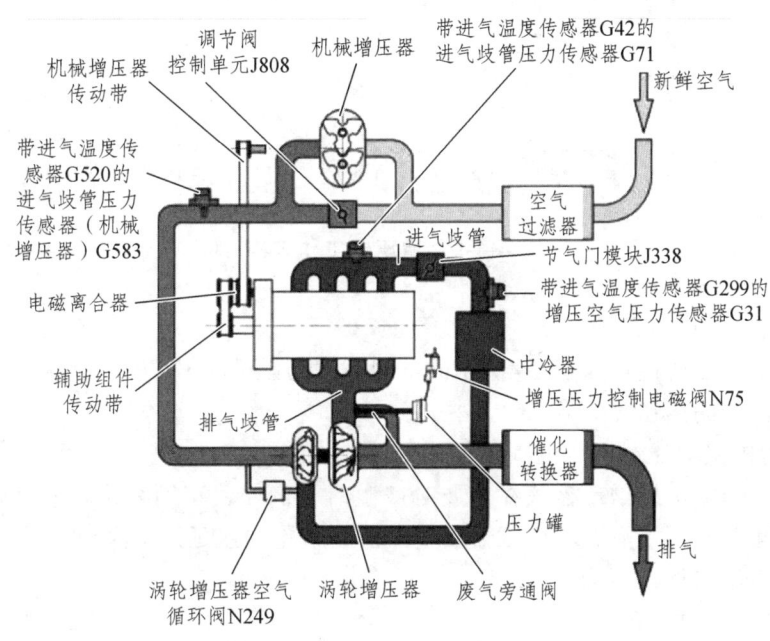

图 4-1-8 双增压系统结构图

采用机械增压器和涡轮增压器双增压系统的发动机，除涡轮增压器外，该系统还可以根据扭矩需要通过机械增压器对发动机进行增压。

增压压力控制是本机发动机管理系统的一个新功能。随着发动机转速的提高，系统降低涡轮增压器和机械增压器的增压压力，从而仅需消耗较低的发动机驱动功率。此外，机械增压器在发动机低速范围内提供大量的增压空气，供给涡轮增压器涡轮废气量也随之增加，因此，不同于配备纯涡轮增压器的发动机，可在发动机低速范围内产生必要的增压压力。

（1）机械增压器。

该增压器是通过电磁离合器激活的机械式增压器。

优点：快速建立增压压力，低转速高扭矩，只在需要时激活，无须外部润滑和冷却。

缺点：需用发动机功率驱动，虽可在发动机任何转速下产生增压压力，但会造成部分功率的损失。

（2）涡轮增压器。

涡轮增压器始终由排放的废气驱动。

优点：利用废气能量提高了发动机效率。

缺点：小排量发动机低速范围内产生的增压压力不足以产生高扭矩，热负荷高。

4. 增压器工作范围

图 4-1-9 为机械增压器和涡轮增压器的工作范围。根据所需扭矩，发动机控制单元决定是否需产生增压压力，如果需要，则决定如何产生增压压力。涡轮增压器在图 4-1-9 所示的 A、B、C 区域内均能工作，但发动机低速运转时的废气能量不足以使涡轮增压器产生所需的增压压力。

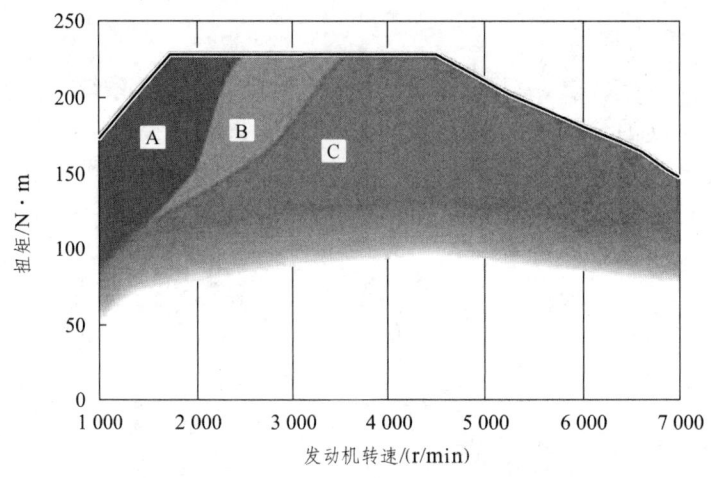

图 4-1-9 增压器工作范围

说明：

A：机械增压器恒定增压范围。

从最低扭矩所需的发动机转速至 2 400 r/min，机械增压器一直处于激活状态，并通过调节阀控制单元控制机械增压器的增压压力。

B：基于需求的机械增压器增压范围。

2 400～3 500 r/min，机械增压器只在需要时被激活。例如，车辆在该转速范围内匀速行驶后急加速时就需激活机械增压器。因涡轮增压器反应滞后，车轮加速延迟（涡轮滞后），因此，需启动机械增压器，尽快产生所需增压压力。

C：涡轮增压器专有增压范围。

涡轮增压器在图 4-1-9 所示的 C 区域产生所需增压压力，并通过增压压力控制电磁阀调整其增压压力。

5．双增压的工作过程

根据发动机负荷与转速，发动机控制单元计算产生所需扭矩需进入气缸的新鲜空气量，并决定是单靠涡轮增压器产生增压压力，还是需启动压气机产生增压压力。

图 4-1-10 为低负荷时的自然吸气模式。调节阀在自然吸气模式时完全打开，吸入的空气通过调节阀控制单元进入涡轮增压器，此时废气已驱动涡轮增压器，但因废气能量太低，只能产生很低的增压压力。节气门开度取决于驾驶员施加在加速踏板上的力和进气歧管的真空度。

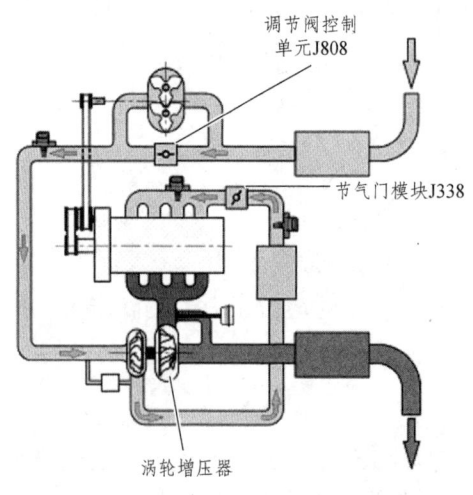

图 4-1-10 低负荷自然吸气模式

图 4-1-11 为机械增压器和涡轮增压器在发动机高负荷组转速低于 2 400 r/min 时的工作过程。该转速范围内,调节阀关闭或部分开启,调节增压压力。机械增压器由电磁离合器激活,并由机械离合器传动带驱动。机械增压器吸入并压缩空气,同时将经压缩的新鲜空气泵入涡轮增压器,使其在涡轮增压器里被进一步压缩。机械增压器的增压压力由进气歧管压力传感器 G583 测量,并通过调节阀控制单元调节增压压力。增压空气压力传感器 G31 测量增压后的总压力。节气门全开时进气歧管压力高达 250 kPa(绝对压力)。

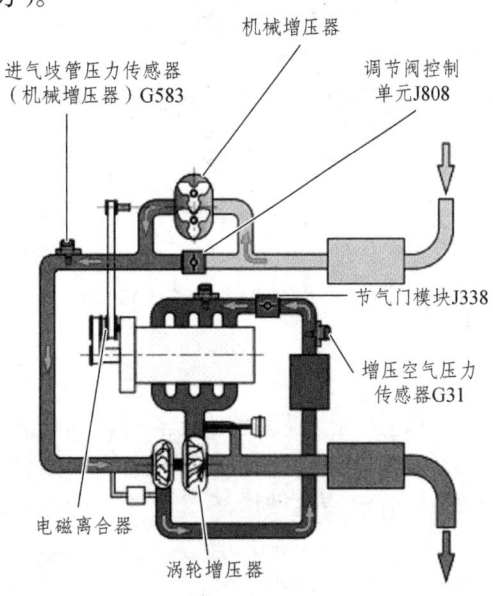

图 4-1-11　高负荷低于 2 400 r/min

图 4-1-12 为机械增压器和涡轮增压器在发动机大负荷、转速在 2 400~3 500 r/min 的工作过程。该范围内,发动机匀速运转时增压压力由涡轮增压器单独产生。如此时汽车急加速,因存在涡轮滞后,涡轮增压器不能快速产生增压压力。为避免发生这种情况,发动机控制单元暂时激活机械增压器,并根据所需增压压力调节调节阀位置,协助涡轮增压器产生所需的增压压力。

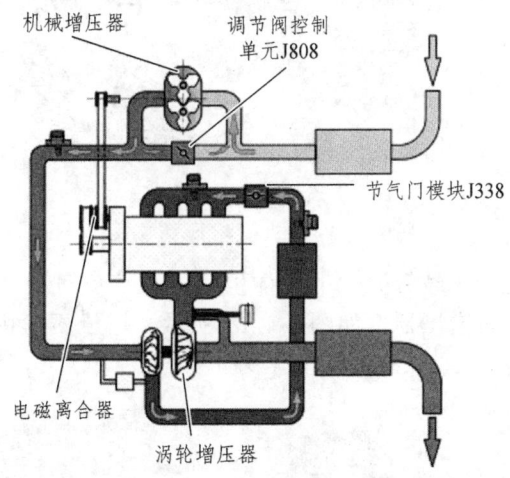

图 4-1-12　大负荷 2 400~3 500 r/min

图 4-1-13 为发动机转速高于 3 500 r/min 时涡轮增压器的工作过程。自发动机转速为 3 500 r/min 开始,涡轮增压器可在任何负荷点独立产生所需的增压压力。调节阀完全打开,吸入的空气直接进入涡轮增压器。此时的废气能量在所有工况下均足够使涡轮增压器产生所需增压压力。节气门全开时进气歧管压力可达 200 kPa(绝对压力)。涡轮增压器的增压压力由增压空气压力传感器 G31 进行测量,并通过增压压力控制阀调节增压压力。

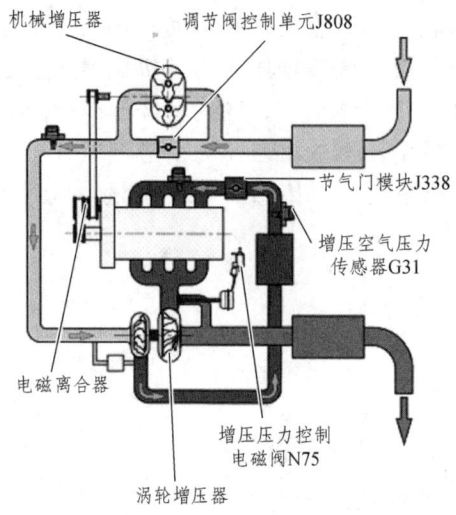

图 4-1-13 大负荷高于 3 500 r/min

6. 机械增压器介绍

（1）机械增压器传动机构。

图 4-1-14 为机械增压的基本结构。系统根据需要激活机械增压器，它由冷却泵通过辅助传动装置进行驱动，辅助传动装置由冷却泵模块上的免维护电磁离合器激活。曲轴皮带轮与机械增压器皮带轮的传动比及机械增压器内齿轮传动比使机械增压器以 5 倍的曲轴转速运转。机械增压器的最高转速为 17 500 r/min。

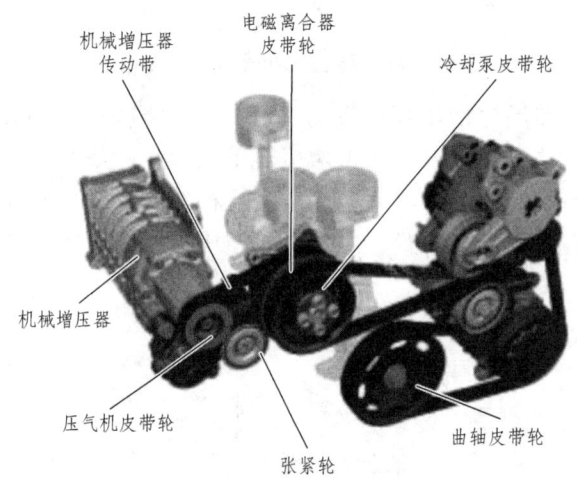

图 4-1-14　机械增压结构图

机械增压器用螺栓安装在进气歧管旁边的缸体上，它位于空气滤清器之后。因其两个压气机转子的形状，故也称为双螺杆机械增压器，如图 4-1-15 所示。增压压力由调节阀控制单元控制。机械增压器产生的最大增压压力约为 175 kPa（绝对压力）。

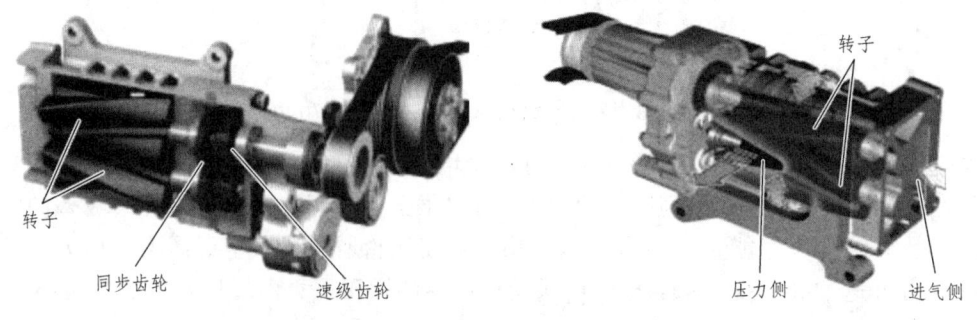

图 4-1-15　双螺杆机械增压

（2）工作原理。

图 4-1-16 为机械增压工作过程。机械增压器的两个转子旋转时，进气侧的容积扩大，吸入新鲜空气，并将空气输送到机械增压器的压力侧。在压力侧，两个转子之间的腔体容积缩小，将空气压向涡轮增压器。

（3）机械增压器增压压力调节过程。

增压压力由进气歧管压力传感器（机械增压器）G583 测量，压力的高低取决于调节阀的位置。调节阀关闭时，机械增压器在当时的发动机转速下产生最高增压压力，并将经压缩的新鲜空气泵入涡轮增压器。如果增压压力过高，调节阀略微打开，此时部分吸入的空气直接流到涡轮增压器，其余空气经调节阀进入机械增压器的进气侧，使增压压力降低。在进气侧，空气再次被吸入并被压缩。这样便降低了机械增压器的负荷及其驱动功率。

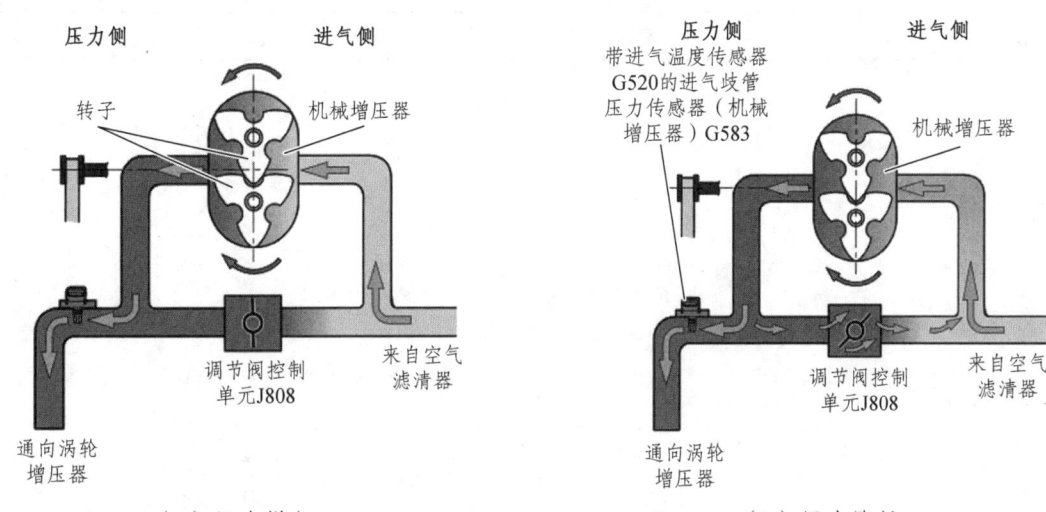

（a）压力增加　　　　　　　　　　（b）压力降低

图 4-1-16　机械增压工作过程

7. 增压系统数据监控

可通过诊断仪对数据流进行监控，部分数据含义如表 4-1-7 所示。

表 4-1-7　增压系统数据流含义

序号	数据组	区域	含 义	数据示例
1	114	1	最大空气充量	125.10%
2	114	2	涡轮增压最大空气充量	125.10%
3	114	3	相对负荷	16.50%
4	114	4	增压空气阀占空比	2.00%
5	115	1	发动机转速	720 r/min
6	115	2	相对负荷	15.80%
7	115	3	增压压力理论值	39 kPa
8	115	4	增压压力实际值	102 kPa
9	117	1	发动机转速	720 r/min
10	117	2	油门踏板位置	0.0%
11	117	3	节气门角度	1.60%
12	117	4	增压空气压力理论值	39 kPa

续表

序号	数据组	区域	含义	数据示例
13	118	1	发动机转速	720 r/min
14	118	2	进气温度	40 °C
15	118	3	增压空气调节阀占空比	2.00%
16	118	4	增压空气实际值	102 kPa
17	119	1	发动机转速	720 r/min
18	119	2	当前增压空气调节匹配值	0.00%
19	119	3	增压空气调节阀占空比	2.00%
20	119	4	增压压力实际值	102 kPa

学习活动二　涡轮增压器的拆装与检测

一、学习目标

（1）能够按照维修方案对发动机涡轮增压器故障进行拆检并排除故障。
（2）能够按要求检测涡轮增压系统电子元器件。
（3）能够描述废气再循环的工作原理。
（4）能够描述涡轮增压器的工作原理。
（5）能够描述机械增压器与涡轮增压器的结构不同点。
（6）能够相互展示并评价学习成果。
（7）能够执行工作的过程性检验及 7S 工作理念（见附件 1）。

二、学习准备

（1）设备：大众 1.8TSI 直喷发动机台架或整车、举升机、充电机、诊断仪等。
（2）常用工量具：工具车 1 台，配备常用梅花扳手、套筒扳手、螺丝刀、试灯、万用表等。
（3）油料、材料：涡轮增压器、增压压力控制阀、增压压力循环阀、保险丝、汽油、碎布等。
（4）资料：网络资源、维修手册、维修工单、安全操作规程。
（5）分组：每组 5~6 人，小组讨论后，由组长按岗位分配人员。
（6）建议学时：12 学时。

三、学习过程

1. 填写维修工单

（1）根据学习内容拆分活动环节或步骤。
（2）小组讨论分工，制订工作计划，填写维修工单（见附件 2）。

2. 拆检涡轮增压器

（1）列举涡轮增压器的拆卸步骤，参考图 4-2-1，完成表 4-2-1。
维修手册查询路径：Magotan 2007 1.8T 4V 直喷式发动机→修理组____增压器→页码_____~
_____页。

表 4-2-1　涡轮增压器拆卸步骤

步骤	拆卸项目	使用工具
1		
2		
3		
4		
5		
6		
7		
8		
9		
10		

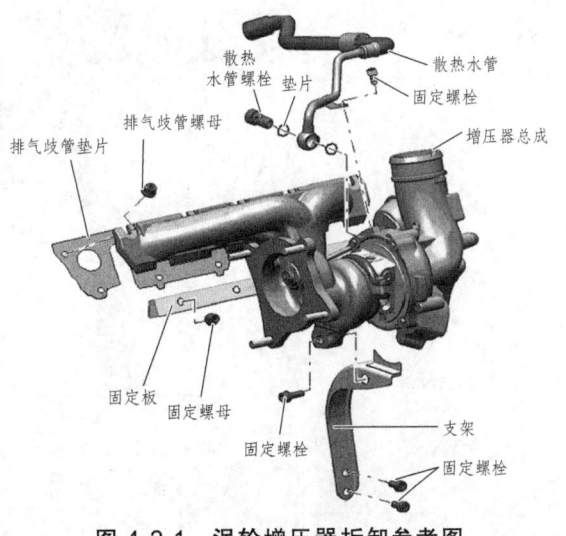

图 4-2-1　涡轮增压器拆卸参考图

（2）指出图 4-2-2 中，各部件的名称，完成表 4-2-2。

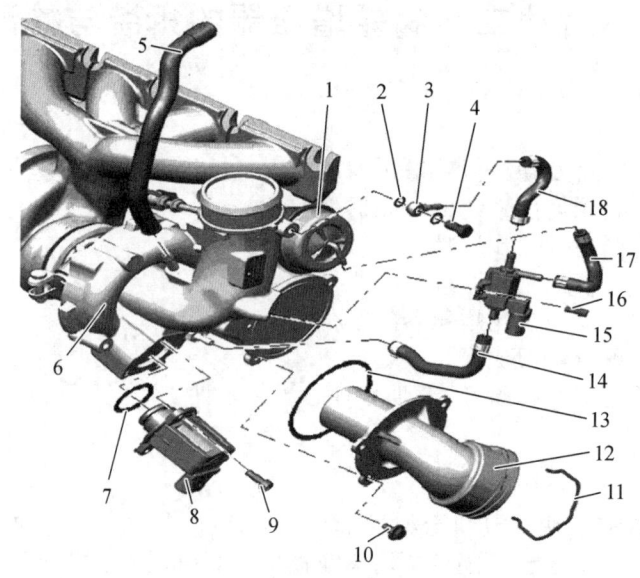

图 4-2-2　涡轮增压器拆卸图 1

表 4-2-2　涡轮增压器拆解表 1

序号	元件名称	序号	元件名称	序号	元件名称
1	增压器压力单元	7	密封垫	13	密封垫
2		8		14	
3		9		15	
4		10		16	
5		11		17	
6		12		18	

（3）指出图 4-2-3 中，各部件的名称，完成表 4-2-3。

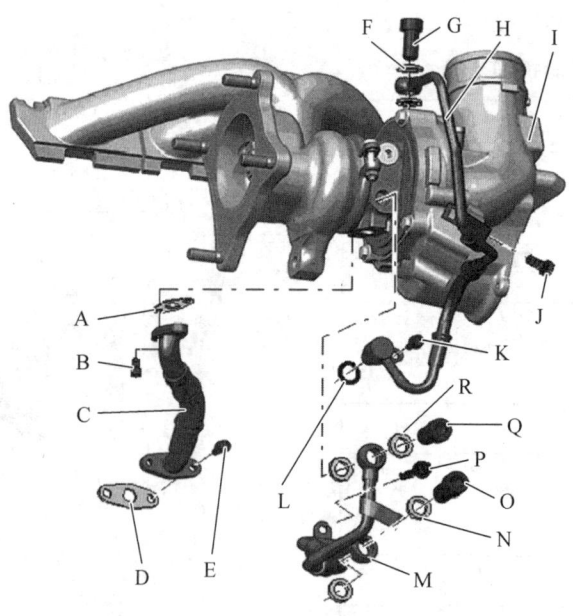

图 4-2-3　涡轮增压器拆卸图 2

134

表 4-2-3　涡轮增压器拆解表 2

序号	元件名称	序号	元件名称	序号	元件名称
A	密封垫	G	带孔螺栓	M	冷却液借液管路
B		H		N	
C		I		O	
D		J		P	
E		K		Q	
F		L		R	

（4）检测增压器各部件。

① 检测增压压力控制阀和空气循环阀。

检测增压循环阀电阻，并进行动作测试。参考图 4-2-4，检测增压压力控制阀，并通电测试各管口导通情况，完成表 4-2-4。

表 4-2-4　检测压力控制阀

检测项目	电阻	通电测试
电阻 N249		
N75		

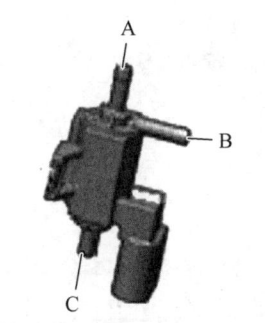

图 4-2-4　N75 各管口分布图

② 检测压力控制单元。

参考图 4-2-5，使用手动真空泵对压力单元进行检测，观察连杆的动作，并测量运动行程，完成表 4-2-5。

表 4-2-5　检测压力控制单元

施加真空	运动行程
30 kPa	
40 kPa	
50 kPa	
60 kPa	
70 kPa	

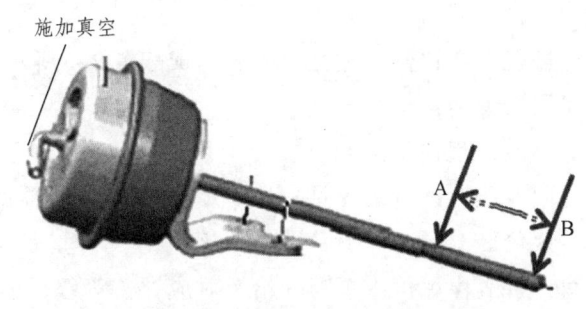

图 4-2-5　压力单元检测图

③ 检测增压压力传感器。

检测传感器在不同工况下的信号电压，完成表 4-2-6。

表 4-2-6 检测增压压力传感器

检测条件	工 况			操作要点
就车检测	急速	加速瞬间	2 000 r/min	观察 KEY ON 和发动机运行时电压的变化
车下检测	30 kPa	60 kPa	100 kPa	对传感器通 5 V 电源，接地，使用手动真空泵或吹气，检测信号线电压变化

3. 故障思路总结

查阅资料，检索增压系统故障信息，分析常见故障及原因，完成鱼骨图，并展示评价。

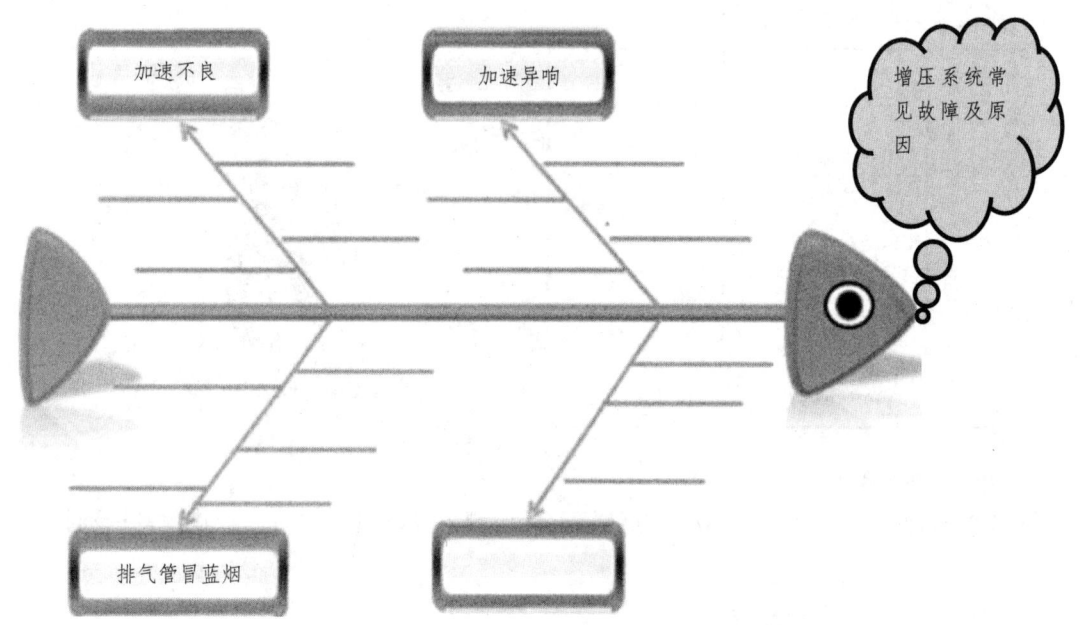

四、学习评价

组员进行自我评价、相互评价，完成表 4-2-7 所示的相应内容。

组间评价说明：

（1）拆检过程评价。

结合职业能力评价表（见附件 5），对涡轮增压器的拆检过程进行展示评价。

（2）评价要求。

组间评价表由评价人填写并给予对应评价等级：单行全对的得"A"，错两个（含）以下得"B"，错两个以上得"C"。

表 4-2-7　学习评价表

项　目	评价内容	评价等级		
		😎	🙂	☹️
自我评价	学到的知识点：			
	学到的技能点：			
	不理解的有：			
	还需要深化学习并提升的有：			
组内评价	○按时到场　　　○工装齐备　　　　○书、本、笔齐全 ○安全操作　　　○责任心强　　　　○7S 管理规范 ○学习积极主动　○合理使用教学资源　○主动帮助他人 ○接受工作分配　○有效沟通　　　　○高效完成工作任务			
组间评价	评价项目	本组	他组	
	PPT 制作效果			
	增压器拆装流程			
	PPT 展示效果			
	7S 工作理念			
	小组亮点			
	小组不足			
小组评语及建议	他（她）做到了： 他（她）的不足： 给他（她）的建议：	组长签名： 　　年　月　日		
老师评语及建议		评价等级： 教师签名： 　　年　月　日		

五、学习思考

（1）学习增压压力调整（限制）电磁阀 N75 的结构原理，将图 4-2-6 中的 1、2、3 选项与右侧的连接端正确地连接起来。

（2）在发动机排量固定的情况下提高功率的就是（　　）。
　A. 增加喷油　　　B. 提前点火
　C. 增加进气　　　D. 改变配正时

（3）提高进气效率的方式有（　　）。
　A. 多气门设计　　B. 长短进气道设计
　C. 进气相位控制　D. 降低进气温度

（4）机械增压与涡轮增压的共同点为（　　）。
　A. 有中冷器　　　B. 响应速度慢
　C. 机械效率高　　D. 响应速度快

（5）涡轮增压的冷却方式为（　　）。

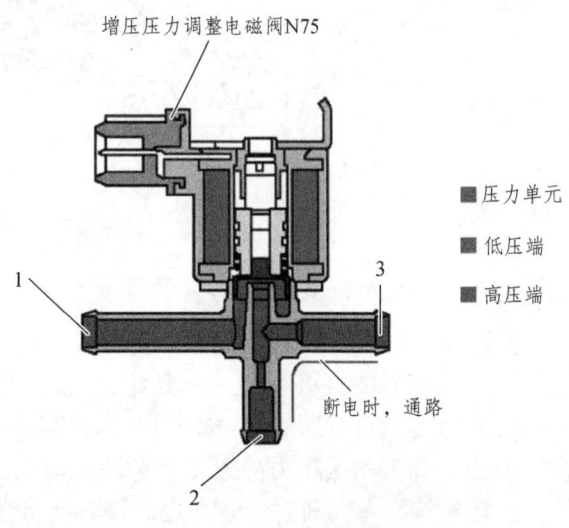

图 4-2-6　N75 结构原理图

A．风冷　　　　　　　B．水冷　　　　　　　C．机油冷却　　　　D．ATF 冷却
（6）涡轮增压的轴承形式为（　　　）。
A．全浮式润滑轴承　B．半浮式润滑轴承　C．滚珠式轴承　　　D．滚针式轴承
（7）废气旁通阀打开时（　　　）。
A．增压压力降低　　　　　　　　　　B．增压压力升高
C．增压压力不变　　　　　　　　　　D．增压压力先升高再降低
（8）中冷器的作用是（　　　）。
A．降低进气温度　　B．提高进气效率　　C．防止爆震　　　　D．防止漏气
（9）增压压力和温度传感器安装在（　　　）。
A．中冷器与节气门之间　　　　　　　B．空滤壳
C．进气歧管　　　　　　　　　　　　D．节气门体上
（10）电磁式增压旁通执行器的作用是（　　　）。
A．防止进气压力过高　　　　　　　　B．防止进气压力过低
C．防止排气压力过低　　　　　　　　D．防止进气压力过高
（11）影响发动机功率的基本因素有（　　　）。
A．进气　　　　　　　B．排量　　　　　　　C．点火　　　　　　D．喷油

六、学习材料

1. 增压压力控制阀 N75

增压压力再循环控制的是增压后的进气量。

如图 4-2-7 所示，增压压力限制阀 N75 由发动机计算机控制，通过接通压力单元内压力来打开旁通阀，使得只是一部分废气经过涡轮进入排气道，由此来调节涡轮的输出功率和增压压力。

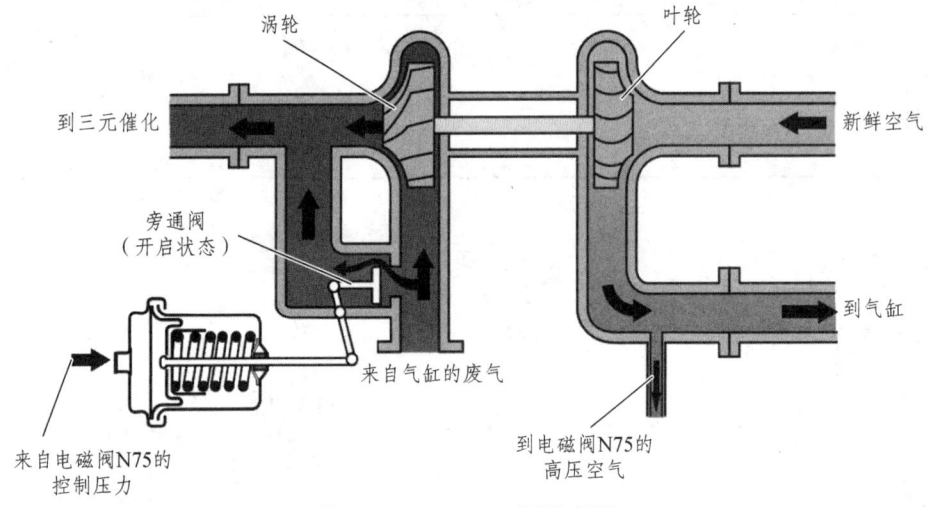

图 4-2-7　N75 工作原理图

2. 增压压力和温度传感器

如图 4-2-8 所示，都带进气温度传感器的两个进气压力传感器的信号配合使用保证精确控制。增压压力传感器 G31 用来控制增压压力。进气温度传感器 G299 用于对增压压力的修正，因为温度对增压空气的密度有影响，这两个传感器靠螺栓固定在节流阀体之前的进气管上。当温度过高的时候，会通过降低增压压力的方式来保护发动机。

发动机控制单元通过安装在进气歧管上的进气压力传感器 G71 和进气温度传感器 G42 来计算冷却器后的进气歧管内的进气量。根据计算出的进气量，按照迈普图来调整增压压力直至达到最高

180 kPa 的绝对压力。

大气压力传感器在发动机管理系统内用于测量大气压力,被用来修正增压压力再循环的控制,因为随着海拔的增加,进气的密度会降低。

图 4-2-8　增压压力和进气温度传感器

(1)压力传感器信号曲线图。

压力传感器的信号曲线如图 4-2-9 所示。

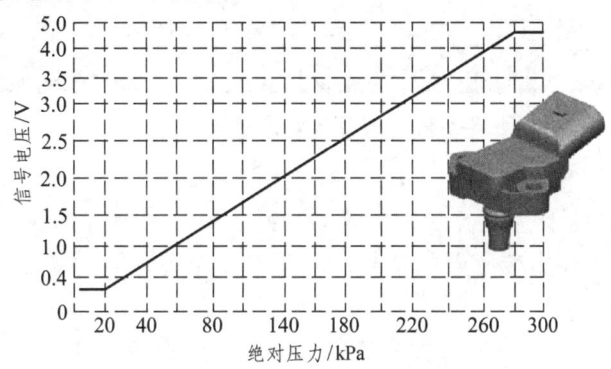

图 4-2-9　增压压力传感器信号

(2)压力传感器线路连接关系。

压力传感器线路连接关系如图 4-2-10 所示。

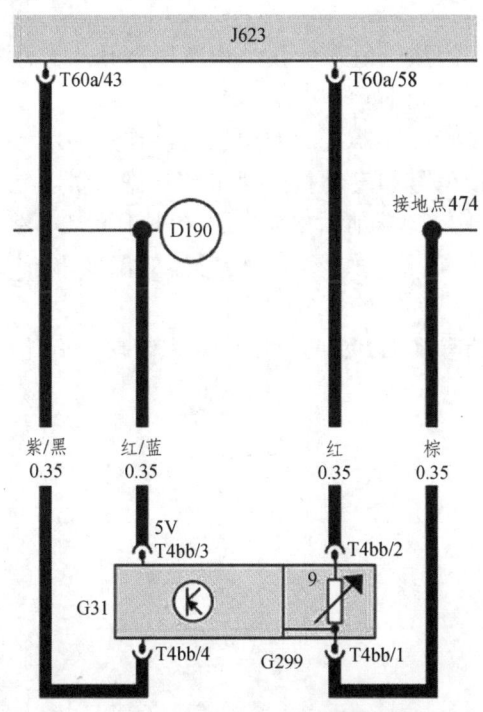

图 4-2-10　增压压力传感器线路连接

(3)压力传感器数据监测。

压力传感器数据监测如图 4-2-11 所示。

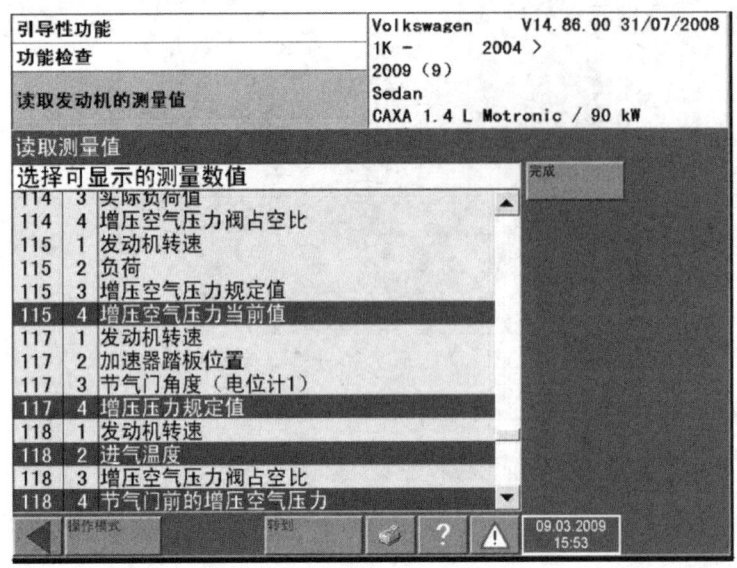

图 4-2-11　增压压力传感器数据监测

(4)信号的作用。

① 增压压力传感器 G31 和进气温度传感器 G299。

发动机控制单元靠增压压力传感器的信号来调整增压压力,同时,在这一调整过程中温度传感器的信号也是必需的,它们的作用如下。

　　a. 计算增压压力的修正值,温度对于空气密度的影响已经考虑在内。

　　b. 保护发动机,如果温度超过设定值,增压压力会被降低。

　　c. 控制冷却液循环泵,如果冷却器前后的空气温差小于 8 ℃,那么冷却液循环泵就会被激活。

　　d. 监控冷却液循环泵的工作状况,如果两个传感器的温度小于 2 ℃,说明循环泵失效,OBD 警报灯会亮起。

如果两个传感器同时失效,用默认值来替代,增压压力和动力性都会下降。

② 进气压力传感器 G71 和进气温度传感器 G42。

这两个传感器安装在进气歧管冷却器之后的位置,监控这一区域的进气压力和温度。发动机控制单元根据压力信号、进气温度信号和发动机转速来计算进气量。它们的作用如下。

　　a. 控制冷却液循环泵,如果冷却器前后的空气温差小于 8 ℃,那么冷却液循环泵就会被激活。

　　b. 监控冷却液循环泵的工作状况,如果两个传感器的温度小于 2 ℃,说明循环泵失效,OBD 警报灯会亮起。

如果信号失效,节流阀体信号和 G299 的温度信号来替代,涡轮增压器的控制使用默认值。

学习任务五　电子节气门系统结构原理与故障诊断

工作任务	电子节气门结构原理与故障诊断	教学模式	任务驱动
建议学时	24学时	教学地点	一体化实训室
任务描述	车主张小姐欲驾车回家，启动发动机后，发现踩油门没反应，车辆只能怠速运行，且EPC灯点亮。车辆入厂维修，初步诊断为电子节气门系统故障，维修技工需要根据前台维修工单，查阅维修手册及相关资源，在规定时间内完成电子节气门系统的故障诊断与排除，恢复系统工作性能，并检验合格后，交付前台		
学习目标	1. 能够在老师指导下，查阅资料，完成电子节气门系统检修的信息检索。 2. 能够根据操作要点，规范填写维修工单，合理分配人员，并具体实施。 3. 能够就车检测电子节气门及系统部件并判断性能。 4. 能够记录工作过程并总结排除故障思路。 5. 能够描述电子节气门系统结构组成和工作原理。 6. 能够通过团队协作独立或集体完成学习任务。 7. 能够按职业能力评价要求进行展示评价。 8. 能够执行活动过程的7S管理要求		
学习活动	学习内容		学时分配
	1. 拆绘电子节气门控制电路图		12
	2. 发动机加速不良故障诊断与排除		12

学习活动一 拆绘电子节气门控制电路图

一、学习目标

（1）能够在老师指导下，查阅资料，检索电子节气门电路信息。
（2）能够根据操作要点，规范填写维修工单，合理分配人员，并具体实施。
（3）能够绘制实车或台架电子节气门控制结构图，并描述工作过程。
（4）能够拆绘实车或台架节气门控制电路图。
（5）能够分析并描述电子节气门的控制原理及可能存在的故障现象和原因。
（6）能够建立初步诊断思路，分析电子节气门系统可能发生的故障现象和原因，并列举简要检测步骤。
（7）能够通过团队协作独立或集体完成学习任务。
（8）能够按职业能力评价要求进行展示评价。
（9）能够执行活动过程的7S管理要求（见附件1）。

二、学习准备

（1）设备：大众1.8TSI直喷发动机台架或整车、举升机、充电机等。
（2）常用工量具：工具车1台，配备常用梅花扳手、套筒扳手、螺丝刀、试灯、万用表等。
（3）油料、材料：电子节气门、油门踏板、保险丝、汽油、碎布等。
（4）资料：网络资源、维修手册、维修工单、安全操作规程。
（5）分组：每组5~6人，小组讨论后，由组长按岗位分配人员。
（6）建议学时：12学时。

三、学习过程

1. 填写维修工单

（1）根据学习内容拆分活动环节或步骤。
（2）小组讨论分工填写维修工单（见附件2）。

2. 故障确认

启动发动机，参考图5-1-1，检查怠速及加速时发动机工作状态，完成表5-1-1。

表 5-1-1

序号	检查项目	检查结果
1	发动机怠速转速	
2	EPC灯点亮情况	
3	加速情况	

确认故障现象：_____。

图 5-1-1 仪表盘

3. 绘制电子节气门控制结构图

查阅自学手册 SSP210，检索关于电子节气门系统结构原理信息，绘制结构图。

（1）指出图 5-1-2 中各元件的中英文名称，完成表 5-1-2。

表 5-1-2

序号	中文名称	英文名称
1		
2		
3		
4		
5		
6		

图 5-1-2 节气门工作过程

（2）补全电子节气门控制结构图。

① 电子节气门控制结构图位于自学手册的第_____页。

② 指出图 5-1-3 中各元件的中英文名称及其在电子节气门控制系统中的作用，完成表 5-1-3。

③ 在图中方框内标注输入、输出箭头，补全控制结构图。

表 5-1-3

序号	中文名称	作用
1		
2		
3		
4		
5		
6		
7		

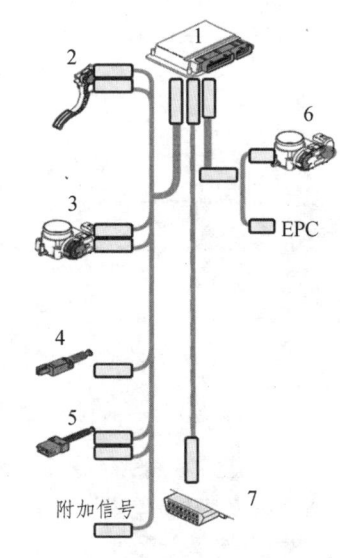

图 5-1-3 电子节气门控制结构图

4. 拆绘电子节气门控制电路图

（1）查阅 Magotan B7L 2012 电路图册，检索电子节气门控制的电路信息，拆绘实车或台架节气门控制电路图。

（2）节气门电机所在电路图的页码是_____。

（3）在图中标注元件名称、代码、内部结构以及导线颜色，结合职业能力评价表（见附件 3）进行展示评价。

5. 常见故障分析

查阅资料，检索电子节气门系统故障信息，结合自学手册和电路图册，分析常见故障及原因，完成鱼骨图，并展示评。

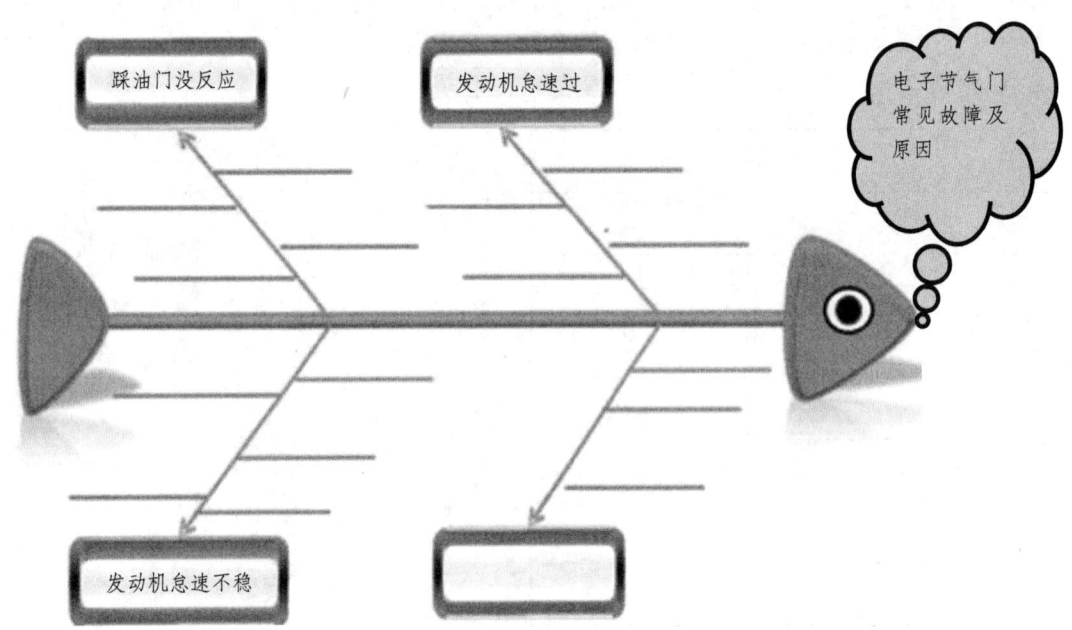

四、学习评价

组员进行自我评价、相互评价，完成表 5-1-4 所示的相应内容。
组间评价说明：
（1）电路图或鱼骨图展示评价。
评价小组对本组和他组的专业性、非专业性、职业素养几方面进行评价，突出优点，明确缺点。
（2）评价要求。
组内评价表由评价人给予对应评价等级：单行全对的得"A"，错两个（含）以下得"B"，错两个以上得"C"。

表 5-1-4　学习评价表

项　目	评价内容		评价等级		
			😎	🙂	☹
自我评价	学到的知识点：				
	学到的技能点：				
	不理解的有：				
	还需要深化学习并提升的有：				
组内评价	○按时到场　　　○工装齐备　　　　○书、本、笔齐全				
	○安全操作　　　○责任心强　　　　○7S管理规范				
	○学习积极主动　○合理使用教学资源　○主动帮助他人				
	○接受工作分配　○有效沟通　　　　○高效完成工作任务				
组间评价	评价项目	本组	他组		
	元件的完整性				
	元件标注				
	版面设计				
	绘图效果				
	展示效果				
小组评语及建议	他（她）做到了： 他（她）的不足： 给他（她）的建议：		组长签名： 年　月　日		
老师评语及建议			评价等级： 教师签名： 年　月　日		

五、学习思考

（1）采用电子节气门可以提高汽车行驶的＿＿＿＿＿＿、＿＿＿＿＿＿、＿＿＿＿＿＿及经济性，并减少排放污染。

（2）电子节气门的主要功能包括＿＿＿＿＿＿、＿＿＿＿＿＿、＿＿＿＿＿＿以及减少换挡冲击。

（3）"EPC"的英文全称是＿＿＿＿＿＿＿＿＿＿＿＿＿＿＿＿＿，中文名称是＿＿＿＿＿＿＿＿＿＿。

（4）节气门控制电机分为＿＿＿＿＿＿＿＿＿和＿＿＿＿＿＿＿＿＿两种。

（5）对电子节气门的系统部件，描述正确的是（　　　　）。

A. 加速踏板用于将节气门开度信号告知发动机 ECU

B. 发动机 ECU 接收节气门位置、空调等信号，控制节气门电机动作

C. 节气门位置传感器将叶片翻转角度告知发动机 ECU

D. 节气门控制单元 J388 控制电机转动，并将加速踏板位置信号告知发动机 ECU

E. EPC 指示灯需在发动启动后才能熄灭

（6）影响电子节气门控制的充气调节量有（　　　　）。

A. 节气门开启角度　　B. 喷油时间　　　C. 点火时刻

D. 增压压力　　　　　E. 关闭某缸

（7）影响电子节气门控制的扭矩，但不影响充气调节量的有（　　）。
A. 关闭某缸　　　　B. 喷油时间　　　　C. 点火时刻
D. 增压压力　　　　E. 节气门开启角度

（8）对于节气门控制电机，描述正确的是（　　）。
A. 步进电机采用脉冲数量确定旋转角度
B. 步进电机通过占空比控制旋转方向
C. 旋转滑阀通过占空比控制旋转角度
D. 直流电机通过脉冲相序控制旋转角度
E. 直流电机通过弹簧的张力平衡来控制旋转方向

（9）电子节气门的控制策略包括（　　）。
A. 发动机扭矩需求控制　　B. 传感器冗余设计　　C. 海拔高度补偿
D. 燃油压力控制　　　　　E. 工作模式选择

（10）简述急速和加速时，节气门的工作过程。

（11）简述电子节气门的控制原理。

六、学习材料

1. 电子节气门

为了提高汽车行驶的安全性、动力性、平稳性及经济性，并减少排放污染，世界各大汽车制造商推出了由各种控制特性良好的电子节气门及其相应的电子控制系统组成的电子节气门控制系统（ETCS）。采用电子节气门控制系统，使节气门开度得到精确控制，一方面可以提高燃油经济性，减少排放，同时使系统响应迅速，获得满意的操控性能；另一方面，可实现急速控制、巡航控制和车辆稳定控制等的集成，简化了控制系统结构。

（1）系统组成。

如图5-1-4所示，电子节气门由加速踏板、节气门单元和ECU等组成。

① 加速踏板（带位置传感器）：用来确定踏板位置并将踏板位置信号传递给控制单元。

② 发动机控制单元（ECU）：接收踏板位置传感器信号，根据输入电压信号计算得知所需动力，并根据其他如急加速、空调、自动变速器起步的扭矩等信号，计算出实际的节气门开度，同时还监控节气门系统

③ 节气门控制单元：控制所需进气量，根据控制系统提供信号调节节气门开度，反馈节气门信号。

④ 节气门故障灯（大众车型在仪表上为 EPC 灯）：K132，系统正常时打开点火开关 3 s 自检后熄灭，有故障则常亮，提供节气门故障信息给驾驶员。

⑤ 传感器和执行器：包括带油门踏板传感器的加速踏板模块，带节气门开度传感器的节气门单元，离合器踏板开关，制动开关，带节气门驱动装置的 G186。

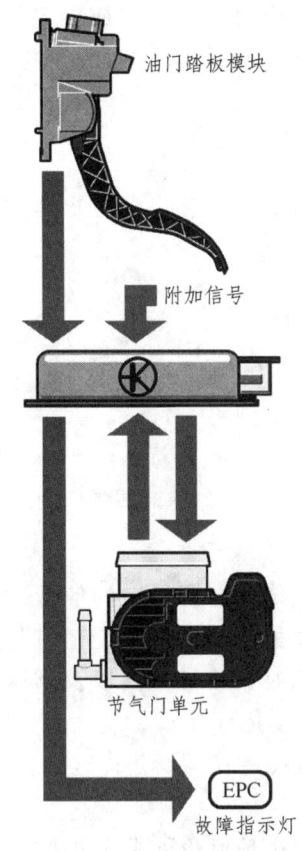

图 5-1-4 电子节门结构图

（2）工作原理。

如图 5-1-5 所示，系统分成两路来同时进行控制。

第一路管理的是影响充气的调节量，人们把这些调节量也称为"长期有效的扭矩请求"。这些量有节气门开启角度和增压压力（涡轮增压发动机）。

第二路管理的是短时影响扭矩而又不依赖于充气的调节量。这些量有点火时刻、喷油时间、关闭某缸。

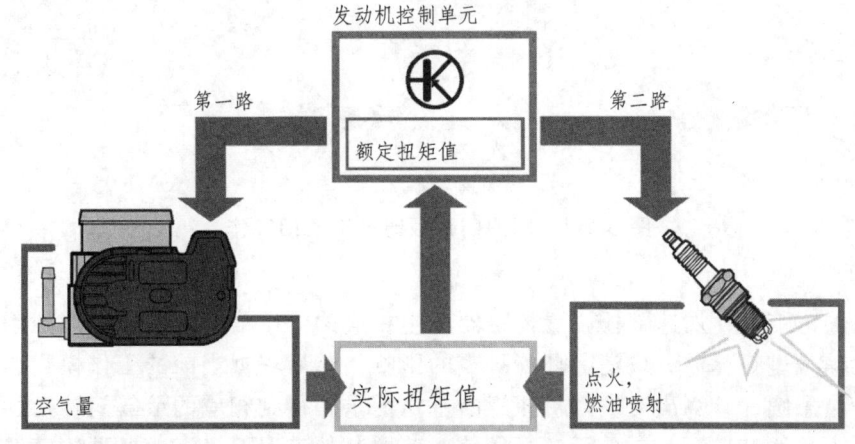

图 5-1-5 两路调节系统

① 怠速时。

发动机控制单元从油门踏板位置传感器的信号电压中得知：没有踏动油门踏板，怠速调节过程开始工作，如图 5-1-6（a）所示。

发动机控制单元激活节气门驱动装置，于是电机带动节气门转动。根据实际怠速转速值与规定怠速转速值之间的偏差的大小，节气门会再打开一些或再关闭一些，如图 5-1-6（b）所示。

节气门单元内的两个节气门角度传感器将节气门瞬时位置信息传送给发动机控制单元，如图 5-1-6（c）所示。

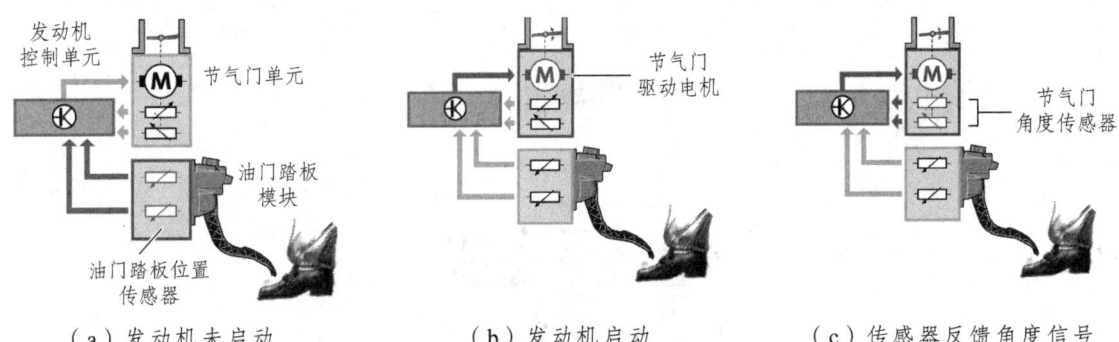

图 5-1-6 怠速时节气门的工作

② 踏动油门踏板。

发动机控制单元根据油门踏板位置传感器所传来的信号，判断出油门踏板被踏下的程度。于是发动机控制单元就计算出驾驶员所需要的状态，并通过节气门电机来将节气门调整到需要的位置处。另外，发动机控制单元还会调节点火正时、喷油时间以及增压压力（如果有的话），如图 5-1-7（a）所示。

两个节气门角度传感器会判定节气门的位置，并将这个信息发送给发动机控制单元，如图 5-1-7（b）所示。

在计算节气门应处的位置时，发动机控制单元会考虑额外的发动机扭矩需求，这些额外的因素包括转速限制、定速巡航（GRA）、驱动防滑调节（ASR）、发动机牵引力矩调节（MSR）。在遇到有发动机扭矩需求时，即使驾驶员并没有踏动油门踏板，系统也会调节节气门的位置，如图 5-1-7（c）所示。

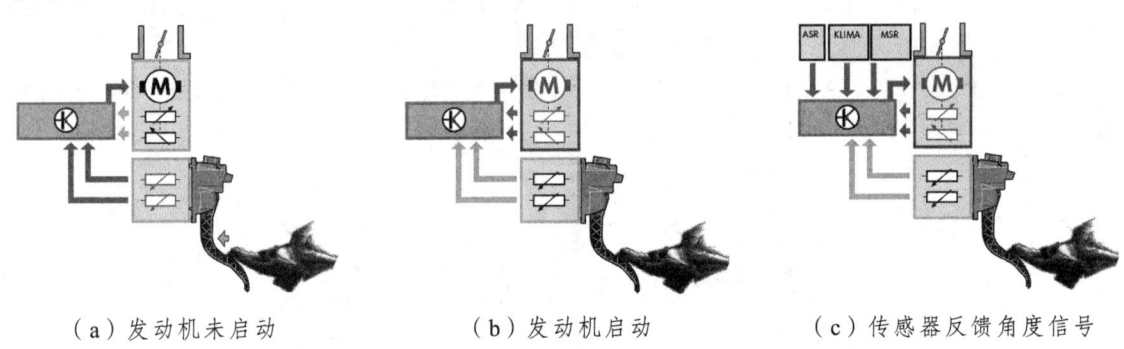

图 5-1-7 踩油门踏板时的节气门工作

③ 原理。

驾驶员操纵加速踏板，加速踏板位置传感器产生相应的电压信号输入节气门控制单元，控制单元首先对输入的信号进行滤波，以消除环境噪声的影响，然后根据当前的工作模式、踏板移动量和变化率解析驾驶员意图，计算出对发动机扭矩的基本需求，得到相应的节气门转角的基本期望值。然后再经过 CAN 总线和整车控制单元进行通信，获取其他工况信息以及各种传感器信号，如发动机转速、挡位、节气门位置、空调能耗等，由此计算出整车所需求的全部扭矩，通过对节气门转角期望值进行补偿，得到节气门的最佳开度，并把相应的电压信号发送到驱动电路模块，驱动控制电机使节气门达到最佳的开度位置。节气门位置传感器则把节气门的开度信号反馈给节气门控制单元，形成闭环的位置控制。

节气门驱动电机一般为步进电机或直流电机，两者的控制方式也有所不同。驱动步进电机常采用惠斯登电桥电路结构，控制单元通过发出的脉冲个数、频率与方向控制电平对步进电机进行控制。电平的高低控制步进电机转动的方向，脉冲个数控制电机转动的角度，即发出一个脉冲信号，步进电机就转动一个步进角，脉冲频率控制电机转速，转速与脉冲频率成正比。因此，通过对上述3个参数的调节可以实现电机精确定位与调速。

控制直流电机采用脉冲宽度调制（PWM）技术，其特点是频率高、效率高、功率密度高与可靠性高。控制单元通过调节脉宽调制信号的占空比，来控制直流电机转角的大小，电机方向则是由和节气门相连的复位弹簧控制。电机输出转矩和脉宽调制信号的占空比成正比，当占空比一定，电机输出转矩与复位弹簧阻力矩保持平衡时，节气门开度不变；当占空比增大时，电机驱动转矩克服复位弹簧阻力矩，节气门开度增大；反之，当占空比减小时，电机输出转矩和节气门开度也随之减小。

ECU对系统的功能进行监控，如果发现故障，将点亮系统故障指示灯，提示驾驶员系统有故障。同时电磁离合器被分离，节气门不再受电机控制。节气门在复位弹簧的作用下返回到一个小开度的位置，使车辆能慢速开到维修地点。

（3）控制策略。

① 基于发动机扭矩需求的节气门控制。

传统油门的节气门开度完全取决于驾驶员的操作意图。电子节气门系统的节气门开度并不完全由加速踏板位置决定，而是控制单元根据当前行驶状况下整车对发动机的全部扭矩需求，计算出节气门的最佳开度，从而控制电机驱动节气门到达相应的开度。因此，节气门的实际开度并不完全与驾驶员的操作意图一致。

② 传感器冗余设计。

电子节气门系统采用两个踏板位置传感器和两个节气门位置传感器，传感器两两反接，实现阻值的反向变化，即两个传感器阻值变化量之和为零。对两个传感器施加相同的电压，两者输出的电压信号也相应反向变化，且其和始终等于供电电压。

从控制角度上讲，使用一个传感器就可以使系统正常运转，但冗余设计可以使两个传感器相互检测，当一个传感器发生故障时能及时被识别，在很大程度上增加了系统的可靠性，保证了行车的安全性。

③ 可选的工作模式。

驾驶员根据不同的行车情况，需要通过模式开关选择不同的工作模式，一般有正常模式、动力模式和雪地模式三种，区别在于节气门对加速踏板的响应速度不同。在正常模式下，节气门对加速踏板的响应速度适合于大多数行驶工况。在动力模式下，节气门加快对加速踏板的响应速度，发动机能提供额外的动力。在附着力较差的工况下（比如雪地、雨天）驾驶员可选择雪地模式驾驶车辆，此时节气门对加速踏板的响应降低，发动机输出的功率比正常情况下小，使车轮不易打滑，保持车辆行驶稳定。

④ 海拔高度补偿。

在海拔较高的地区，大气压下降，空气稀薄，氧气含量下降，会导致发动机输出动力下降。此时电子节气门系统可按照大气压强和海拔高度的函数关系对节气门开度进行补偿，保证发动机输出动力和加速踏板位置的关系保持稳定。

（4）电子节气门的主要功能。

① 牵引力控制（ASR）。

牵引力控制系统又称驱动防滑系统。它的作用是当汽车加速时将滑移率控制在一定的范围内，从而防止驱动轮快速滑动。它的功能一是提高牵引力，二是保持汽车的行驶稳定。系统通过减少节气门开度来降低发动机功率从而达到控制目的，其原理为，控制单元采集加速踏板的位置、车轮速度和方向盘转向角度等信号，通过计算求得滑移率，并产生相应的控制电压信号，通过数据总线把信号传送至控制单元，依据此信号，控制单元将减少节气门开度来调整混合气流量，以降低发动机功率。此时控制单元对节气门发出的控制信号将不受驾驶员意图的影响，这样就可以避免驾车者的误操作。

② 巡航控制（CCS）。

巡航控制系统又称为速度控制系统，它是一种减轻驾车者疲劳的装置。当驾驶员开启该系统时，车速将被固定下来，驾驶员不必长时间踩踏加速踏板。其原理为，车速传感器将车速信号输入控制单元，控制单元根据行驶阻力的变化输出信号自动调节节气门开度，当汽车阻力增大（上坡）和车速降低时，控制节气门开度增大，反之减小，使行驶车速保持稳定。

③ 怠速控制（ISC）。

电子节气门系统取消了怠速调节阀，而是直接由控制单元调节节气门开度来实现车辆的怠速控制。

④ 减少换挡冲击控制。

根据当前车速、节气门开度以及发动机转速等信号，控制单元选择合适的传动比，实现自动换挡。

2. 电子节气门控制电路图

图 5-1-8 为电子节气门控制电路图，元件代码说明如表 5-1-5 所示。

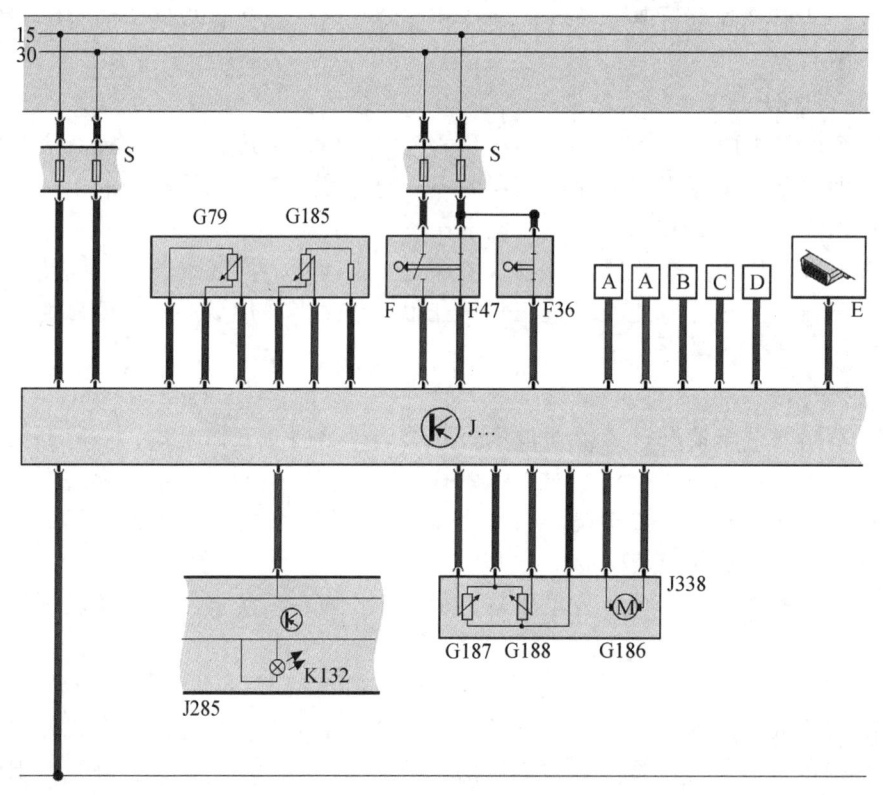

图 5-1-8　电子节气门控制电路图

表 5-1-5　元件说明

元件代码	元件名称	元件代码	元件名称
F	制动灯开关	J...	发动机控制单元
F36	离合器踏板开关	J285	组合仪表
F47	制动踏板开关	J338	节气门单元
G79	油门踏板位置传感器1	S	保险丝
G185	油门踏板位置传感器2	A	CAN数据总线
G186	节气门驱动器	B	车速信号
K132	电子油门故障指示灯	C	定速巡航装置（GRA）
G187	节气门驱动器角度传感器1	D	空调压缩机"接通/关闭"
G188	节气门驱动器角度传感器2	E	诊断接口

学习活动二　发动机加速不良故障诊断与排除

一、学习目标

（1）能够在老师指导下，查阅资料，完成电子节气门拆检的信息检索。
（2）能够根据操作要点，规范填写维修工单，合理分配人员，并具体实施。
（3）能够规范拆装、检测电子节气门及其系统部件并判断性能。
（4）能够描述电子节气门及其系统部件的工作原理和检测方法。
（5）能够通过团队协作独立或集体完成学习任务。
（6）能够列举电子节气门的常见故障现象，并分析故障原因。
（7）能够执行活动过程的 7S 管理要求（见附件 1）。
（8）能够按职业能力评价要求进行展示评价。

二、学习准备

（1）设备：大众 1.8TSI 直喷发动机台架或整车、举升机、充电机、诊断仪等。
（2）常用工量具：工具车 1 台，配备常用梅花扳手、套筒扳手、螺丝刀、试灯、万用表等。
（3）油料、材料：电子节气门、油门踏板、保险丝、汽油、碎布等。
（4）资料：网络资源、维修手册、维修工单、安全操作规程。
（5）分组：每组 5~6 人，小组讨论后，由组长按岗位分配人员。
（6）建议学时：12 学时。

三、学习过程

1. 填写维修工单

（1）根据学习内容拆分活动环节或步骤。
（2）小组讨论分工填写维修工单（见附件 2）。

2. 故障确认

启动发动机，确认故障现象：_____。

3. 初步诊断

（1）读取故障代码并清除。

参考图 5-2-1，读取故障代码并清除，完成表 5-2-1。

```
车辆车载诊断（OBD）         01-发动机电子装置
识别                        1Z0 907 115 B
          02-读取故障代码    1.8L R4/4V TFSI  S/W 0010
                            CODING: 02 03 00 03 19 07 01 60
                            WSC: 97400

16605         P0221
节气门转动装置角度传感器2-G188 不可靠信号
```

图 5-2-1　读取故障代码

表 5-2-1 故障代码读取和清除

故障代码及内容（清除前）	
故障代码及内容（清除后）	

（2）读取数据流。

发动机熄火，打开点火开关，参考图 5-2-2，读取数据流，完成表 5-2-2。

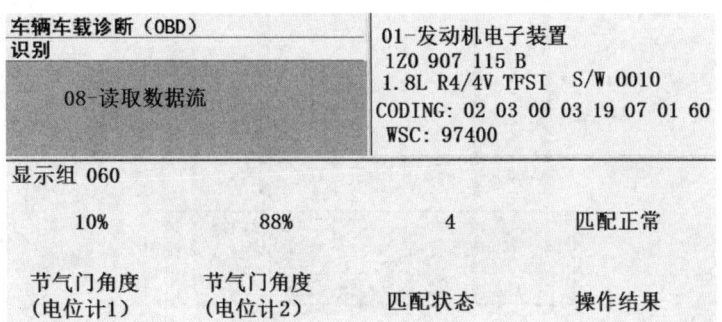

图 5-2-2 读取数据流

表 5-2-2 故障代码读取和清除

数据组	1	2	3	4	动作（代开点火开关）
060					
含义					
061					节气门全关至全开
含义					
062					
含义					
063					
含义					加速踏板静止至完全踩下
064					
含义					

4．线路检测

检测油门踏板和节气门位置传感器，结合诊断仪数据监控，绘制电压变化趋势图。

（1）检测油门踏板，并判断性能。

① 线路检测。参考图 5-2-3，检测电子节气门控制电路，完成表 5-2-3。

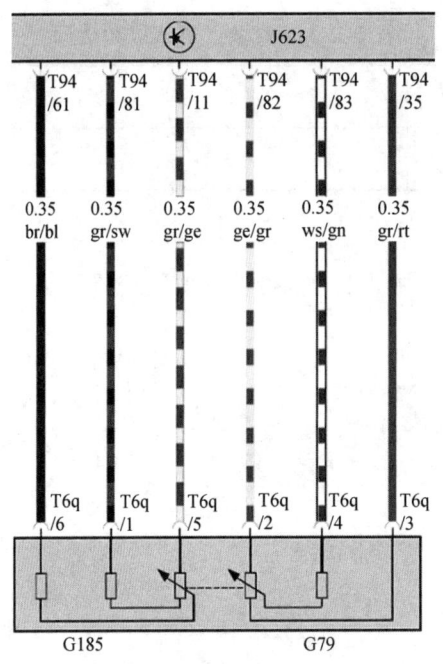

图 5-2-3 油门踏板电路图

表 5-2-3 踏板位置传感器检测

检测项目	检测端子	操作要点	检测值						初步判断
G79 电阻		断开 T6q 连接器，踏板松开至完全踩下							
G185 电阻									
G79 电压		保持插头连接，踏板松开至完全踩下							
诊断仪显示（开度%）			0	20	40	60	80	100	
G185 电压									
诊断仪显示（开度%）			0	20	40	60	80	100	
确认故障部位： _____ 。										
排除方法： _____ 。										

② 检测结果分析。

分析 G79 与 G185，以及电压和油门踏板开度的变化趋势，绘制油门开度与电压变化趋势图（图 5-2-4）。

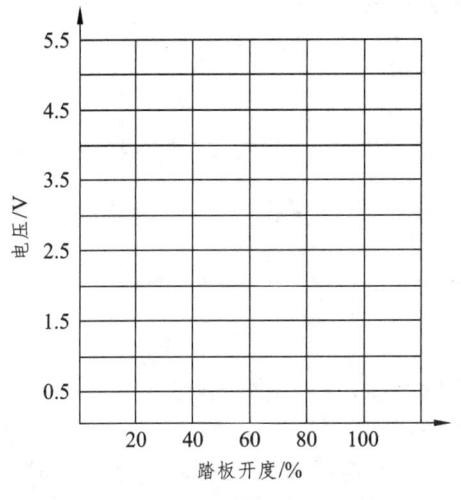

图 5-2-4 油门踏板电压趋势图

③ 拆检油门踏板。

分解油门踏板，选择对应的选项填写于图 5-2-5 的圆圈内。

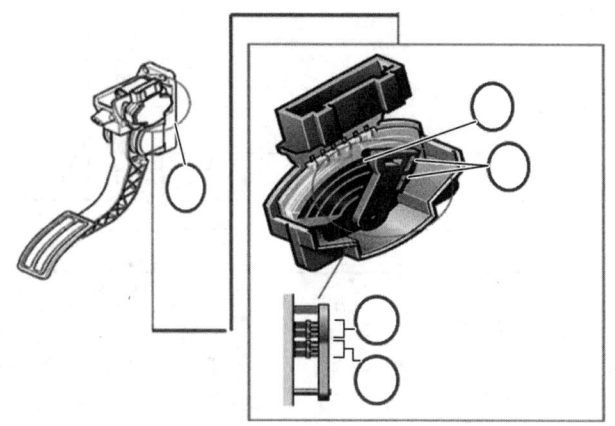

图 5-2-5　油门踏板内部结构图

A—传感器；B—滑动路径；C—踏板位置传感器 G185；D—踏板位置传感器 G79；E—踏板外壳

（2）检测电子节气门。

① 线路检测。参考图 5-2-6，检测电子节气门控制电路，完成表 5-2-4。

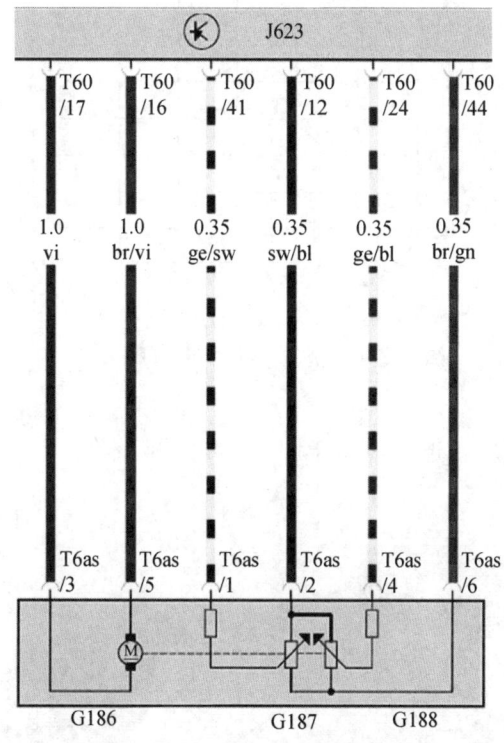

图 5-2-6　节气门单元电路图

表 5-2-4　节气门位置传感器检测

检测项目	检测端子	操作要点	检测值	初步判断
G187 电阻	T6as/1-6	断开 T6q 连接器，踏板松开至完全踩下		
G188 电阻	T6as/1-4			
G186 电阻	T6as/3-5			
G186 电压	T6as/3-5			

续表

检测项目	检测端子	操作要点	检测值						初步判断
G187电压	T6as/1-6	保持插头连接,踏板松开至完全踩下							
诊断仪显示(开度%)			0	20	40	60	80	100	
G188电压	T6as/1-4								
诊断仪显示(开度%)			0	20	40	60	80	100	

确认故障部位:_____。
排除方法:_____。

② 检测结果分析

分析G187与G188,以及电压和节气门开度的变化趋势,绘制节气门开度与电压变化趋势图(见图5-2-7)。

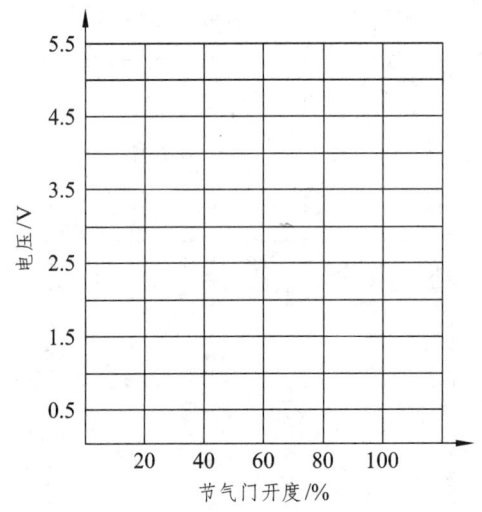

图5-2-7 节气门开度电压趋势图

(3)拆检电子节气门单元。

分解节气门总成,选择对应的选项填写于图5-2-8的圆圈内。

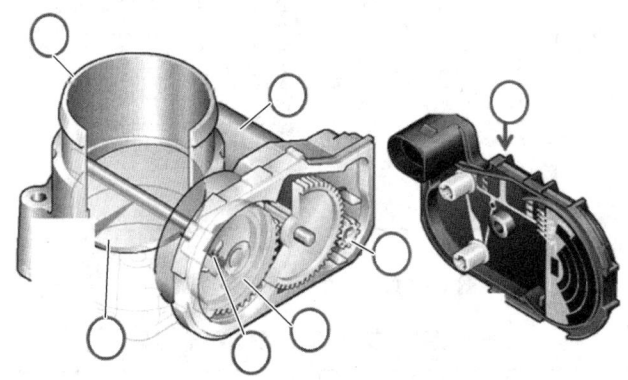

图5-2-8 电子节气门内部结构图

A. 节气门体J338；B. 驱动电机G186；C. 带厚膜电阻的罩壳；D. 从动齿轮；E. 主动齿轮；F. 节气门翻板；G. 节气门角度传感器G1871、G188

(4)匹配节气门。

匹配程序:01 发动机→04 基本设定→匹配通道_____→观察节气门翻板动作_____

_____，匹配成功。

四、学习评价

（1）组内评价。

组员进行自我评价、相互评价，完成表 5-2-5 所示的相应内容。

（2）组间评价。

结合职业能力评价表（见附件 5），对诊断思路进行评价，突出优点，指出缺点，并给以相应评级。

表 5-2-5　学习评价表

项　目	评价内容	评价等级		
自我评价	学到的知识点：			
	学到的技能点：			
	不理解的有：			
	还需要深化学习并提升的有：			
组内评价	○按时到场　　○工装齐备　　○书、本、笔齐全 ○安全操作　　○责任心强　　○7S 管理规范 ○学习积极主动　○合理使用教学资源　○主动帮助他人 ○接受工作分配　○有效沟通　　○高效完成工作任务			
组间评价	评价项目	本　组	他　组	
	诊断思路完整性			
	工作完成度			
	素材真实性			
	PPT 制作效果			
	PPT 展示效果			
小组评语及建议	他（她）做到了： 他（她）的不足： 给他（她）的建议：	组长签名： 年　月　日		
老师评语及建议		评价等级： 教师签名： 年　月　日		

五、学习思考

（1）电子节气门体的作用是根据_____的控制信号，控制操作节气门翻板，并将_____反馈给_____，以控制进气量和运行工况。

（2）节气门位置传感器（踏板位置传感器）的类型包括（　　）。

A．电位计式　　　　B．霍尔式　　　　C．开关式

D. 磁电式　　　　　　　　E. 可变磁阻式

（3）对于节气门位置传感器，描述正确的是（　　　）。

A. 电位计式节气门位置传感器，其电阻值随节气门开度增大而增大

B. 电位计式节气门位置传感器，其电压值随节气门开度增大而减小

C. 电位计式节气门位置传感器输出线性模拟信号

D. 霍尔式节气门位置传感器，其电压值随节气门开度增大而减小

E. 霍尔式节气门位置传感器输出数字信号

（4）对于踏板位置传感器，描述正确的是（　　　）。

A. 加速踏板的动作使金属薄片产生位移，切割磁场，使输出电压变化

B. 内部一定有两个传感器，且当一个或以上发生故障时，EPC 灯亮起，巡航功能失效

C. 有一个传感器故障时，由另外一个传感器决定工况，加速不良

D. 两个传感器同时失效，将导致怠速过高，加速不良

E. 采用冗余设计，利用两个传感器的逻辑关系检测信号，提高可靠性

（5）对于 J338 的匹配，描述正确的是（　　　）。

A. 进行匹配时，应按提示踩下或松开加速踏板

B. 匹配功能属于控制单元的 KAM 功能

C. 选择"学习需要"功能后，系统自动完成匹配过程

D. 匹配过程主要基于节气门电机的运转

E. 如果节气门电机或位置传感器工作不正常，则匹配不成功

（6）电子节气门控制策略包括（　　　）。

A. 根据加速踏板位置、发动机转速、负荷、点火提前角等信号确定转矩，控制节气门角度

B. 踏板位置和节气门角度的电压或电阻变化可以反向也可以同向

C. 雪地模式的节气门开启响应滞后，发动机功率增大

D. 海拔高低偏高的地区，节气门角度同比需要增大，以增大进气量

E. 电子节气门可以稳定怠速，实现车身稳定控制 ESP 和巡航控制 CCS 的多样化控制

（7）判断正误：电子节气门内部电位计式节气门位置传感器共用电源和接地。（　　　）

（8）判断正误：断开 J338 连接器检测，当点火开关 15（ON）位置时，节气门电机两端电压应为 5 V 左右。（　　　）

（9）判断正误：加速踏板位置传感器 G79 和 G185 的电压随节气门开度增大而增大。（　　　）

（10）判断正误：霍尔式节气门置传感器可以通过车下检测电阻和电压来判断性能。（　　　）

（11）判断正误：强制降挡自适应在屏幕显示"Kick down"后踩下加速踏板 2 s 以上，才能匹配成功。（　　　）

六、学习材料

1. 油门踏板

油门踏板包含两个油门踏板位置传感器 G79 和 G185。为了尽可能保证安全，使用了两个传感器，因此称之为"冗余系统"。常用的踏板位置传感器有电位计式和霍尔式两种。

（1）电位计式。

发动机控制单元利用这两个传感器的信号来判断油门踏板的瞬时位置，这两个传感器是滑动电位计，如图 5-2-9 所示，它们固定在同一根轴上。油门踏板位置的变动会引起滑动电位计电阻的变化，于是发送到发动机控制单元的电压也跟着改变。传感器 G185 上装有一个串联电阻，因此这两个传感器就有两条不同的特性曲线见图 5-2-9（b），这对于安全功能和检查功能来说是必需的。

信号中断的影响：

① 一个传感器失效。故障存储器内记录下一个故障，电子油门故障指示灯接通，系统先进入怠速状态。如果在规定的检测时间内识别出第二个传感器处于怠速位置，那么车辆就可以继续运行。如果需要全负荷工作，转速只能缓慢提高，怠速工况还可以通过制动灯开关 F 或制动踏板开关 F47 来识别，此时舒适功能（如定速巡航或者发动机牵引力矩调节）被关闭。

② 两个传感器都失效。故障存储器内记录下一个故障，电子油门故障指示灯接通，发动机只能以较高的怠速转速（最高 1 500 r/min）来工作，且不再对油门踏板动作做出反应。

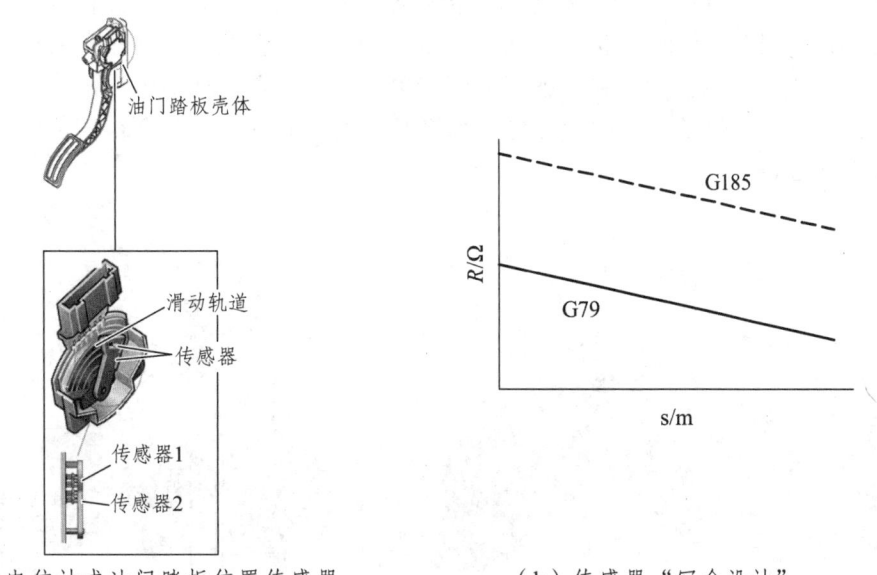

（a）电位计式油门踏板位置传感器　　（b）传感器"冗余设计"

图 5-2-9　电位计式油门踏板传感器

（2）霍尔式。

大众车系。这两个加速踏板位置传感器是加速踏板模块的一部分，按感应传感器无触点的工作原理工作。G79 和 G185 为霍尔传感器，传感器由 J623 提供 5 V 电源和接地，油门踏板的移动引起磁场变化，从而引起输出电压的变化，如图 5-2-10 所示。

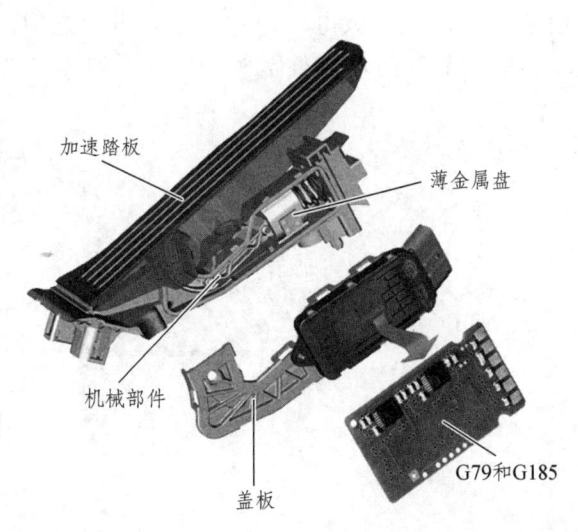 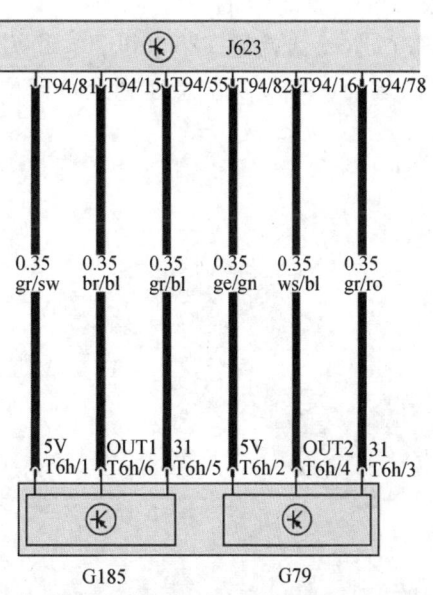

（a）霍尔式踏板位置传感器结构图　　（b）霍尔式踏板位置传感器电路图

图 5-2-10　霍尔式油门踏板传感器

松开加速踏板，G79 电压为 0.9～1.2 V；G185 电压为 0.4～1.0 V。踩下油门踏板，G79 电压≥4 V；G185 电压≥3.6 V。

2. 节气门单元 J338

节气门单元在进气歧管上，它的作用是保证发动机获得工作时所需的空气量。

（1）电位计式。

① 节气门单元的部件构成。

如图 5-2-11 所示，节气门由驱动器角度传感器 G187 和 G188、节气门驱动器 G186、节气门壳体、节气门、壳体端盖（集成有电子装置）、齿轮（带有弹簧复位系统）组成一个整体。节气门单元既不可以打开，也不可以修理，在更换了节气门单元后，必须进行基本设定。

发动机控制单元操纵节气门驱动器电机来打开或关闭节气门，两个角度传感器将节气门最新位置反馈给发动机控制单元。

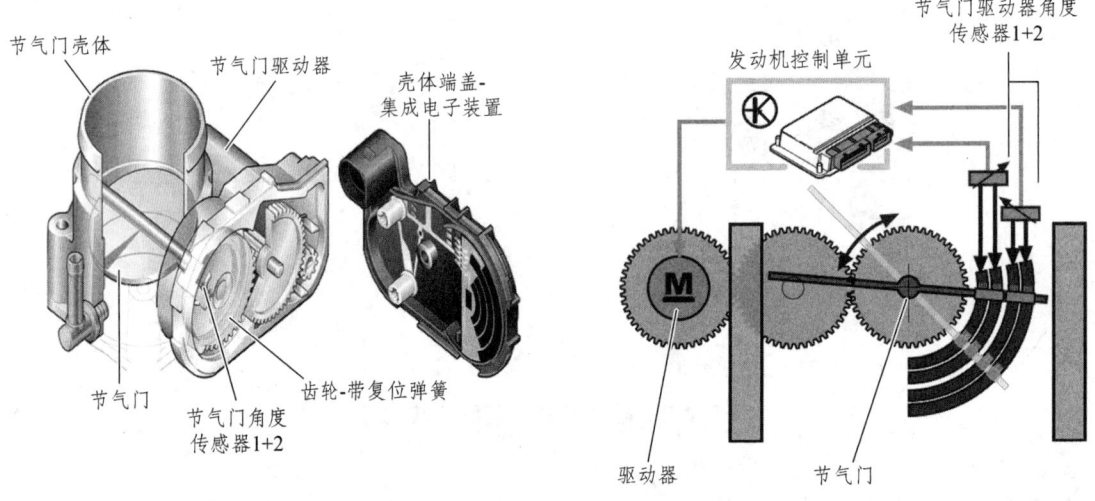

（a）电位计式节气门单元结构图　　　　　（b）电位计式节气门控制结构图

图 5-2-11　电位计式节气门单元

② 节气门驱动器 G186。

节气门驱动器就是一个电机，它由发动机控制单元来操纵，该电机通过一套小齿轮机构来带动节气门运动，可实现从怠速到全负荷位置的无级调节，节气门可调整至多个位置，如图 5-2-12 所示。

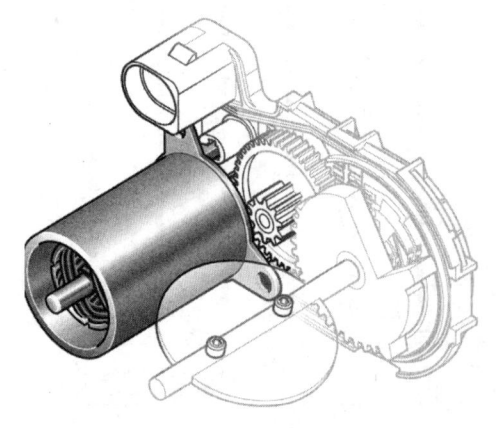 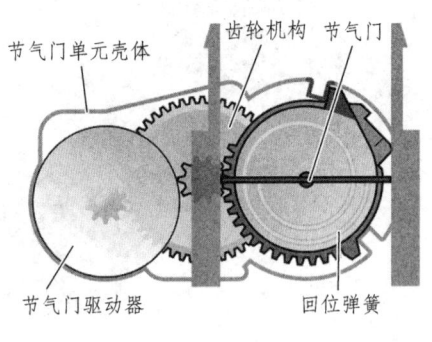

（a）节气门促动器　　　　　　　　　　　（b）机械下止点

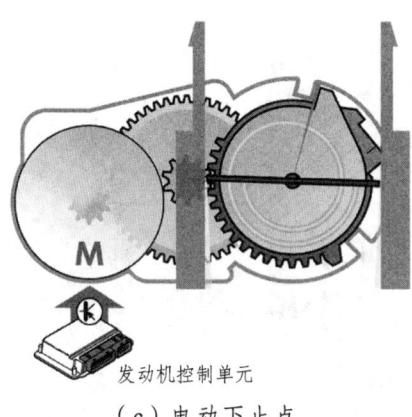
（c）电动下止点

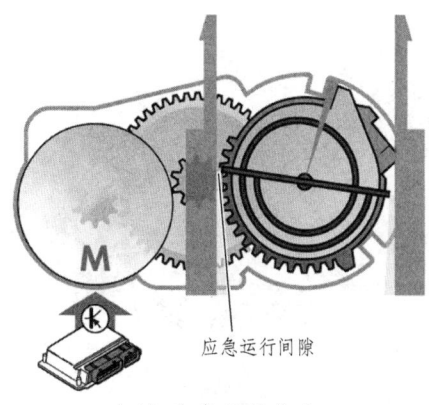
（d）应急运行状态

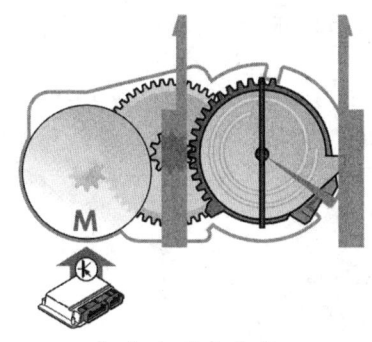
（e）电动上止点

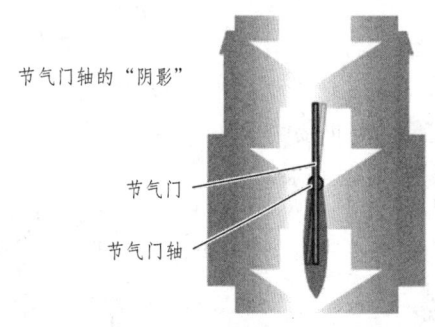
（f）机械上止点

图 5-2-12　节气门促动器的工作过程

机械下止点：在这个位置上，节气门是关闭的，该位置用于对节气门单元进行基本设定。

电动下止点：预存在发动机控制单元内，它比机械下止点稍高一点，节气门在工作时最多可运动（关闭）到电动下止点，这样可防止节气门与壳体发生干涉。

应急运行位置：在节气门驱动器通电时，弹簧复位系统将节气门拉至应急运行位置，在这个位置时，只能以较高的怠速转速来完成某些行驶工况（受到限制）。

电动上止点：该点由发动机控制单元来确定，它就是车辆行驶时节气门打开最大角度的点。

机械上止点：该点在电动上止点的上方，它不会影响发动机功率，因为它在节气门轴的"阴影"内。

出现故障时的影响：如果节气门驱动器失效了，那么节气门被自动拉到应急运行位置，故障存储器内就记录一个故障，电子油门故障指示灯被接通。在这个状态下，驾驶员只能使用应急功能。

③ 节气门角度传感器。

结构：节气门角度传感器 G187、G188 都是滑动接触式电位计，滑动触点在齿轮上，齿轮装在节气门轴上，传感器扫描壳体盖上的轨道，如图 5-2-13 所示。

功能：节气门位置不同，电位计轨道上的电阻也不同，因此发送到发动机控制单元上的电压信号也不同，这两个电位计的特性曲线是相反的，因此发动机控制单元可以区分出这两个电位计，并执行检查功能。

在测量数据块中，节气门角度是用百分比给出的，也就是说：0%相当于电动下止点，100%相当于电动上止点。

出现故障时的影响：发动机控制单元从某个角度传感器接收到不可靠的信号，或根本接收不到信号，此时存储器内存储一个故障，电子油门故障指示灯被接通。影响扭矩的子系统（例如，GRA和发动机牵引力矩调节）就被关闭了。使用负荷信号来校验剩余的那个角度传感器，油门踏板的反应与正常一样。发动机控制单元从两个角度传感器都接收到不可靠的信号，或根本接收不到信号，两个传感器都会在故障存储器中记录故障，电子油门故障指示灯被接通，节气门驱动器被关闭，发动机以 1 500 r/min 的高转速怠速运行，对油门踏板动作不再做出反应。

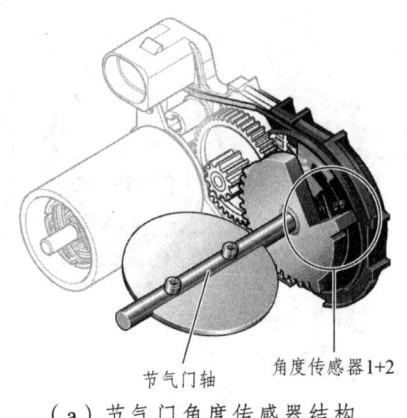 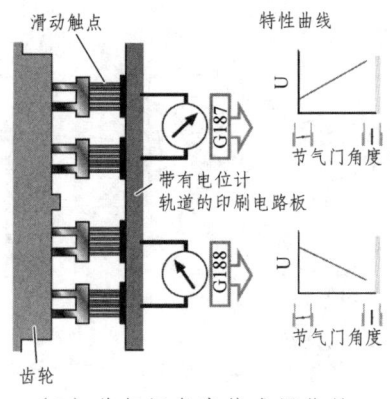

(a)节气门角度传感器结构　　　　　　(b)节气门角度传感器信号

图 5-2-13　电位计式节气门角度传感器

（2）霍尔式。

图 5-2-14 所示为丰田卡罗拉霍尔式节气门位置传感器，其安装在节气门总成上，检测节气门开度。该传感器为非接触型。使用霍尔效应元件，以便在极端的行驶条件下，如高速以及极低车速下，也能生成精确的信号。

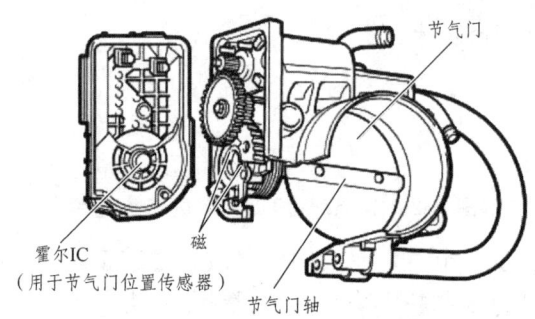

(a)霍尔式节气门位置传感器结构图

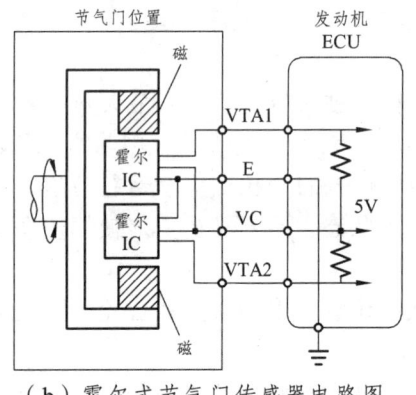 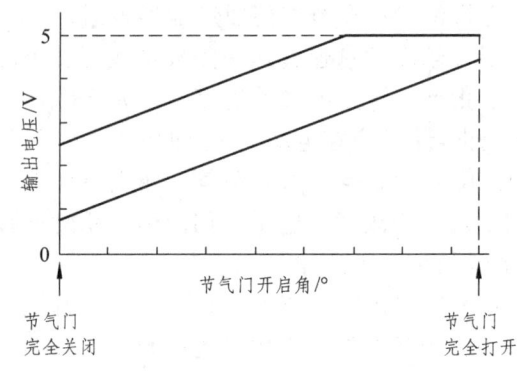

(b)霍尔式节气门传感器电路图　　　　　(c)霍尔式节气门传感器信号特性

图 5-2-14　霍尔式节气门位置传感器

VTA—节气门位置 1 信号；E—接地；VC—5 V 电源；VTA2—节气门位置 2 信号

节气门位置传感器有两个传感器电路 VTA1 和 VTA2，各传送一个信号。VTA1 用于检测节气门开度，VTA2 用于检测 VTA1 的故障。传感器信号电压与节气门开度成比例，在 0～5 V 变化，并且将信号传送至 ECM 的 VTA 端子。

当节气门关闭时，传感器输出电压降低，当节气门开启时，传感器输出电压升高。ECM 根据这些信号来计算节气门开度并响应驾驶员输入来控制节气门执行器。这些信号同时也用来计算空燃比修正值、功率提高修正值和燃油切断控制。

完全松开油门：VTA1 电压为 0.5～1.1 V，VPT2 电压为 2.1～3.1 V。

完全踩下踏板：VTA1 电压为 3.3～4.9 V，VTA2 电压为 4.6～5.0 V。

附 录

附件 1　7S 管理要求

1. 1S-整理（SEIRI） 要求：区分要与不要的物品，现场只保留必需的物品，不要的东西给予清理。 目的：将空间拓展且充分利用	1. SEIRI（整理）
2. 2S-整顿（SEITON） 要求：必需品依规定定位、摆放整齐、标示明确。 目的：不为寻找东西而浪费时间，提高工作效率	2. SEITON（整顿）
3. 3S-清扫（SEISO） 要求：清扫现场的脏污，并防止污染发生。 目的：消除脏污，保持现场干净、明亮	3. SEISO（清扫）
4. 4S-清洁（SEIKETSU） 要求：实施制度化、规范化，维持其成果。 目的：通过制度来维持成果，并显现"异常"的所在	4. SEIKETSU（清洁）
5. 5S-素养（SHITSUKE） 要求：依规定从事，从心态上养成好习惯。 目的：提升人的"品质"，培养对任何工作都一丝不苟的人	
6. 6S-安全（SAFETY） 要求：人身不受伤害，环境没有危险。 目的：创造对人、财产没有威胁的环境，避免安全事故发生，减少工业灾害	安全第一　防御为主
7. 7S-节约（SAVE） 要求：勤俭节约，旧件利用。 目的：节约成本，提高效益	节约　降低成本，就是提高效益

附件2 维修工作单

维修工作单
REPAIR ORDER

市　　　　　　　　汽车销售服务有限公司

地址：

电话：　　　　　　　　传真：

NO：　　　　SA：　　　接车时间：　　　　　预交车时间：

客户名称		联系人		联系电话		联系地址	
车牌号码		车辆型号		购车日期		行驶里程	
发动机号		VIN码				车辆颜色	

工作内容：

序号	维修项目	项目类别	工时费	维修班组	维修技师	开工时间	完工时间
1							
2							
3							
4							
5							
6							
7							
8							

配件名称	数量	单位	单价	合计金额	领用人

工时费合计		材料费合计		服务顾问		客户确认	

★ 根据使用情况更换，详见《保修手册》

外观确认：
（请在有缺陷部位作标识）

油量确认：
E｜｜｜｜｜｜｜｜｜｜F

用户其他需求：
_____
_____
_____

划痕—H
掉漆—D
凹陷—A
裂纹—L
锈蚀—X
破损—P

洗　　车　□是　□否
旧件交还　□是　□否
贵重物品　□有　□无

贵重物品：在车辆进厂维修之前，请将车内贵重物品自行保管

1. 车内贵重物品由客户自行带走，如有遗失，本厂概不负责；
2. 车主同意上述维修项目授权本厂对无法修复零件予以更换；
3. 客户自带配件与客户要求更换副厂件的，本厂恕不负责质量保修

维修工作单

完工检验	检验结果：
	处理意见：

质检员：

注：此单一式三联，服务顾问（SA）、车间主任、车间班组各执一联。

附件3 结构图评价表

_____结构图评价表

评价组：第____组　　日期：_____年____月____日

评价指标		评价要点	机电一组	机电二组	机电三组	机电四组	机电五组	机电六组
专业知识	系统部件	正确性、完整性						
	元件名称	正确性、完整性						
	元件代码	正确性、完整性						
	元件外形	形象性、逼真性						
	输入信号	正确性、完整性						
	输出信号	正确性、完整性						
方案能力	版面布局	空间合理、版面整洁						
	色彩线条	对比鲜明、粗细合理						
	文字书写	工整、艺术性						
展示能力	仪容仪表	端庄、自然、精神饱满						
	条理性	主题明确、条理清晰						
	语言表达	吐字清晰、声音洪亮						
	肢体动作	面向观众、动作合理						
创新性	电路图绘制	文字、背景、色彩、素养具有独特性，有视觉美感						
	展示、答疑	仪表、神态等肢体语言别具一格，具有感染力						
	过程管控	优化人员组织、过程管控有新思路（含诊断、团队协作）						
团队合作	工作计划	合理性、可执行性						
	工作进程	交流沟通，团结协作						
	工作效果	保质保量，按时完成						
7S管理	安全	意识强，无隐患，无事故						
	节约	维修报价、资料器材等使用合理						
	整理、整顿	工具、零件、油水三不落地						
	清扫、清洁	实训台架、工作台、工具零件干净整洁						
	素养	工单规范填写，零件、工具、材料整齐归位，实时进行7S						
合　计								
备注		评分要求：差0~2；中3~4；良5~7；优8~10						

附件4 电路图评价表

_____电路图评价表

评价组：第___组　　日期：_____年___月___日

评价指标	评价要点		机电一组	机电二组	机电三组	机电四组	机电五组	机电六组
专业知识	系统部件	正确性、完整性						
	元件名称	正确性、完整性						
	元件代码	正确性、完整性						
	内部结构	正确性、完整性						
	端子号码	正确性、完整性						
	导线颜色	正确性、完整性						
方案能力	版面布局	空间合理、版面整洁						
	色彩线条	对比鲜明、粗细合理						
	文字书写	工整、艺术性						
展示能力	仪容仪表	端庄、自然、精神饱满						
	条理性	主题明确、条理清晰						
	语言表达	吐字清晰、声音洪亮						
	肢体动作	面向观众、动作合理						
创新性	电路图绘制	文字、背景、色彩、素养具有独特性，有视觉美感						
	展示、答疑	仪表、神态等肢体语言别具一格，具有感染力						
	过程管控	优化人员组织、过程管控有新思路（含诊断、团队协作）						
团队合作	工作计划	合理性、可执行性						
	工作进程	交流沟通，团结协作						
	工作效果	保质保量，按时完成						
7S管理	安全	意识强，无隐患，无事故						
	节约	维修报价、资料器材等使用合理						
	整理、整顿	工具、零件、油水三不落地						
	清扫、清洁	实训台架、工作台、工具零件干净整洁						
	素养	工单规范填写，零件、工具、材料整齐归位，实时进行7S						
合计								
备注	评分要求：差0~2；中3~4；良5~7；优8~10							

附件5 职业能力评价表

_____职业能力评价表

评价组：第____组　　日期：_____年____月____日

评价指标		评价要点	机电一组	机电二组	机电三组	机电四组	机电五组	机电六组
PPT制作能力	诊断思路	主题突出、遵循实际排除故障过程						
	视觉效果	素材真实、图文并茂、动画切换合理						
	文字背景	版面合适、文字突出、背景映衬效果好						
展示能力	仪容仪表	端庄、自然、精神饱满						
	条理性	主题明确、条理清晰						
	语言表达	吐字清晰、声音洪亮						
	肢体动作	面向观众、动作合理						
诊断能力	故障确认	正确、完整、规范						
	故障检测	正确选用工具，规范检测线路、元件						
	确定部位	描述专业、完整、规范						
	故障修复	恢复性能、安全节约						
	完工检验	性能检验、器件恢复						
创新性	PPT制作	文字、背景、色彩、素材具有独特性，有视觉美感						
	展示、答疑	仪表、神态等肢体语言别具一格，具有感染力						
	过程管理	优化人员组织、过程管控有新思路（含诊断、团队协作）						
团队合作	工作计划	合理性、可执行性						
	工作进程	交流沟通，团结协作						
	工作效果	保质保量，按时完成						
7S管理	安全	意识强，无隐患，无事故						
	节约	维修报价、资料器材等使用合理						
	整理、整顿	工具、零件、油水三不落地						
	清扫、清洁	实训台架、工作台、工具零件干净整洁						
	素养	工单规范填写，零件、工具、材料整齐归位，实时进行7S						
合　计								
备注		评分要求：差0~2；中3~4；良5~7；优8~10						

参考文献

[1] 李伟. 新型直喷混合动力发动机构造原理与故障排除[M]. 2版. 北京：机械工业出版社，2014.

[2] 曹红兵. 汽车发动机电控系统结构原理与故障诊断[M]. 北京：机械工业出版社，2007.

[3] 鲁植雄. 缸内直喷发动机结构原理与维修[M]. 南京：江苏科学技术出版社，2009.